U0947409

正德性

统纪诸家归德
总御群方宗性

德学宗义

王爱品◎著

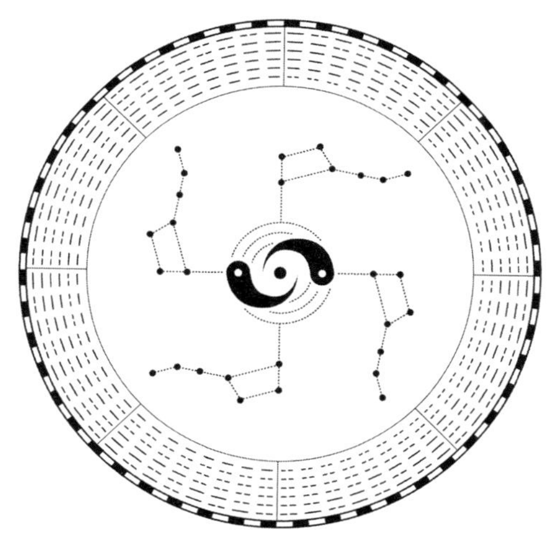

元册 | 正德性

华龄出版社
HUALING PRESS

图书在版编目（CIP）数据

德学宗义 . 元册 : 正德性 / 王爱品著 . -- 北京 :
华龄出版社 , 2022.10

ISBN 978-7-5169-2389-4

Ⅰ . ①德… Ⅱ . ①王… Ⅲ . ①道德—研究—中国
Ⅳ . ① B82

中国版本图书馆 CIP 数据核字 (2022) 第 167072 号

策划编辑 董巍　　**责任印制** 李未圻

责任编辑 郑雍　　**装帧设计** 郑博文　牛书磊

书　名	德学宗义 . 元册	**作　者**	王爱品
出　版 **发　行**	华龄出版社 HUALING PRESS		
社　址	北京市东城区安定门外大街甲 57 号	**邮　编**	100011
发　行	（010）58122255	**传　真**	（010）84049572
承　印	北京文昌阁彩色印刷有限公司		
版　次	2023 年 1 月第 1 版	**印　次**	2023 年 1 月第 1 次印刷
规　格	710mm × 1000mm	**开　本**	1/16 开
印　张	23	**字　数**	290 千字
书　号	978-7-5169-2389-4		
定　价	1199.00 元（全四册）		

目录

问德篇

（代序）

一时。兄妹二人至水田坝，见金子山中云气升腾，或化龙形，或化人像，或化楼阁殿宇，辗转腾挪，变幻七彩。兄妹惊奇不已，妹往之，兄回神已失其踪影。唯见一人劳作于田间，遂往而问之。

男子曰："汝可知去往山中云气升腾之所？"田间人笑曰："性乃象之元，心乃象之主，见乃象之情，若如是去之，则如是可见。去之不同则见之不同，何况又有山之处所，云气之归所，或山与云气所依之所，其所众多，又将如何择路？吾见女子取爱乐而往之，汝亦可随所见而往，以此主随，岂需多问？"男子又问："如何辨象取随？"

田间人曰："物之象在乎外，视之神在乎内，以发乎内之神气交于物，再流之于情辨知，以此神气对物交感，交于内可辨，流于外成情。神与物相交感合而主随。内动者，神识之发也，外合者，云气之变也。象者何？象者，乃天地合德发天之气运和法之气数成气于外，虽有成象之外，却藏相于内而有法性主之。云气之变亦是。"又曰："女子因乐取而从爱之情，以爱之欲动，触物、触境生情，再令情发乎外呈意之随。若情盛而爱动，则迷惑由是而生。乐取与随之应物，皆世俗之欲心，欲心妄动便障之碍之，使随之情为境所转。为境所转之随乃以意随物或物主其意，发于欲心而心由境转，其触、受、想、行、识皆妄作，使识、根、尘相继起用，反复熏习而成随之迷。"

"愿闻心能转境的主随之道。"

对曰:"随之道,无交不随,无感不随,物意相交,感而生情;交者,外之触,感者,内辨物,言交感,乃心物并一也。物意交感,因物益情,以物、情主随,曰随物应情;若心物交辨,以交辨通物,乃能从心变物,成一切所适,曰唯变所适。随之道所以能随机应变并唯变所适,乃心能主万象也。感物通物之动皆在乎心,以心辨物,既可通物,又见真心,以真心随物交辨且通物,可得随之道。感通之气乃心神所发,行而成识,继而贯穿随物应情与感通之内外。"

男子席地而坐,合掌恭敬曰:"愿闻识之动。"

田间人告男子曰:"言识者,有太极识、生分识、内意识、身心识以及外感识的眼识、耳识、鼻识、舌识四识,共成染义八识。太极识以染义如来藏识现行,因染而失圆明,因生分而执妄,执妄而牵迷,为染义种子所主,故因生分与执妄而有生分识,生分识因妄而生,又执妄而分,以此传导染义种子。当现行之种子生起现用,以人身联系乾坤而连贯起用,成先天内意识,先天内意识以统领之体,总领身心识与外四识,身心识与外四识依内意识而起用,成为眼识、耳识、鼻识、舌识四种外感识之识根,以联动识、根、尘、蕴交互作用和熏习。种子变现生起现行成主随之神气,识之发乃精为气用气动必是精用的精气动态,天之气运和法之气数亦是。精气神三者合德,发乎出阳,以阳出之震动而行气,故气不能郁,若不交不通主郁,则阴妄为之阻滞,使感通之路径未开,故而郁结沉沦且不能辨物。"

男子曰:"随迷无真,害其不能见随主,请教如何能破妄主随?"

对曰:"破妄随须知染义,太极识立于净,生而未分,立于染,分后循生。染者，阴妄主政也，故要主阳正以解阴妄。当以破郁交气来解妄。破之功在乎震之动，震动无德不发，全凭天地气运之德与君子健真阳之德。精气神三者合德发乎出阳，用阳德去阴妄之弊且尽行郁之责，以阳开阴路来破妄主随。”

男子曰：“神气往来在乎交感，愿闻感通之道。”

对曰：“感，在乎心，发乎识，以气行，以神知，以意达，以情悦，以速应，以见合，成其随物而通物的感通过程。感于物再通于物，既感物之法序，又通物之本性，再以洁静精微之感感之于心，成其唯变所适而心能转物的咸之道。以明辨知可去识之迷，以感之明与通之晓，使其物我两通而顿释。天地人三阳合德之正序存乎外，精气神三者合德之阳裕存乎内，内外德合相应而出震，震动发气，神主气用，气行以通，通而行意，以意感物，感物而神知，神知以意达，意达则情悦，情悦则有应，应则明辨物，辨物则通感，通感则物我有合，以大明合物我，则心物并一，心物并一则舍识弃意虚我而从心，履咸正之序合道法位序顺应物来而不留，寂然不动守真如得光明，成其感而遂通履咸正之序。”

问曰：“何为以洁静精微之感履咸正之序？”

对曰：“当知以虚受人。君子师法感通之道，感而通物，当治有人物皆随适、虚我而不辨、舍识而从心三重感通之境。能交而交，不以欢畅为感官追求，发乎识，感其真意，不逐妄识，不起欲意，以缘在先天之特定，履咸正类序之正，并以交感唯变所适之随，感其正缘，履其咸正类序，通其应通之物。当独映其心而随适人物，不执我主交感，不执我识辨物，舍六识之随妄，辨非我辨，触更非我触，非六识触受之辨，去心之迷而自在感通，顺承正序而正固神气，使气当行则行，神应知则知，意适起则起，情该显露于色则和悦于面……物来则应，随物应情过去而不留。”

男子曰：“感通之髓全然在乎正固，无正固既无知物辨物之明，更无法舍妄从正。请教感通正固之道。”

对曰：“感通正固必行萃聚，当以守心之笃静行聚气凝神之正固，神内守则气精能固，气精固则心阳坚固，以此萃聚固德恒守养之，从心阳之明照见心识逐物随妄之驰。气与气同频相应，感与感同机相应，使感而能应且应而能相与，当以无感舍识弃意虚我而从心，二气归一气之类而成其萃聚。行萃聚当守静出阳，阳新生则阴妄息，以此化阳成德，德圆而神，得神通大明烛照于内，断其识转，以寂然不动守其真，使随物之情入宴息，念起烛照而不随识妄动，截识情之精气固本阳，得萃道大正，自萃道之明通天地万物之情状，以阳足德固随时之生息，成一念之随时，一事之随时，一物之随时，使其心物并一。

男子曰：“愿闻主天之气运和法之气数的藏相法则。”

对曰：“随物应情或感而遂通，皆有序可依并有法度可循，咸道有咸正之序，萃道有萃正之序，唯其有序，方得通元亨而利贞。以元始自然之序并尊位德正序，始能履法序相交而通，若不触明自然之序则不能通万物之情，通某一物，则当基于某物来洞悉物序，方能以一物类万物，通一而通万，体察一而洞察万，见物之类序以见天地万物法序之情状。不明元亨，则不明物序及正序之道，通元亨之法序才能物我相从，心能转境而随心所欲不逾矩。万物之类或象，乃易之道，一切易变，系道、母、器之源流，继而生出外象之流变。因德位法而有差别。易变为法则所主，依独立不改之则而周行不殆，法则之主又朝易之宗性，以性统御而见周遍之易。”

问：“何为易？”对曰：“易者，乃以体时位之大方，呈天地万物之四易；一曰周易，二曰不易，三曰变易，四曰简易；以德位总枢之机，察实理自然源流之踪，见万变不离其宗之性。”又曰：“遵其方圆、有无、藏相、顺返、阴阳、终始、动静、体用、生灭九易法则之易道，以四易体证作用在圣、圣化凡、在凡、凡转圣之周易易周本体，既察自然之实理，又见源流变化之盈虚。”

问：“愿闻九易法则之实理。”

曰：“以圆达方并以方贯圆而至微至彰者，方圆也；有无互生而见生化源流者，有无也；内藏外象而又藏相内外者，藏相也；循顺置返而知道动者，顺返也；负阴抱阳而阴阳生化分阴阳者，阴阳也；终而复始而如环无端者，终始也；体用动静而刚柔相摩者，动静也；本体器用而又同体同用者，体用也；唯生识灭而唯识生灭者，生灭也。”

男子问：“如尊所说，九易法则以独立不改之性主万变之易，且贯穿至微至彰周遍之易，然易道亦有所朝之宗性，其性者何？宗性者何？”

尊曰：“德，性也；为道所纳、所显一切之本性。道纳德之性，德合道之体，道与德体性圆融并合相如如，以道体四域并德性四体，常称道体德性。万物尊道贵德，全提道德。所谓宗性，乃道生德蓄合相承载之无为而无不为真性，体性合相之宗，同体同载之性。”

男子曰：“谨愿闻悉德性之机。”告曰：“依宗性之所转，出九德之本位，生化之性曰玄德，法性之母曰圣德，天地之机曰用德，贯通之理曰位德，三才之境曰识德，阳善之政曰盛德，扬升之同曰志德，见性之妙曰明德，实相之简曰至德。”

男子诚然发问："能窃生化之玄机否？"尊示曰："大道无极体与玄德性体性合相显无为而无不为真性，成乾元生生之健，以道生之源起而生。道生德蓄体性合相具足清净，周遍圆明，以真如体如来义显金与阳的延展性，至阳蓄大成元，自元阳之大而蓄积生动，经长之、育之、成之、熟之、养之、覆之生变易，生化大象之往象，以此顺生成势而恒定之。往象至微与大象至彰同体承载而毕具。大道无有所生，更无有可生。以此无为而无不为之大生且广生，因生而易并依易而化。恒顺道生之，自先天五太贯通且流变后天五生。无极五生象并太极五生象同体承载，从玄德与用德而言，有太极浑沦相临界，依生化而有源流变化。"

男子祈请曰："请尊开示太极浑沦相。"对曰："太极浑沦相为圣化凡临界，上承无极而太极先天五太在圣域，下启生万物后天五生在凡域，凡之色依圣之性而生，太极识唯识变现而现生命象，太极识于太极浑沦相为生而未分、依转一体之临界态。太极识临界圣凡，净染同体，皆自然任运连贯一体。执着并颠倒妄识，落一处自然障了所有，而有染迷净。先天五太与后天五生皆精气神位域形态之变，故无极五生象并太极五生象皆乃精气神生命本根之象。太极浑沦相上承无极而太极之先天五太，下启三生万物之发端。元神元炁元精三元一体临界生而未分与分后循生流变起势，因染浊且执妄而发生德位流变之化。有生生立于太极体，真种子依种子库转换成识种子，唯识变现与精气嫞和并天地构精，以神主气精之转换而有太极五生象凡物之发端。"

男子曰："请详示无明之生化。"尊告曰："大道周遍圆明同步具足，不落一处而达所有，具足一切至微至彰全时空显达性，圣德至阳金性而大光明周遍。至彰大而无外以及至微小而无内，从道生之贯穿生变易，至微以至彰显、至彰以至微达，大凡至彰皆以至微达，大凡至微又皆全息交易着至彰。乾体元亨利贞之圣德妙化万有，此在圣之刚健显乾道变化各证性命之妙用。阴阳互根互生而有阴柔之起势，值自然法序之周易而自生其阴，乾体为阴所浸，阴妄经气、形、质之变而成柔道，以大时成轴，柔道牵乾而明德渐失。阴妄成体且有阴之质曰姤，柔之不正主姤，使姤体文明品格因姤遇而脱离乾体。不正之风自姤渐长，至二阴成遯而伤正，待三阴成否，小人道长生否难，后四阴成观，大正已然去之甚远，使五阴消阳成剥而大正失序，至六阴成坤，阳正被剥落而丧明，阴妄弥漫而柔势强盛，形成“姤→遯→否→观→剥→坤”执妄迷失的周而易过程，终堕阴妄熏习之迷途。”

男子曰：“周乾易坤周而易，以阴成势而主暗，执妄迷失则失明又失志，识、根、尘相继起用且反复熏习而出入无期，必多难多灾。试问尊主，从阴之大时可知亦有阳所主之大时，是否一反执妄迷失而正阳进德？”

对曰：“明德与阴妄以相摩动静如影随形，阴阳环抱且互根互化。知生化之源，明德性之主，是谓晋也；晋者，升而益明，必进明德照迷妄而升明。明德进则志德升，阳正、大正、正大、同正将复，立身德为基，行“坤→复→临→泰→大壮→夬→乾”正阳进德之路，阳气刚壮出震于复体，一阳来复而二阳成临，临正气正固而三阳开泰复正序，四阳壮盛使天下大壮，五阳夬决德大成体，六阳全乾纯粹精神。

男子曰：“知生化既可察万变之机，又可解妄识于内。至于知其来明其去之事，又复何如？”

尊告曰：“当行观象知吉凶、观阴妄知染浊、观不正知祸难、观四时见终始、观人身见道体、观意动见心性的大观之道。阴而不正必有患、祸、灾、难之凶，其凶既在自身，又以不正之害致他人应难遭凶，陷之又陷出入无尽期。体时位贯穿四易体证必因位见德，错综复杂又相推变化，由藏象之源流可推吉凶悔吝。吉凶之生乃因位见德，有德则吉，无德则凶，有德乃向阳从正之果，无德乃阴妄不正之果，得治则吉，不治则凶。治乃吉凶之变。吉凶之占在象，吉凶之知在理，吉凶之治在德。治道有为而见德，以六爻递相推动自浅入深，由卦体贯本体而总推天地人三才之德，从三才之德洞见三极之道。

男子告白曰："占吉凶在象，知吉凶在理，正德之果在于知理且顺理而践行之，以德治之正生确吉之果。知理且顺理之行乃气盈之为，不明理且背理之行乃气歉之为，是阴妄所主。知吉凶悔吝得失忧虞之盈虚进退，便知一切身病乃至业病之缘由。"

尊曰："善哉！秉当位、称位、配位之德位法则确德治，以德治正德，使称位其能且配位其德，自能尽正德之能事以化凶为吉。当位者，法序之位与礼序之当，乃位任所系；称位者，当位之任与职责所当，乃称职所系；配位者，尽职之位与善政之当，乃德果所系。道之所呈，法之所载，同体位域的生化源流变皆依性起用，一个位符单元可节节贯通所有而遍知。"

男子告白曰："穷则变，变则通，通则久。请开示变通与致通之道。"对曰："唯自至理以入，方得元亨之通；唯变所适方致恒久，当知位序、见德性，明德为济通万物以达所有之钥。修德自健便能主自性而福祸自主。能唯变所适以致恒久曰升，乃大明进阳升德也。坤体为无明之暗所主，以妄逐妄而不自知；进阳升德始于善，善积而见阳，以善阳出震一阳来复而阳德刚长，至大明时成，为明德所主，方有正阳进德的易而周之进程。无明在乎执妄，光明在乎见善且阳复，阳德刚健出震全凭修健之功。言进阳升德，在于内德刚壮升其品格华其精神，以此求大乘之进。大乘之进乃以德为核，德固治其内，升其刚壮之内德化外政，执天道行王道，自大正至于正大，健正大之制治其外并内外合德。以小体之治道行小乘之德治，再行全大体求大同的大乘之同治；既得小乘治道之利，又备大乘德教之全。

男子曰："见坎陷之难，见明夷之暗，见患、难、灾、祸之深重，见执妄而迷之疾苦，当日新其学，学以致明，以致修身、亲贤、正固、蓄德济天下之利用。请教何以刚壮内德？"

告曰："内刚化外善必使内德刚壮，复以外善化阳德入内，正固精气，使内外合德。当以明德盛大、志德贯通的刚壮之实质，用升进革，去故取新，行知行合一之见修而洗心革面。内健身德方有真阳，否则便有德不备、才不具、功不成、行有过之伪阳。阳起于见善，善积而见阳，当知举善升阳之则。然外善易举，内阳难得，须求一阳来复于内之阳质。阳质成，方能值阳之大时正阳进德而易坤周乾。称位身君子当治君子九德、性命双修，既获刚明之才，又具阳刚之德，以身德君子之范式得自健小乘之利，复健使小人有德、天下同德的大乘之志。"

男子曰："明德始并阴妄渐终而得其主。先迷乃阴妄主迷，后得主乃证得德性光明而自主，当系光明而全大体之德治。时值暗主无明之极，困穷而通，见善而阳复，以德合无疆之厚德广积，现含弘光大阳善之景，尽正德升阳之能事而使光明渐盛，应万事渝变之适，转随物应情之迷。"

尊曰："有善。"继而开示曰："系全大体之大同德治，当革心而格物，进以小全大之志，求正大事业之同，进致通天下之志求大同理想之同，进德文明大健之志求德文明精神之同。治天下德同，需内外合德合功而德服天下，必以法礼德一序统有，既载万政又积万善；治德服天下之同必升其精神品格之同，于天地人一切所具、可言之德求同，使知来则知去，来者天人离一而来，去者破无明天人合一而去。如如来去同体承载悉皆洞见。

善男子曰：“德盛必照，晋之照，离之明，照而化之，可反暗转明。当何为才能反暗转明？”

尊曰：“健天下归德之使命，当立明志双用之鼎器，大器大用，健明德亦进志德，敢负制阴之任，健明德以斩妄，进志德以进善，使内有净而外有功。以天下归德之至理致通元亨，以盛大丰有之德有利贞天下。言天下归德，乃君子健身德进位德，治明并升志，内能正固阳德使阳刚壮盛，外能行德政厚积善德使德裕盛大，执养正之功蓄养内外，以德固德制双治于内外而内外合德，复以治道之小乘行全大体之大乘，成就身德同有、德序统有及德文明丰有之天下大同。”

善男子曰：“解尊所说：健明德同人皆应，进志德天下同照，治德同天下德服。”

尊曰：“莫作是说，依汝之见，治德同生德服，于何处同？又于何处服？”

善男子曰：“如我解尊所言德性真实义，治德同生德服乃自性之同非外服之同，内外合一忽然洞见，无一服处而真如自服。”又曰：“如我所解尊所说义，内外皆妄识变现生器型之所，实无大乘可行，亦无大体可全。”

尊曰：“一切圣凡因德位法而有差别，然实无有差别依法而生。大道本来道体与德性合相具足、乾性与坤尘圆融具足、究竟义理与实证功态具足、性体相用时空显达同步具足。所谓全息交易德合无疆，积善厚德内证本来，实无内外又实见内外，皆不能解我所说故。”

言谈之际，妹归来，怅然若失，问曰：“兄方才可见奇特异象？”兄曰：“解尊所说义，一切所见未见，无出乎三图而已，曰玄德生化本原图，曰圣德盈虚源流图，曰用德圣凡逃遁与转换图。相我本来全息相合，为无明遮障因故离而不合，来往不见真容，徒增往来之业累。”

本体卷：体性与道元

卷之言：从道性系统到道元哲学

由乾藏界、相虚界、坤形界构成藏相系统，在藏相系统下言说玄德、圣德、用德、证德之德性四体而有道性系统。以生化源流变言说藏相系统的体性内容，“生”在乾藏界，为在圣，道体域界为道大、天大，德性域界为玄德、圣德，“生”在相虚界，为圣化凡或凡转圣，道体域界为地大，德性域界为用德，“生”在坤形界，为在凡和凡转圣，道体域界为地大、王（人）大，德性域界为用德和证德。

道生德畜本原为大道生化之“源”和生化本性，亦为生化源动能，而产生大道源动能作用的便是大道〇无极体与玄德性合相同体承载彰显无为而无不为大道真性——道体德性合相，构成了最本质形态的“生”源，大道依此而“生”。道生德畜体性合相之“体”为无极体，“性”为玄德性，体性合相显无为而无不为大道真性。无为而无不为大道真性作用道→母→器程式之整体和所有生化内容，故德性四体皆为无为而无不为大道真性的具体内容和形态，玄德性乃无为而无不为大道真性在无极体的具体内容。道生德畜体性合相下的生生，乃大道源动能作用下“生”的源起，构成了大道恒顺生势之道生之，由于此大道源动能的恒定，故而有大道恒顺生势道生之定律。大道恒顺生势，因道生德畜（体性合相之无为而无不为真性，也是玄德作用无极道体的描述）的本质而有道生之，由往象呈现的道生之，为大道体性最微观的生，称为道生之往象单元。因生而易与依易而化之生化又以往象为标志、为承载，道→母→器程式的生化过程，构成了道域之性生化器域之命，故道域为器域的生化之源，而器域为道域生化之源的流变。

从形上道与形下器本质出发，在性与色的对待上，色的生，为具足“母”特性的精神相域依性而生，以“母”生万物的特性，而有性与色的临界中间态，为太极浑沦相，以及唯识领域的太极识。太极浑沦相上承无极而太极的先天五太在圣域，下启生万物的后天五生的在凡域，而太极浑沦相的临界态就是圣化凡的阶段，凡之色为依圣之性生，通过太极识唯识变现或太极浑沦相“言万物相浑沦而未相离也”的“母”性而生，太极识作为种子源在太极浑沦相的临界态是生而未分，依转一体。在太极浑沦相以如来藏缘起临界太极识，便是圣化凡中“化”在圣性与凡识能量“流变”的临界态。太极浑沦相呈现生而未分与分后循生的综合道元的生化态，尤其是以乾贞临界坤元之“母”特性，赋予圣德在于生化之意义。以此临界流变的延伸，乾道域流变为坤道域，坤道唯识变现的世界依种子而有种子与现行世界。

以形下器坤地凡来集合称谓的坤形界，为地大与王大之集合，呈现坤道。同道大与天大的集合为乾呈现乾道不同，形下器坤地凡，因处于在凡态，坤道因无明颠倒与妄想的障碍，显器形之界域，又因性与妄的本质区别而发生藏相法则的内藏、内相、外象交互关系，从太极浑沦相“母”性圣化凡的生化作用后，在道→母→器程式中有了道、母、器域的不同。坤形界用德分体用而有用德体和用德用，在坤道用德里，又因体用法则的体用相而有内外，为德用内相和德用外相。地大与王大集合的坤道特性，为无明障碍乾道真心，呈现迷与妄之本质。

乾道如如不动妙化万有的大生，坤道纯静无知凡物躁动的广生，便是道生之中乾道与坤道“生”的动态图画。人道统摄乾道与坤道于人身而有天地人三才道统观，故人承乾大生与坤广生于一身。藏象生命系统以全息元象斗罡授时联系乾坤二道，以往来阖辟呈现其交易往来。明了辟户之乾与阖户之坤如何在人身往来变通而显至微至彰全时空性，便知如何用德。所谓用德，乃用德主乾坤之性，以知德性之大知来明德用，再用德证之，则能从坤证乾。

在道→母→器程式中，在圣为“道”域，圣化凡为从道域联系“母”域生化“器”域的生化关联；在凡为“器”域，凡转圣为从“器”域打破“母”域升华到“圣”域的生化关联，形成了在圣、圣化凡周而易与在凡、凡转圣易而周的周易易周程式。

立于周易易周本体，以大道生化本质和生化原理发生的生化源流变联系的界域整体，就联系了道元义。在道元的两种根本形态中，从本原的源起联系所有源流变集合的界域整体，构成大一元；从元态本原联系跨界域，构成了界域源头和自身界域的关系，以及这两者发生生化关系变化的界域，三者关联，就构成了广三元。如果把大一元归为大道本质论，那么广三元则是大道本质下的三者生化形态，为大道三种根本内容，为宏观的界域集合，它是大道整体以两仪原则一分为二并结合两仪浑沦相的三者，而有广三元。广三元为何要强调宏观界域的集合呢？为集合界内元之整体，使其成为最简洁的形上道域、浑沦相母域、形下器域三者。广三元是大一元的生化产物，在生化过程中蕴含了两仪之二，构成了一生二、二生三的生化形态。大一元广三元道元义，为界内元集合组成的广三元与大一元发生跨界域联系，在界域整体发生源流变关联，从而形成全域整体。在跨界域源流变关系上，就构成了大一元广三元全域整体。

无论是道元中的跨界域联系还是界膜理论中界域升降转换，都要依赖于藏相动能作用。如大一元广三元道元的大道源动能，以及大一元生化广三元破界域的大道“生”动能，广三元格局下的界域升降的跨界域的界膜动能，也叫生化动能。在藏相动能义下，所有形态动能的本质为德性，各种视野和阶段的藏相动能内容的不同就是“德”性内容的不同，道体四域与德性四体的道体德性同体承载是交融在一起的。

大道真性基于生化本质所显的大道源动能与大道生动能，以及道生之生化所需要的生化动能与物质动能。大道源动能与大道生动能作用的道体四域为乾道所在的道大与天大，对应德性四体为玄德与圣德；生化动能与物质动能作用的道体四域为坤道所在的地大与人大，对应德性四体为用德与证德。源能体形态的大道动能本质为大道德性。全提道德、直指乾坤，从道体四域中道大、天大、地大、人大等一切可言说的道体内容，到德性四体以玄德、圣德、用德、证德的“德性”与道体内容交互合相作用，呈现无为而无不为大道真性总摄下的道生德畜本原。

章一：道性系统

周易易周本体

玄德显生化特性

圣德显母特性

用德显乾坤特性

周易易周本体

《易·系辞》曰："形而上者谓之道，形而下者谓之器。"以"形"分上、下之界，有道域和器域之界说，故有道→母→器程式。立于道生德畜本原而有体性本质的为"道"，立于"可以为天下母"而有天下万物生化之源的为"母"，从生化本源而流变的天下万物为"器"；器显道与母的所说和能说之用。

形上道，乾藏界真如体为"上"，称为"道"，以乾藏界联系道域，"道"域体因圣德性作用，故为在圣；形下器，坤形界凡尘器物为"下"，称为"器"，以坤形界联系器域，"器"域体因用德作用，故为在凡。从道联系圣与器联系凡来说，立于道生德畜本原而有体性本质的形上道为精神范畴，立于本原之源生化而有流变之果的为物质范畴，源在上，流变在下，乃尊卑之位。

何为道？"道"以其无所不包、无处不在、纳一切时空性而独立不改、周行不殆，并以其自然性并因果性主导与运转着万物，莫之能说，却又处处可说；虽处处可说，又处处说不尽妙处言不明真机。莫之能说，故"字之曰道"，借语言、文字、思维见识之形与象，以能说和所说之用，来强为名并述之于"道"。

使“道”主导并运转万物，显所有能说与所说的就是德——大道之性，道德合相显能说之体和所说之性。道本无名相，以能说和所说之用，以“道”来命名并述之于形象，其相对于名相“器”而言，“道”以能说之体和所说之性，而主导“器”的能说与所说。

从道→母→器程式可知，道，为本，显所有能说之体和所说之性；母，为形，为道以生化本原之所以能生化之法则；器，为型和象，因生化而有能说和所说之用。作用道之所呈，能显各种是有是无、非有非无、即有即无、含有含无、一切自如来去彰显，不在任一处落脚，却能达任一之处的真面目的——就是德性。

德，性也。为“道”所纳、所显一切之本性。道纳德之性，德合道之体，道与德体性圆融并合相如如，常称道体德性。万物尊道贵德，全提道德。大道体性合相生化成道大、天大、地大、王大而有道域、天域、地域、人域道体四域以及玄德、圣德、用德、证德的德性四体。通常言“道”时多指道体，言“德”时多指德性。玄德性作用道域显“生化”特性，圣德性作用天域显“母”特性，用德性作用地域显“乾坤”特性，证德性作用人域显“精气神”特性。

道体因德性所作用，处处显达而又不落一处，能显所有能说之体和所说之性，同时又兼达表现一切“器”的所说与能说。以“道”来命名，述之以形象，为强名，此“可道”与“可名”能言说的内涵不着道生德畜大道本原无极相，不粘如如不动妙化万有之太极浑沦相，不执万物器部具象的型与象，不偏易道往象乃至任何法与法相，大道真性总摄实相具足无以言说却又处处可说。

道体四域里有天域和地域，其天地按取象比类法，通常把乾坤与天地构成乾天与坤地的联系，以此联系天地的本质属性，即天为乾性，地为坤性。故其“地”的形，界说为坤形界，而与之有内在生化源流变（变化见矣）关联的天，界说为乾天（藏）界。

依道→母→器程式，乾天为“道”的属性，为如来藏，显大道本来的内涵，故取乾天为乾藏界，这个藏就是大道本来如来藏。坤形界，是坤地与“器”属性的关联，显“器”所呈现的内涵，之所以不定义为坤器界，那是因为从乾和坤的内在变化关联来看，从“形”的上下之界说，还界说了相虚界。乾藏界、相虚界、坤形界依道→母→器程式而有藏相系统。

界说位域，以“形”之于“道”和“器”而分上下之界，为界说位域；是藏相系统中以大道体性之内容，因德性作用不同道体之差异而体性各域。同时又能按体性各域之“位”，建立生化源流变的位域联系。位，因德性作用不同道体之差异而有体性各域之位。“位”有当位、称位、配位之属性。当位，与界说空间域匹配之位，突出域的界说与界定。在天地人三才中，“天”的空间域当天位，“地”的空间域当地位，“人”的空间域当人位。万物各有其独立不改之当位。当位确立，则有称位，如天位就是天当位后的称位。任何被称位的当位，都有上位的源和基于当位的变以及下位的流，构成“位”的源流变。源流变的实质又是因生而易与依易而化的生化关系。从道→母→器程式而言，以“母”域为当位的话，其“道”域是其上位，为“母”之源，“器”域是其下位，为母的流与变。

“位”，圣人之大宝曰位。体性圆融合相同体承载的当位、称位、配位即为“圣人之大宝”，故道生德畜而有道生之，使其体性各域而有位。大道体性合相同体承载的交互作用，才有在圣、圣化凡、在凡、凡转圣的周易易周动态的生命形态。否则一切都是隔绝的，无“生”化关系和联系，就不会有“在天成象，在地成形”的天地、象形之间关联。

位，是德性四体作用道体四域而有的大道本位，大道本位则体性兼备、同步具足，故能生。这也同时说明，天地万物的生非毫无规律毫无规则的乱生，而是有一套精密的法则与法度在主导，是要当位、称位、配位的位生。位生就是大道体性的法度与规律按照位域关联有生化过程的“生”，有了天地人三才的位生，则把天地人三才所关联的道体四域和德性四体联系起来。“位”就是大道中独特的空间域位，是界域的一种呈现。但位非孤立的空间域，而是由“生”联系的整体观。故天地人非孤立，它建立在道体四域和德性四体交互作用的关系里。

“域”为大道体性中所指的道体四域，即道大、天大、地大、王大道体四域。它既是道体四域的统称，又是各位域具体所指。在具体所指对待中，就有“位”含义的独特空间域，从而可以结合位域，形成道大、天大、地大、王大道体四域位。也正是有“位”含义的定位，让这道体四域呈现各自独特的体、性、体性合相内涵，从而赋予了域位中不逾矩的局面，同时也以“位”建立起相互之间的联系。“域”又有广义所指，在“域中有四大”的叙述中，“域”在“四大”之前，故为大道体性含义所代指的大道本来。

从“位”和“域”之大道体性的视野，再来看“天地之大德”，自然就明晰了以“天地”所指道体四域的体域界说，以“大德”所指德性四体的德域界说。德性四体就是道体四域在当位后与之相匹配的德性称位。其“天地之大德”的“天地”从乾天和坤地来说，便是指界说空间，即乾藏界和坤形界的空间域，而“大德”则与道体四域交互合相作用的德性四体的“德”性。

从道生之的“生”联系道体四域和德性四体的“位”“域”内涵，而见乾天、坤地、相虚之间的“变化见矣”，从而又把框定的界说域的隔阂联动起来，以道生之的“生”——德性独特的“生”串联，就从根本上认识在圣、圣化凡、在凡、凡转圣的本体动态。

天地为大道域界，万物为天地生化，天地与万物都是大道生化的域体，而可界说，也是描述莫之能说的大道从大道域体上的所说与能说。大道生化天地、天地生化万物，得有生化的本性，此本性谓之德。随天、地、万物的大道域体不同，则作用域体的德位则不同，这就是德性可界说的位域。“生”在乾藏界，为在圣，道体域界为道大、天大，德性域界为玄德、圣德，“生”在相虚界，为圣化凡或凡转圣，道体域界为地大，德性域界为用德，“生”在坤形界，为在凡和凡转圣，道体域界为地大、王大，德性域界为用德和证德。

之所以分位域来界说乾藏界、相虚界、坤形界的藏相系统，就是在藏相系统中清晰道体四域和德性四体的内容，以此来确立同体位域之方法。同体为道→母→器程式之整体，含道体四域和德性四体全部之大道本来○的整体观；位域为在大道本来○整体观下的各位域，域是我们研究对象的具体事物所指，既可以是宏观的、整体的，也可以是局部的、某事物中的一部分、局部中某具体对象等，更可以是微观的或微观中的具体对待。

同体位域为从整体到局部再综合联系到整体的关系，为言局部不离本性。同体位域可以建立道、法、体、用、证不同的模型和体系，以相、度、性、证、德多角度，多视野从位域联系整体，以及位域之间的内在关系。这种内在的联系，可以在界说、域说时，把界和域的界线隔阂串联起来。

从形上道界说的“精神”是莫之能说的“道”的表达，为源；而“器”立于本质和本原上的一切所说和能说的延伸，为流；从源和流的关系上看，道显所有能说和所说之性，并表达了一切“器”的所说与能说。故，从大道本质、本原具足的莫之能说，大而无外小而无内的层面，“精神”即道的不生不灭，如如本来莫之能说，不落一处而达所有，既不能断见一处说之即错，而说之也非。那么如何说道？就要依赖形迹、形相、形界含义的“母”去孕育“天下万物”的器，由器的所说与能说“转”“化”母性，大道真机则显。为何我们通过寻常可见的器无法转化大道真机呢？那是因为我们不能见性——执着和颠倒在器的型、象上，落了一处自然障了所有，不懂“母”生万物的法则和法度，中间割裂了如何以法则与法度的层面认知“转”和“化”，以及在“转”和“化”内容与内涵承载下见大道真机。

以乾藏界、相虚界、坤形界构成界域的藏相系统，围绕真如心性、唯识因缘、坤尘器物三个位域，把乾性如来藏界说为精神域，相虚唯识因缘界说为精神相域，坤形器物界说为物质域，从而形成大道本来围绕周易易周程式下的动态生命观。

天，为乾，为心，为清净，为形上道，为在圣，为光明，为如来藏，为真如性，故有形上道乾天圣。地，为坤，为妄，为污染，为形下器，为在凡，为无明,为唯识变现坤形器物,故有形下器凡。此天地为从周易易周本体出发，立于在圣、圣化凡、在凡、凡转圣的广义所指，是基于大道本来的一种表述。

乾藏界的形上道域,以乾性如来藏为精神域。特性关键词为“乾”与“藏”，具光明、圆明、大生、刚健、清净、德普施、如如来去等特征，在道→母→器程式中特指“道”域，在性→相→用程式中特指“性”域，在周易易周本体论所摄的在圣、圣化凡、在凡、凡转圣独立不改周行不殆大道法度视野里为在圣，在大道〇的道法体用证动能源流变实质中，为如如不动妙化万有与大道恒顺生势。从道体四域与德性四体的大道体性结构与内涵中以界说位域来说，在大道体域上为天、形而上、道域、无极而太极过程；在大道性域上圣德元亨利贞周行；在大道体性综述为乾、为心；在大道体性呈现道→母→器程式内容为先天五太之无极五生象图（太易→太初→太始→太素→太极）、气形质。乾藏界形上道域的本源为无极道体发端道生之的本源，为由长→育→成→熟→养→覆生变易过程承载的最微观 “生”的易道哲学，而乾藏界连同无极体源的本原哲学为无为而无不为真性妙用的道生德畜合相妙显。

以在圣、圣化凡、在凡、凡转圣的周易易周本体论上，把乾性如来藏界说成精神域，从莫之能说的形上道与一切所说与能说的形下器来看，主要是

“在圣”所对待的大道体性域位具备本来清净之位域。况且，我们立于在圣、圣化凡、在凡、凡转圣的周易易周本体论上，通过精神与物质范畴的界说，要把精神与物质“转”“化”下关于能量的源、流、变梳理清楚，就要增加和增强对有“源”作用的“在圣”位域的认识，通过在圣“源”的体性位域，成为一个特殊的位域对待，从而立于在圣位域来讲述圣位的体性，以及圣化凡的顺承关系，而不是立于无明域的在凡位去联系圣来说明诸多问题。

相虚唯识因缘界为形下器精神相域。特性关键词为“相”与“唯识”，具生化、“母”性、唯识变现、相用、虚实、凝聚沉淀、法相属性、藏象、福德相等特征，在道→母→器程式中特指“母”域，在性→相→用程式中特指“相”域，在周易易周本体论所摄的在圣、圣化凡、在凡、凡转圣独立不改周行不殆大道法度视野里为圣化凡与在凡，在大道○的道、法、体、用、证源流变实质中，为圣化凡太极浑沦相临界态，种子与现行唯识变现过程。从道体四域与德性四体的大道体性结构与内涵中以界说位域来说，在大道体域上为识神域太极浑沦相、地、形而下、器域、唯识变现过程；在大道性域上乾贞临界坤元，从形下器范畴说为用德元亨利牝马之贞周行；在大道体性综述为太极浑沦相的母性和坤的妄与迷。在大道体性呈现道→母→器程式内容中母域独具的识神域“母”性临界态，体现为如来藏缘起与如来藏识在圣与在凡视野的两种对待，以乾贞临界坤元太极浑沦相，以其独有的“母”性可以为天下母呈现的圣化凡的生化哲学，体现太极浑沦相（识神域）在种子源与种子上的独特的相依源流与流变关系。在形下器如来藏识范畴的识神域精神相域，体现为种子与现行唯识变现的八识心王法与五十一心所法，显器形之界域，为用德与坤道彰显。

相虚界是乾藏界与坤形界在大道生化关系上以唯识因缘交互往来联系。以生化法则中的“母”性形态而成相虚特性之界域，以独特的精神相域成为形上道与形下器在精神与物质范畴交互联系的源流变枢纽。既具大道生化法则性→相→用属性，又是生化法则下坤地凡器域中具体的内容形态，是藏相系统中各界域之间独特的道元位域视野，是种子临界太极浑沦相以初始无明唯识变现之母域，是坤道凡器域一切体形世界的动能形态，更是种子返熏之所藏，是运转和组成藏象生命系统和认知藏象生命的重要视野，还具修真证道领域中以人身长大内证德性的相虚实证功态境。从相虚界的定义可以看出，相虚界作为藏相系统中三域界其中一域界，不是单纯以相虚界本身的唯识因缘内容与特性为研究对象，而是从藏相系统的三域界交互往来联系以大道生化法则等在性→相→用属性上独特作用。

相虚界在界说位域上为形下器范畴，从精神与物质的界说位域来说，界说为精神相域，在展开形下器范畴对待相虚界的体性属性时，要先独特对待道→母→器程式母域呈现的太极浑沦相状态，它是圣化凡属性上，识神临界太极浑沦相以初始无明唯识变现之母域。换句话说，相虚界作为形下器坤地凡的范畴来说，坤地凡最初始的无明世界是如何来的？它的指向就是识神域的初始态，初始种子以及种子源因缘的生化，为太极浑沦相临界态，以如来藏缘起的乾贞临界如来藏识的坤元，呈现识神域的初始真面目。从识神域的两种来源，一种为真如体如来义所生种子以如来藏缘起的秘密义承载的识神域真相，这叫初始识神域；另一种为在初始无明世界染污后，在轮回境中继续沾染熏习，识、根、尘和合集聚而由外返熏，返熏的种子以识神域能藏和所藏的功能进行存储，成为返熏识神域。相虚界在初始识神域对待上，为圣化凡的生化视野，是联系道→母→器程式的整体对待，而在返熏识神域对待上为人后天所造诸业形态的业库，就是纯粹的形下器坤地凡范畴，呈现唯识因缘唯识变现的八识心王法与五十一心所法，既有种子与现行的唯识特性，又因在器域而具足坤形界中的坤与体特性。

相虚界的特性关键词为“相”与“唯识”。“相”便是立于大道生化属性联系道→母→器程式的整体对待，从道域、母域、器域不同阶段呈现“相”的特性内涵，故不能把相虚界的“相”狭义地理解描述太极浑沦相以及坤地凡的“相”特性，而是一个广域的视野，从道、母、器角度呈现性相、法相、用相。道域在圣态，真如体如来义下的妙有与妙化，为性相；在凡态，唯识变现中唯识因缘和合集聚与动能沉淀呈现色法型与象，为用相；在大道生化属性上，大道恒顺生势的道生之是一切“相”的根本，大道道生之中任何宏观的体性都为最微观的往象恒顺生势变化而成，而呈现往象的易相则是大道包罗一切的法相，它可以理解成“化”的层面，它是化的过程，不是化的结果。大道恒顺生势的道生之贯穿在道→母→器程式下任何至微至彰的大道体性中，性相与用相，以及性和用的法相，都是以道生之来承载的，离开了大道的生生之健的“生”，就无法谈“化”层面的法相，大道里的一切都无法联系在一起。

坤形界的形下器域，以坤形器物为物质域。特性关键词为“坤”与“体”特性，具无明、方体、广生、柔顺、污染、顺承天、唯识变现、质碍等特征，在道→母→器程式中特指“器”域，在性→相→用程式中特指“用”域，在周易易周本体论所摄的在圣、圣化凡、在凡、凡转圣独立不改周行不殆大道法度视野里为在凡，在大道○的道法体用证动能源流变实质中，为妄想颠倒之迷失道与顺得常。从道体四域与德性四体的大道体性结构与内涵中以界说位域来说，在大道体域上为地、形而下、器域、后天五生过程；在大道性域上用德元亨利牝马之贞周行；在大道体性综述为坤、为妄与迷；在大道体性呈现道→母→器程式内容为后天五生之太极五生象图（生生→生主→生入→生成→生育）、三魂七魄与人身长大。坤形界形上道域的本源为道→母域中显道域的真如特性，并以乾贞临界坤元太极浑沦相，以其独有的“母”性可以为天下母呈现的圣化凡的生化哲学，体现太极浑沦相（识神域）在种子源与种子上的独特的相依源流与流变关系。坤形界因无明颠倒与妄想的障碍，显器形之界域，以分体用而有用德体和用德用，用德用简称用德。

坤形界由于围绕无明及器物交互作用，尤其是从心不相应行法和色法范畴来说，主要体现“器”含义下的型和象在物质性的事物现象，为形质互相起障碍之质碍，色法为眼、耳、鼻、舌、身、色、声、香、味、触、法处所摄色，色法和合集聚为色蕴，我们说传统佛学对物质域的划分为色蕴的妄见（一切可见、可分别根尘内外的色）与可用来起领取纳受（身受与意受）在受蕴中的尘相，既形成外在物理空间，也构成在人身上出现的精神与物质的联系和转换关系，界定为物质的范畴。其色蕴的妄见、可用来领取纳受的尘等，其实这还是对色法的物质域的一种解释，尤其是形质之质碍的有型有象的物质。针对从“乾”性内涵对比“坤”的广域，“坤”的内涵不仅限于色法，尤其是色法中形质之质碍的有型有象的物质，还有很多无质碍作用，不与色法相应，也不与心、心所相应，不与无为法相应，它是心色不相应行有为法的集聚，它增加了以色尘来说坤器的内涵，增加了“坤”域内涵的更深延展。

从大道体性承载的大道本质与哲学本原，来广义地界说精神与物质，认为形上道为精神域，形下器为物质域。赋予藏相系统依大道体性位域的不同呈现不同的结构、内容、性质，而这些各位域阶段在大道体性上的特点与内容，又从道→母→器与性→相→用程式下以生化源、流、变关系，形成内在关联并交互作用的系统，那么乾藏界、相虚界、坤形界究竟如何彰显真如心性、唯识因缘、坤尘器物的内容与内涵呢？

先从形上道和形下器来说圣凡两个位域。从性与色（识）的本质对待上，形上道乾性如来藏界精神域，形下器相虚唯识因缘界精神相域与坤形器物界物质域，上与下的具体所指就是两个域体，除了性如来藏界为形上道外，与性相对应的为形下器，故相虚唯识因缘界精神相域与坤形器物界物质域归类为形下器。形上道和形下器所对应的根本世界为圣凡域，也就是通常我们以乾和坤来称谓的天和地，从而形成形上道乾天圣和形下器坤地凡。形上道乾天圣和形下器坤地凡是基于天和地在藏相系统中延伸的内涵，故在言说藏相系统中关于乾藏界、相虚界、坤形界位域内涵时，我们从常规天和地的视野，来赋予藏相系统的认知。

由此可见，围绕真如心性、唯识因缘、坤尘器物三个基本位域，以大道体性并结合传统佛学中对精神域与物质域的界说，把乾性如来藏界为精神域，相虚唯识因缘界为精神相域，坤形器物界为物质域。其精神域、精神相域、物质域为依性→相→用程式视野联系乾藏界、相虚界、坤形界的综合界说。其综合体现在乾藏界、相虚界、坤形界的界说位域体现为“体”，是大道体域的一种界说，而与域体相对的性、相、用体现为形态功能对待，之所以为形态功能，是因为这里不能把性、相、用说成是“性”层次的域，从作用域体的域性层面来说，乾藏界为玄德与圣德，相虚界为用德体（乾性层面体用一如，故不分体用，而用德因界域不同，故分体用，为用德体与用德用，用德用简称用德），坤形界为用德。性、相、用只是域性呈现出来的形态功能，或者说成立足于形态的本质功能，它是性域在“性”层面上的表达与传递，尤其是在形下器范畴里，其域性并非直接呈现，而是要通过相、用等形态功能来表达、来传递，也就是常说的相由性显。

精神域、精神相域、物质域就是乾藏界、相虚界、坤形界依性→相→用在形态功能上的界说。在形态功能上，精神域对应性，精神相域对应相，物质域对应用，这样就能把道→母→器程式联系起来。道、母、器是乾藏界、相虚界、坤形界在域体上的综述，乾藏界真如心性的域体综述为道，相虚界的唯识因缘的域体综述为母，坤形界的坤尘器物的域体综述为器。道→母→

器程式为道、母、器所对应的乾藏界、相虚界、坤形界的内在整体观的联系，内在的整体观联系体现在道→母、母→器与道→母→器的位域，在内在是有联系的——为相互关联与交互作用，而道→母→器程式则是整体观的体现，它是立足于位域而破位域界说的整体观。

从道→母→器与性→相→用以及精神域、精神相域、物质域来言说的乾藏界、相虚界、坤形界，逐渐有了从体、性、形态功能、能量流变等多位域和多视野的位域来看待藏相系统中的三大界域。由此可见，藏相系统以乾藏界、相虚界、坤形界承载了道体四域与德性四体的大道体性的内容及含义，大道体性为大道○、乾道、坤道、人道所呈的道大、天大、地大、王大道体四域，以及与道体交互合相的玄德、圣德、用德、证德之德性四体的统称。

周易易周程式，为在圣、圣化凡周而易与在凡、凡转圣易而周，共同呈现的在圣、圣化凡、在凡、凡转圣周易易周程式。道→母→器程式中，在圣为“道”域，圣化凡为从道域联系“母”域生化“器”域的生化关联；在凡为“器”域，凡转圣为从“器”域打破“母”域升华到“圣”域的生化关联。

圣化凡为在圣、圣化凡、在凡、凡转圣周易易周程式下的“圣化凡”，在三圣三凡含义下的“化”就必须立足于生化原理与生化过程来呈现圣化凡，从生化原理上为因生而易与依易而化，以及从往象的至微与乾大生的至彰体现“生化”的精髓。从生化过程上为道域生化器域，从无极源起如何经过生化呈现万物凡的过程，尤其呈现太极浑伦相圣临凡的生化状态。圣化凡视野下的太极浑沦相态为三圣三凡含义下“太极”位域，以“太极”域在三圣三凡所处之位而联系圣与凡的生化源流。

在周易易周程式中，在圣之“圣”为玄德与道体合相以其无为而无不为玄德之性妙显在圣，也是我们常称的“无极圣”。圣化凡的“圣”为无极而太极的圣，通常简称为“太极圣”，但一定不是特指太极这个临界点，而是无极而太极过程乾道域的“圣”。无极而太极过程正是圣德与乾道合相妙用以其如如不动妙化万有之性显其元、亨、利、贞之圣德相，所以无极而太极过程正是元亨利贞圣德显用的过程。之所以有“圣”的不同内容，在于作用“圣”的“德”的不同。玄德显用为无极圣态，圣德显用为无极而太极圣态。还有一个凡转圣的“圣”，是包括前两个圣态内涵的真如体如来义的自性圣，非外相所指的某个圣。

圣化凡之“凡”是从坤元执妄迷失而有坤世界的一切坤尘形态，即“天下万物凡”。在凡的“凡”则指坤世界里一切有情众生、无情具象事物（包含不可眼见的事物），一切色尘与物、事、理乃至一切见的“坤尘凡”。凡转圣的“凡”为特指三界里可以修真证道的一切有情众生，为“有情凡”。“天下万物凡”与“坤尘凡”虽同为遵坤道运转的坤凡，坤凡为坤道里的一切规律规则都成熟具备运转的凡，天下万物凡都可以看作是正在走向坤凡过程的初级形态的凡。

作用“圣”的“德”不同，自然作用“凡”的“德”也是不同的，作用“凡”的德主要为用德和证德，此“用”德主要是针对作用圣的“体”来说的。道与德合相彰显的程式过程中，玄德妙显显在圣与圣德妙用圣化凡，便是玄德与圣德妙用周而易的过程；用德彰显在凡与证德修持凡转圣，便是用德与证德畜势常自然易而周。这便是“在圣、圣化凡、在凡、凡转圣”周易易周程式过程中的三圣与三凡的具体所指所呈现的内容与内涵，只有把这些分清了弄明了，就自然觉得三圣三凡体系下每个环节和内容都是丝丝相扣的。

大道生化属性下的圣化凡就是以三圣三凡含义下的圣化凡视野所说，大道无极而太极过程下的太极圣特指，正是大道生化属性来呈现的道生之动态过程，这个过程所研究的对待为乾道的生化属性，并以乾道的生化因而有圣化凡的果。乾道生化因→圣化凡的果这么一个动态过程，依赖大道道生之恒顺生势定律，并以恒顺生势定律呈现生化原理来贯穿这个动态的生化过程。

在大道恒顺生势生化原理中，主要以因生而易与依易而化为内容。因生而易与依易而化的内涵又以往象为标志、为承载，大道生生之健的生变易“生”出往象，且“生”的哲学本原为道生德畜体性合相无为而无不为大道真性彰显。

在“因生而易与依易而化”大道生化原理恒顺的生化过程中，便有了源——生与流——化三者一体生化联系。源，为大道恒顺生势道生之中“生”的本原和本质的发源，常特指无极道体的本源，有了无极的源以及道生德畜的本原和本质，而有道生之，以此起“源”的生，便是源与生的交互圆融同体承载。正因为源——生的同体承载以此发端，而有长育成熟养覆的物形之道生，顺延道生而有势成之，成大道恒顺生势定律，这个过程便是流与化的形态所在。所以“因生而易与依易而化”大道生化原理下的源——生与流——化三者一体生化哲学视野，成为大道道生之动态观。

玄德显生化特性

大道恒顺生势之“道生之”，由生化本质、生化原理、生化过程构成恒顺生势的基本形态。大道生化本质为道生德畜大道生生之健本原，因大道本原才有因本原的“生”源，这个生源记为无极体源起，故无极体源起只是生化本质中道生德畜本原所生的内容和所显的形态，道生德畜本原又是什么呢？为大道〇无极体与玄德性合相同体承载彰显无为而无不为大道真性，以此无为而无不为真性的道生德畜本原为大道生化本质。

道生德畜本原为大道生化之“源”和生化本性，亦为生化源动能，而产生大道源动能作用的便是大道〇无极体与玄德性合相同体承载彰显无为而无不为大道真性——道体德性合相，亦乃大一元广三元道元合相；由此大道本原的动能源，就构成了最本质形态的“生”源，大道依此而“生”。所谓道生德畜体性合相，“体”为无极体，“性”为玄德性，体性合相显无为而无不为大道真性。无为而无不为大道真性作用道→母→器程式之整体和所有生化内容，故德性四体皆为无为而无不为大道真性的具体内容和形态，玄德性乃无为而无不为大道真性在无极体的具体内容。

道生德畜体性合相下的生生，乃大道源动能作用下“生”的源起，构成了大道恒顺生势之道生之，由于此大道源动能的恒定，故而有大道恒顺生势道生之定律。换言之，大一元广三元道元合相就是大道恒顺生势道生之定律本原。在大一元广三元道元合相的本原形态下就形成了道生德畜本原、大道源动能、大道恒顺生势道生之定律以及大道生化本质下的“生”源起。

《道德经》曰：“道生之，德畜之，物形之，势成之。是以万物莫不尊道而贵德。道之尊，德之贵，夫莫之命而常自然。故道生之，德畜之，长之育之，成之熟之，养之覆之。生而不有，为而不恃，长而不宰，是谓玄德。”

道生德畜体性合相的大道具足清净、周遍圆明，以真如体如来义显金与阳的延展性，此延展性为阳畜而大，阳大为元，自元阳之大而畜积生动，成物形之与势成之顺生之势，乾元生生之健之势成，以此生生之健依顺而有长→育→成→熟→养→覆生变易过程，自“覆易”临界之易相态之易相（法相）作用后，以易相态这个临界状态为立足点，而呈现从生的缘起到长育成熟养的生变易畜积过程以及变易后显现的往象，这便是因生而易与依易而化的生化原理。它诞生往象，也基于往象。往象这个最基本的道生之单元生化后，就成为道生之生化属性下的“物形之”，并以往象的物形依恒顺生势定律而成势，随着“物形之”“势成之”在一定因缘条件下的和合集聚，再以道生之的恒顺生势贯穿，就呈现了乾道位域内的生化过程。

在“因生而易与依易而化”大道生化原理恒顺的生化过程中，便有了源——生与流——化三者一体生化视野。源，为大道恒顺生势道生之中“生”的本原和本质的发源，常特指无极道体的本源，有了无极的源以及道生德畜的本原，而有道生之，以此起“源”的生，便是源与生的交互圆融同体承载，而源与生交互圆融同体承载又因道生德畜在大道本性、真性上综述的道性本原。

正因为源——生的同体承载以此发端，而有长育成熟养覆的物形之道生，顺延道生而有势成之，成大道恒顺生势定律，这个过程便是流与化的形态所在。所以“因生而易与依易而化”大道生化原理下的源——生与流——化三者一体之生化，成为大道道生之动态。

自大道生化本质的“生”源起，以此生生形成的大道生化内容，就要依赖于道生之“生”的大道生动能。无极体在大道生动能——玄德作用下，就构成大道生化原理。大道生化原理由微观基数阶→变化阶→道生之单元阶三阶四象结构组成，构成大道道生之基本单元模型。大道生化原理三阶四象结构中，微观基数阶为长→育→成→熟→养→覆过程，其中长，为道体与玄德合相畜阳而长；育，为阳长而积；成，为阳畜积而成大；熟，为阳大生延，延为基于未畜之前的延展性；养，为延畜积而养，阳大之生后继续畜积之养；覆，为畜变而易，为阳畜养到了一定阶段，可以把“生”与“变”连贯起来而生易，这个“易”的产生就是生与变持续的发展。变化阶为生→变→易过程共同呈现的生变易在覆易临界态出变易的实质，既是生变易过程又是覆易临界态。道生之单元阶为道生之基本道元往象生化形成。

自大道本原生化本质下的“生”源起，经过生生之健呈现的长→育→成→熟→养→覆，结合生变易过程而生成的往象道生之单元，即“生”源→恒顺生势之（长→育→成→熟→养→覆）过程→生变易→往象的过程中，最终在大道生化原理下生化形成的往象成为道生之基本单元。由此大道生化原理下的道生之基本单元，一切至微与至彰的生皆是此生化原理，并且道→母→器程式中的任何一域界是立足于道生之基本单元的生化过程的集合。所以，由大道生化本质和生化原理共同作用而彰显的大道生生之健为大道恒顺生势道生之定律，也叫恒顺生势定律。在大道恒顺生势定律生化基础上，由道生之往象呈现一切大道体性的内容，无论是宏观还是位域阶段，以及位域界说域内的阶段变化，都构成生化过程，大道一切位域阶段的体性皆依附和立足于此，道→母→器程式中器域的生化和“生”也是如此。

从“生”和“化”的角度，生为大道依体性合相显道法常自然的道生之，其道生德畜的常自然（无为而无不为之性）是大道恒顺生势的根本。从道→母→器整体而言，“化”为圣化凡，也就是如何从道域到器域，中间要有母域去生。说化是指位域界的转换，呈现的是化的内涵。从位域界中的变化谈“生”，归在由“生生”（生生之谓易）承载的生、变、易内涵上。

生与化的关系为因生而易与依易而化。大道恒顺生势，因道生德畜（体性合相之无为而无不为真性，也是玄德作用无极道体的描述）的本质而有道生之，“生”为生、变、易过程呈现的生变易的“生”，这也是位域体与整体位域的关系。生是贯穿化的主轴，道生之的恒顺生势，因道生德畜的体性合相作用的真如性，就必呈现道生之的生变易，故“生”内涵下的道生之是恒定的，由生贯穿的主轴，在一定的位域阶段就会出现“化”，这个一定的位域阶段就是道→母过程，如果从内容上说即为无极而太极先天五太阶段（太易、太初、太始、太素、太极）的太极阶段。道→母过程中由生变易贯穿的生，宏观生的过程里有易道，即因生而易。易在位域体中有了道生德畜的积畜后，就要呈现出化，化又为易的积累，这就是依易而化。

由往象呈现的道生之，为大道体性最微观的生，称为道生之往象单元。什么是往象呢？大道○体性合相而显的道生之的恒顺生势定律，由恒顺生势在“生生”之健上呈现的时空延展性的象，为往象，往象是道生之大象的微观视野。“往象”出自《道德经》：“执大象，天下往。往而不害，安平泰。”为取天下往的“往”与执大象的“象”，乃基于道生之已生之象为往象，乃生生而易之过往。

为何要从“大象”的含义里提出往象的称谓呢？这里有个视野转换的问题，大道莫之能说的体性合相，就是道生之大象，和真如体如来义一样周遍圆明，为十方圆明态，而往象则是视野落在大道体性最微观的生上，大象为整体观之至彰，往象为生生之健的基本单元，为至微，有大象呈现十方圆明之至彰与往象呈现生生之健的至微，莫之能说却处处可说就是此意。虽言“象”，并非可见之外象，却是大道真性作用下的性象，大道恒顺生势之定律，更是基于至微至彰全时空显达性的表达，无至彰与至微兼顾具足，无有大道体性圆融。

十方圆明而至彰的大象为离一切相的无所住真心，不落一处而又达所有尽显一切可包容的可显之象。这些一切可显之象是依大道○而生，道与德合相的恒顺生势，此恒顺生势为大道常自然的必然性，其必然的“生”因大道纳无为而无不为真性，在无为而无不为真性里有玄德性作用无体体，成大道源动力，可见道生之的“生”为常自然态的必然生势，为大道恒顺生势定律，呈现道生之大象。大象必基于往象至微之生化且由往象贯穿。道生之大象呈现在乾道与坤道就是乾大生与坤广生承载的道体“生”的含义。

从大道道生之最微观的生变易过程解构往象内涵，会呈现往象、易相、法相之间的关系。我们把长→育→成→熟→养→覆生变易过程呈现的“变易”称为易道表现的基本单元，这个基本单元就是说凡是要呈现“易”道就必须包含以长→育→成→熟→养→覆为生变易过程。在长→育→成→熟→养→覆生变易过程中，说长→育→成→熟→养这五者为生变易依顺的畜积过程，当到了覆的阶段就到了“变易”的临界状态，从变易的临界状态“易”出来的象，就是往象。把这个过程详细地回顾一下，从生的缘起→长育成熟养→生变易畜积过程→覆的变易临界状态→易显的象就是往象，这个程式过程是为了方便说明而用了递进的关系，实际上从“覆→易”具时空同步性，其覆阶段、变易为同步发生的，“覆、易”这两者为临界一体，这种临界视野类似太极浑沦相在道域与器域的临界，往象为大道生变易呈现的最微观的果，在生变易过程“易”出来的象就是强调这个生的果，它就是往象。而在“覆、易”这两者临界一体的状态称为易相，它是总因到果的特殊状态，它就是法相。要理解法相就要解构“覆、易”这两者临界态去认识易相。

为何会产生易出来的往象呢？长→育→成→熟→养→覆生变易过程都是生生的阶段，有了“覆”往流变性转变的发展，“覆”→往象生成的“易”态中，前面可以称为总因，往象可称为果。“覆”与“易”临界与往象的因果总称就是易相，称为“覆易”临界，作用“覆易”临界→往象的果的过程，就是大道道生之的法相。故易相为大道中任何事物的根本法相，它是恒顺生势定律以生生之健呈现的“相”的内涵，它由易道规则在生化位域间起用。何为生化位域呢？长→育→成→熟→养→覆生变易过程中，长育成熟养覆为总因，往象为果，长育成熟养覆为总因→往象构成一个生化基本位域，为道最微观的生的过程。

我们可以把“覆易”临界状态的易相，作为大道的根本法相，称为易相态，以易相态临界状态为立足点，便有覆阶段之前从生的缘起到长育成熟养的生变易畜积过程，以及变易后显现的往象。以“反者道之动、弱者道之用”顺返法则来说，从生的缘起到长育成熟养的生变易畜积过程为置返的弱态，以此弱态循顺而用的话，就在易相中显现了往象。如果把这个过程在时间上以过去、现在、未来比类的话，就有从生的缘起到长育成熟养的生变易的弱态过程为过去，易相的临界态为现在，往象则为未来，这三者在时间态上的关系是，生变易的弱态过程为易相的置返并为易相而用，同样易相为往象的置返并为往象而用。从生的缘起到长育成熟养的生变易以及覆与易两者临界易相过程，简述之为生、生变易、覆易临界易相之过程，呈现的便是道生之生生之健的易道，这个“易”就包含了生、生变易、覆易临界易相之变等过程，也是生化往象的过程。

往象是道生之大象的微观状态，乃生之源因生生之健的果，故往象由生变易过程呈现了因果法则，长育成熟养覆生变易过程的果就是往象，所以微观的基本单元也有至微之生的过程，并且在长育成熟养覆生变易的总因集合中，有易相在作用。往象是道生之“生”的内容，乃道体组成部分，易相为产生往象这个果的过程中，由“覆、易”这两者临界的状态，在这个独特临界状态中，法相显用，使其能从因到果，产生往象这个大道基本单元。法相是从大道体性综述对道体内容发生作用的一种形态，没有法相的作用是无法完成因到果的过程，这也就构成了往象依易相态的法相作用，而成为道生之生生之健最微观的基本单元，道生之的大象均由往象显至微至彰同步时空显达性，在乾道呈现周遍圆明如如来去的大生，在坤道呈现广生。

恒顺道生之生化过程，就会发生根本形态的破位域变化，构成大一元生化广三元，为道域生化器域，从而道→母→器程式关联形成，立足于道→母→器程式就有了道元三界膜形态，在道域生化器域道元两仪原理转换下，就构成了道域、母域、器域三者三界膜。从大一元生化广三元破位域变化形成后，就有了广三元格局下的位域升降联系，而作用发生位域升降的跨位域的界膜动能的就是生化动能。生化动能是藏相源动能和藏相生动能的内容。从作用两种形态的动能的区别就可以看出它们的本末与体用，以生化动能作用的广三元道元格局下的位域升降为命升降九维形态，而藏相源动能和藏相生动能作用的大一元则为性道元维形态，以此“性”发生根本形态的破位域变化而生化“命”。

在大道恒顺生势生化原理中，主要以因生而易与依易而化为内容。因生而易与依易而化的内涵又以往象为标志、为承载，大道生生之健的生变易“生”出往象，而大道生生之健的内涵指向道生之“生”的哲学，且“生”的本原为道生德畜体性合相无为而无不为大道真性彰显，因此本质妙用而妙有妙化的生，道生德畜体性合相的最根本的前提就是立足于莫之能说的大道〇本原与本质，来揭示道生之“生”的哲学。

道→母→器程式的生化过程，构成了道域之性生化器域之命，故道域为器域的生化之源，而器域为道域生化之源的流变。源，有本源、根源、来源之义，在这里特指无极道体的本源，此本源为大道恒顺生势道生之中“生”的本原和本质的发源。在道→母→器程式中，我们说形上道在圣的精神域为精神相域和器域的源，把如如来去的真如体在圣态作为天下凡的源头，从而以此生化关系而有母域和器域的顺生，但我们描述的道→母→器程式的“道”域也有一个源，为无极源起。

立于道→母→器程式而说源，为无极道体的源，以及基于无极道体而起源于无极道体的“生”，为道生之的“生”在无极体的源头。这两者的“源”的含义，又因道生德畜的本原是一切的根本，包括从无极道体的描述以及道→母→器程式所包纳的一切，因大道本原才有因本原而“生”源，才有大道恒顺生势贯穿的道→母→器程式。本原为哲学属性，为大道本性、真性上的综述，它是体性合相的一种存在，也是大道本来最精深、最玄妙、最不可言说的如如，有此本原的大道真性妙用，才有本原真性作用后发生变化的开端，即为源，故本源为本原哲学的妙显，本原为起源开端成本源的同体承载的真性。本原哲学在所说与能说上体现为道生德畜的合相，为大道的体域（道生）和大道的性域（德畜）交互圆融同体承载，生的源头为德性的阳畜，道体显金与阳的延展性，为玄德妙显的“生为长”之性，以此发端，而有长育成熟养覆的物形之道生，顺延道生而有势成之，大道恒顺生势。

源含义所呈现的在道生德畜本原哲学的统摄下，所指的是无极道体的源以及道生之生的本质，为根本的源头。往往在界说位域的视野里，“源”可以理解为下一个位域与上一个位域产生联系的发端，也就是说不必都基于最本质的源头，而是指向一件事物发生在联系上的来源。从来源处因生化而产生的延展性联系，为流。

流者，动也。动，就是大道依道生之的“生”而动，是动的本质和微观的形态，从最微观的形态来看，动的发生，是生的延展，对比生的延展之前的状态，则为“流”。若想把“动的发生，为生的延展”以及“对比生的延展之前的状态”解析清楚，就要从顺返法则上解析生变易之动态。

道体至阳金性，显金与阳的延展性，此延展性为阳畜而大，阳大为元，自元阳之大而畜积生动，成物形之与势成之顺生之势，长，为道体与玄德妙显畜阳而长；育，为阳长而积；成，为阳畜积而成大；熟，为阳大生延，延为基于未畜之前的延展性；养，为延畜积而养，阳大之生后继续畜积之养，此养因阳大继续畜养而变，为熟的延展性的基础上的变，也可以看出进一步的成与熟；覆，为畜变而易，为阳畜养到了一定阶段，可以把生与变连贯起来而生的易，这个易的产生就是生与变持续地发展，用覆字非常绝妙，既体现出循顺置返思想，又表现出变易的实质，所以覆为生变易一体的“易”。从生到变的过程发展，是不断畜阳的过程，长、育、成、熟、养这五者均为依赖生并依生而变，直到发展到实质性的阶段，而有“覆”的易，从覆置返来看长、育、成、熟、养这五者，就是“反者道之动”状态。覆就是在前五者连贯动态的基础上而有的实质性变化，针对覆的当下，前五者呈现为已经过去的弱态，但以前五者连贯的动态来呈现、反应并作用的，就是“弱者道之用”。当然，由长养成熟养覆的生变易过程承载的内涵，只是循顺置返的一种基本形态，大道恒顺生势道生之的生变易过程，是循顺置返的具体呈现和表达。

从阳畜而大，自元阳之大畜积生动而有畜阳而长的“长”开始，长→育→成→熟→养→覆过程，都是“动”的发生，且是依生的延展而动，在生的延展上对比生的延展之前的状态，呈现“流”的含义，此含义为“流”的本义。流除此基于本质的生，以及因生而动“流”的本义外，立于“在生的延展上对比生的延展之前的状态”的位域对比，“流”常指在位域间有跨越性的变化。生的延展之前的状态与生之后的状态，构成了位域，换句话说，长→育→成→熟→养→覆过程就构成了长域→育域→成域→熟域→养域→覆域的位域变化，而依生而动的流，则是要把这种“动”态跨越并穿越各个位域，才能形成完整的长→育→成→熟→养→覆的生变易过程，这便是“流”基于本义的引申义。

流的引申义与由“动”承载的变化，便是“变”的内涵。从“源”的内涵，源的生、流、动以及生变易的每一个微观的变化、延展、流变、位域间的转换，都是由变所贯穿，且除了生的缘起外，其他道生之恒顺生势生化发展的一切，皆以“变”义所承载。生、变、易微观变化承载的生变易过程，为生生之谓易中“易”的基本内容形态，而“易”又是大道○从无极道体炁→母→器的整体观来看，包含周行不殆的在圣、圣化凡、在凡、凡转圣的周易易周全过程。由“易”依附于“大道”的所有变动不居过程而终始贯穿，成为易道。解析易道，它既依生而易，贯穿大道恒顺生势的道生之，又以遵其九易法则之易道，以四易体证作用周易易周的完整过程，彰显道运转的法则。

源、流、变为易道在贯穿道生之过程呈现的生化形态，是基于生、变、易微观过程的宏观发展。直接体现在立于道→母→器程式而说源、流、变，依源、流、变而有大道位域体性的不同。从源、流、变的内涵延伸出来还有源流、流变之义，其源流与流变一般要基于宏观位域或者宏观程式之间的关系。

源流是指有动态生变易的事物发生在联系上的来源，以及基于来源的变化。它里面有两层含义，第一层为事物本身要具足生变易动态发展，然后以事物动态发展的位域，去联系动态发展的源头，指向事情自身所在位域的前一个位域。第二层为两个位域间发生源和流的内在关系，在位域间的源与流的内在关系，构成从源头位域发端的源流变化。有了这两层含义所指，就可以明白源流非一个固定的源头指向，而是要基于源头说发端于源头的联系性变化，同时它又是以“流”含义所贯穿的源流动态集合。

从道→母→器程式来说，大道○从无极道体为源头，在圣的道域为源流，它呈现在源流动态集合为元亨利贞圣德周行。虽然通常把大道○从无极为源头包含在道域之内而广泛言说，但在说源头、来源的本质时，就要分开来说，因为道域所指不是一个固定的源头属性，而是集合属性。道域为源流，它本身具足生变易动态发展，且发生了元亨利贞圣德周行的宏观道体域。联系动态发展的源头，则是大道○从无极道体炁的源头，这就从自身所在的位域指向了前一个位域，道域与源头域。从无极的源头来说，在道域的“流”则体现为元亨利贞多位域体，元亨利贞的多位域体的连贯集合成为道域圣德内容。从源头域到圣德贞域，就是从源头位域发端的源流变化。

大道○从无极道体炁的源头，到乾元→亨→利→贞圣德位域变化，从源流含义延伸的多位域间的联系（含位域自身的流变）就是流变，流变多用于位域间转换，以及特指临界转换的状态。比如从无极道体炁的源头的生，有了源头的生才有道域的元亨利贞圣德内容的源流与流变，圣凡之间转换的流变，道域→器域的流变。这种临界转换的流变指向大道体性位域发生变化的宏观表达，通常认为圣态与凡态在大道体性的不同所发生的圣凡转换的流变。我们虽然在道→母→器程式中以道域再分元→亨→利→贞位域变化，但大道体性的总格局没有发生改变，一般还是用源流含义来指“流”的动态发展，就算在元亨利贞多位域体的源流变化，但涉及临界的变，就不用流变的特指。

源流与流变的不同在于是否有位域间的转换，无论是宏观还是微观，延续源流的发展凡涉及易变的独特对待和不同位域的转换，就是特指流变。流变由源流贯穿，源流的发展，集聚在因缘和合的临界态时，则发生流变，以此类推，道→母→器程式中母域与道域、器域与母域、器域与母域连同道域，皆是源流内涵贯穿，在位域临界转换中又以流变特指。在微观的“生”上，长→育→成→熟→养→覆生变易过程中，其生变易的其他过程为源流特征，而到“覆”阶段就彰显流变特征；宏观上的道→母→器程式中，大道恒顺生势的各个位域阶段为源流特征，而道域与器域的圣凡生化转换则是流变彰显。

种子源→种子→种子与现行则是由源流与流变内涵贯穿在道→母→器程式宏观视野。唯一真如心性是种子源，它是以在圣如来藏真如体的立场归入性，而这部分又因显母性，临界性与色的生化，被我们以太极浑沦相称为“母”，种子源在母域中，独特对待母域，则为种子，只是种子的源头为在圣如来藏的性，从道域到母域的种子源与种子的转换，则是源流特征。由于母域为道域与器域的临界态，归入道域显性，归入器域显识，故种子的对待视野，也有两者，归入道域显性，为种子源，归入器域显识，为种子，它们为源、流、变综合贯穿源流与流变关系。虽然临界态的种子也为圣，但它呈现了流变的特征，而且对待立场从道域转换到了母域，跨越并穿越了域界，故显流变特征，尤其是呈现了“变”的内涵，对待的变、视野的变。这种“变”会导致属性的改变，同样的真如性，就呈现了种子源与种子两个不同的对待变换，这就是独特的相依源流与流变。

相依源流与流变就特指种子源与种子为同一种事物在不同位域立场上的相依源，种子源为种子的源，而种子源与种子为源流与流变的相依状态。相依源流与流变是从三界两域独特来说临界状态的，道→母→器程式中有三个界域位，为道域位、母域位、器域位，这三个界域构成道→母和母→器两个界说空间体，那么唯识中种子源与种子所指的真如心性，则是以“母”性在母域并上承道域下启器域的临界状态。真如心性在性与识的临界状态特征，就是相依源流与流变的独特形式，从母→器域来说，它是源流，从道→母域来说，它是流变，但它临界在“母”域中，显“母”性，呈现太极浑沦相的诸多特性和特征，如恍惚态的夷希微、视听循以及“其上不皦，其下不昧”“是谓无状之状，无象之象，是谓恍惚”等。作为种子源与种子在相依源流与流变上的内涵，我们知道种子源与种子作为独特的临界态，下启种子与现行唯识所变现的无明坤世界，又因相依源的关系，母与如来真性的“道”域“故混而为一”。

种子源，又要分两个视野，第一个视野为太极浑沦相的独特临界态，也就是上文在解析“相依源流与流变”关于种子源与种子时，它所对的立场为在圣态的真如心性，它是从道→母域来说，它显道域的真如特性，但却以母性来言说，所以要弄清楚是立于种子才说种子源，故这个“源”就指在圣的真如心性。如果从大道体性展开来解析的话，则有乾道体域为无极而太极过程，乾道性域为元亨利贞圣德妙显。这就自然指向了第二个视野，为立于种子而说的种子源从哪里来？我们说太极浑沦相为在圣态的独特对待，但它又是在凡的独特对待，因为临界圣化凡，故有两域界说的立场对待，从在凡来看，它为无明的源头，问种子源从哪里来？也就可以弄清楚无明出现的根本以及过程。从太极浑沦相说德性界域的流变来说，为乾贞（圣德性域）临界坤元（用德性域），故在乾道无极而太极的道生之过程中，就有了无明种子源的因缘产生。

无极而太极为乾道在圣的道生之过程，元亨利贞为无极而太极过程所显的圣德内容，有元、亨、利、贞四个位域阶段，正因圣德妙用，才有乾道体与圣德妙显发生无极而太极过程。在乾道体性圆融的道生之中，乾道为在圣如如来去的圣境，为至阳金性，但大道〇道生之本原规律与法则中，就算是在至阳金性中也必有无明之生，无明显阴性，种子以在凡的对待来说，则为无明阴性。在九易法则解析大道法则与法度时，以终始法则说大明终无明始，以无有法则说无中生有，以阴阳法则说阴阳生化与消息盈虚等，其大明的终和无明的始以及至阳金性的阳与无明阴性的阴，都是在大道道生之过程中呈道法自然而生。关于至阳金性的道生之如何有阴性无明的元素，如何的大明终始以及无中生有，并随大道的恒顺生势和合积聚，产生种子源而生化万物之因，就必须从玄德入手。

圣德显母特性

从形上道与形下器本质出发，形上道乾性如来藏界为精神域，形下器相虚唯识因缘界为精神相域，以及坤形器物界为物质域，从上与下两个域体具体所指而言，为何会出现道域、母域、器域三者呢？首先，从性与色（识）的本质对待上说，除了乾性如来藏界为形上道外，与性相对应的为形下器，故相虚唯识因缘界精神相域与坤形器物界物质域归类为形下器。其次，在形下器的范畴又分出来唯识因缘的精神相域，而精神相域所对应的界域为“母”域，在性与色的对待上，色的生，为具足“母”特性的精神相域依性而生。再次，以“母”生万物的特性，这个“母”是性与色的临界中间态，为太极浑沦相，以及唯识领域的太极识。

太极浑沦相上承无极而太极的先天五太在圣域，下启生万物的后天五生的在凡域，而太极浑沦相的临界态就是圣化凡的阶段，凡之色为依圣之性生，通过太极识唯识变现或太极浑沦相“言万物相浑沦而未相离也”的“母”性而生，“母”性的呈现正是“无极易而太极毕、太极毕生万物具”太极浑沦相生化联系，在性义为如来藏缘起临界色义如来藏识，为真如自性与色尘之对待。太极识作为种子源在太极浑沦相的临界态是生而未分，依转一体。在太极浑沦相以如来藏缘起临界太极识，便是圣化凡中“化”在圣性与凡识能量“流变”的临界态。

从“生”和“化”的角度，生为大道依体性合相显道法常自然的道生之，其道生德畜的常自然（无为而无不为之性）是大道恒顺生势的根本。从道→母→器整体观上说，“化”为圣化凡，也就是如何从道域到器域，中间要有母域去生。说化是指位域界的转换，呈现的是化的内涵。从在位域界中的变化谈“生”，归在由“生生”（生生之谓易）承载的生、变、易内涵上。

生与化的关系为因生而易与依易而化。大道恒顺生势，因道生德畜（体性合相之无为而无不为真性，也是玄德作用无极道体的描述）的本质而有道生之，“生”为生、变、易过程呈现的生变易的“生”，这也是位域体与整体位域观的关系。生是贯穿化的主轴，道生之的恒顺生势，因道生德畜的体性合相作用的真如性，就必呈现道生之的生变易，故“生”内涵下的道生之是恒定的，由生贯穿的主轴，在一定的位域阶段就会出现“化”，这个一定的位域阶段就是道→母过程，如果从内容上说即为无极而太极先天五太阶段（太易、太初、太始、太素、太极）的太极阶段。道→母过程中由生变易贯穿的生，宏观生的过程里有易道，即因生而易。易在位域体中有了道生德畜的积畜后，就要呈现出化，化又为易的积累，这就是依易而化。

生、易、化是道→母过程的综述，也是器在母位域阶段的临界，在内容上就出现了无极而太极先天五太阶段过程中气、形、质的变化，为先天五太内容，太极浑沦的临界便呈现了“化”在“母”性的反应。源于“道”的生、易、化变化，便是“母”的来与去；同时，源与“母”的化，便是“器”的来去；而“器”为“母”依“道”而化。从界说位域而言，就能明了这两个位域的不同对待。生与化关系中的因生而易，为基于源而说源、流、变的问题；依易而化，为源、流、变整体所在的源流变关系呈现的“母”性对器物的孕育问题。而这个孕育问题非“母”性独用，而是源于道，流于母，变于圣凡临界。从这个关系来看物质与精神、精神相的关系，就知道他们内在的本质联系，我们眼前有质碍的色尘世界，就不再是孤立而冰冷的。从在圣、圣化凡、在凡、凡转圣程式中的化与转的临界“形”域来说，化为精神域动能向物质域动能的走向，是一个高位域向低位域的走向；而转为物质域动能向精神域动能的走向，是低向高的升华。

在唯识中，“唯识所变现”种子与种子现行生起的世界所依的太极识就是“母”性的呈现，种子与种子现行生起的世界就是形下器的凡为现量。种子与现行为在圣的生、易、化过程综述而立于“母”位域的视野，“变现”所能对应的便是生与化的内涵唯识传导的过程。从太极识的“母”性来说，真如自性的精神域为种子源，此为证自证分所说的唯一真如性，种子源为道→母过程的种子众因缘和合集聚，才有太极识种子的“无明缘行”。它们为同一种内容在不同位域的描述，也就是临界态。为什么一定要有这个临界态呢？那就是性与识位域本质的不同，体现在位域体和位域性皆不同，我们说大道恒顺生势的道生之，为大道依体性合相，性与体同体承载交互作用，性位域的体性位为天大与圣德，而识位域的体性位为地大与用德体。临界态就是性与识在生化过程中的临界接口，类似形而上与形而下界说上下的“形”，在道→母→器的圣化凡过程中，就一定有“形”内涵（形迹、形相、形界）承载的可以结合两边来界说的位域，这就是“母”在“形”上的临界态。

从道→母→器与性→相→用界说精神域、精神相域、物质域体性流变关系上看，太极识母性的精神相域依真如体形上道的精神域，形成道→母的生的关系；唯识所变现的在凡的物质域，为太极识母性所化，而“母”则为临界圣凡，有不同位域视野的独特对待，它既可以圣域的对待归入形上道，也可以凡域的对待归入形下器，故以此独特对待界说为母位域。从唯识的角度来看，则是种子源、种子、种子与现行的关系。

种子源→种子→种子与现行它们贯穿的连贯关系，则是真如实相，也就是说种子和种子与现行的世界皆为大道真性妙显，而种子源→种子→种子与现行的整体观则为一合相的如如圣境，为法界体性智（至德纯净识）妙化、妙用、妙显，也为玄德，从法界体性智的纯净识来看，如来藏与太极识是不能全部等同的，能等同的为太极识中的证自证分指向的真如性，其余都有性与识的本质区别。

因生而易与依易而化的生化关系所联系的道→母→器程式动态观，把大道中任何至微至彰的事物都从本质变化上联系起来，赋予了认知“道”的方法，基于大道本来的整体观，不仅是万物的统一，而且是道→母→器的统一，还是本体论的统一，从统一再到局部的位域，然后再从位域本身联系整体，一切自然任运，连贯一体。在整体观下的位域对待，然后再从位域本身联系整体的哲学思维，通过界说位域方法论，认识精神域、精神相域、物质域的界说视野和位域中的体性关系，是把“道”这个含义从莫不能说拉到我们可以识别的范畴，也就是通过器的型与象，以及我们身边的任何一物，乃至任何一念，它都原原本本以现量陈述着大道的内容，都联系着那个本来的真相。可为何我们通过寻常可见的器物，以及起心动念，无法转化和识别大道真机呢？那是因为执着和颠倒在器的型与象上，落了一处自然障了所有。唯识所变现而落在识的障碍里，把所障的局部（凡器里极小的一部分，眼的识、根、尘也只是唯识系统里的一部分）当成了所有，所以不知“心”在哪里，不仅无法明了被障了的心，还无法透器物显性，这就是为何要强调明心见性了，尤其是要实证见性，因为只有见性才是串联道→母→器的唯一所在，也是根本所在，它是在证悟的层面上，反过来说为打开一切的光明“母”性，我们要依赖见性的“母”转换唯识的障碍。

从见性的“母”去转换障碍，就要透析并依赖“母”承载的法则与法度。依性而生的“母”承载的法则与法度为四易体证下的九易法则。我们被器的型与象色法所障，所质碍，就是中间割裂了运转器物的法则与法度，凡夫境把器的色法割裂了，见不到母的真容，自然就不知道去如何转如何化了。

从道→母→器程式中的道、母、器分段位域来看，形而上的精神道域如如本来，莫之能说，不落一处而达所有，可谓不生不灭、自在无碍；母域也因临界态，能上承如来真性而有种子源，也是在圣的对待，自母域下启种子与现行的物理世界，且唯识变现而有形下器的凡，识、根、尘交互作用相互熏习，无明开始障碍真心，一切都失去了本来自在，其母性承载的九易法则的两仪规则中，也都走向了另外一仪，世界开始随根尘蕴结和合集聚而相互断裂、失去联系，心王与心所的烦恼从藏相动能里封闭起来，色法的世界开始凝聚，重物质的出现以及自从那个黑洞的世界堕落下去，就有了器域质碍、缓慢、无知。

器域的物质界，在这里狭义的指色法范畴里眼、耳、鼻、舌、身、色、声、香、味、触、法处所摄色，尤其是有型有象（指可眼见）物质性事物现象在形质上互相起障碍之质碍的范畴；如果再把从心不相应行法狭义地理解成不受任何主观与客观而存在的物理空间，就是色法物质的外在客观空间含义。其器域的物质界因质碍的色法与物理空间把道→母→器程式的位域连贯性，从以眼见为实的障碍前隔断，既无法觉察器域中物质之间交互作用的关系，又无法透析母性的法度，就更不用说心性形而上道域的认知，三位域之间的整体联系关于大道的真机就在物质域的质碍中被障碍，成为牢不可破的无明。在形下器的位域里，位域越低、物质越实（内部结构越密致）所造成的障碍越深，黑暗愈烈。

无明是和光明相对应呈现在形下器的动能态的一种反应。形上道真如心性的不垢不净的净，为光明，形下器唯识变现的种子与现行世界为染，为无明。形上道的光明域能量态的反应为遍照十方三世一切时空，而形下器的无明域能量态的反应为因执着和颠倒障碍，按源、流、变呈阶段性虚幻不实。何为阶段性虚幻不实呢？首先，因执着和颠倒障碍而无法见实相，无实相则为虚幻不实。其次，阶段性则为唯识变现的种子与现行世界按六识六根尘的五蕴境而显象不同，五蕴十境与五十一心所烦恼，皆是导致无明的根本，而这个根本又是因执着与颠倒。再次，德性的动能不同，按形上道的精神域和形下器的物质域，分为精神域动能和物质域动能，精神域动能是大道源动能，表现为十方三世的遍布朗照，为圆明；物质域动能按照母域与器域以及现行世界中五蕴十境与五十一心所烦恼的不同，呈现源、流、变的形态，表现为障碍的“方”的局限性。“方”则为根据五蕴十境与五十一心所烦恼的体性关系和唯识因缘变化，而体现空间结构的局限性。

无明在形下器的母域和器域按源、流、变呈阶段性虚幻不实，就是种子与现行世界中五蕴十境与五十一心所烦恼唯识空间体的不同，这就是道→母→器程式中位域的位域差异，道域、母域、器域中光明和无明的差别，根本为大道位域体和位域性的不同，而产生位域体和位域性不同的根本为真与妄的不同对待，乃至对妄的颠倒与执着，以此本质才呈现动能的源、流、变与相对应的唯识空间的动能态上的差异。在位域阶段上讲，与道、母、器所对应的精神域、精神相域、物质域，就是依光明与无明在动能上的具体描述，他们之间的关系体现为动能的源、流、变关系，其动能的源、流、变又如何呈现精神域、精神相域、物质域的本质呢？这就是藏相动能论的内容。藏相动能论就是要把道→母→器程式中精神域、精神相域、物质域动能差异和生化原理，以藏相动能论来呈现其中的差别，这个差别亦是玄德与圣德和用德的差别，玄德的动能为源动能，能主一切生化，圣德的动能为源流动能，主乾道之生化，用德的动能为流变动能，主坤道之器用。

从道→母→器程式综述的形上道圣与形下器凡以及基于形的母性内涵，将藏相系统中界说的阶段位域，以道生之的恒顺生势联系起来，连贯形成基于内在联系的整体观。这个整体观是从道→母→器程式言说形上道的层面，除了莫之能说的道域层面，就连一切所说和能说的母域和器域，也因器由性显，将形上道与形下器归入大道真性范畴，属于见性后的实相境界，虽然大道真相是连续而连贯的，由于它立于证悟层面为一般境界而能为人所知，大道真机也只有基于实相具足的联系才是体性交互贯穿的，否则由于无明所障，母域和器域是与道域的“性”割裂开来，而形成习惯性的迷惑、执着、颠倒，在位域阶段里执妄迷失，认假成真。

大道生化原理与生化过程的指向，就是依大道恒顺生势定律，立足于往象的道生之基本单元贯穿，以真如体如来义的统摄妙有与妙化，便有乾元亨利贞周行而作用的太易→太初→太始→太素→太极无极而太极先天五太过程阶段的生化。太极浑沦相就是先天五太过程中“太极”阶段独特的内容形态，在乾道域呈现了大道体性层面下的太极浑沦相。

太极浑沦相的大道体域为太极位域体，简称太极体，为太易→太初→太始→太素→太极先天五太过程阶段中的“太极”位域体；太极浑沦相的大道性域为乾贞临界坤元，从“性”的状态来说为乾道圣德临界坤道用德体，由于是乾道圣域与坤道凡域这两个位域的德性临界，故同太极浑沦相的“太极体”一样，是德“性”的一种集合状态。从“性”的本质上说，乾贞为圣德，而坤元为用德。乾道圣德体用一如，坤道用德因无明障碍呈现坤体唯识变现诸差异而分体用，为用德体与用德用。用德体与圣德为相依源流与流变体性，为同一种事物在不同位域立场上的对待，类似于太极识在如来藏缘起与如来藏识上的两种视野对待，又因用德体显真如圣德对待，在坤道无法彰显，故在坤道说德性为用德称之，在坤道用德里，又因体用法则的体用相而有德用内相和德用外相。这是从宏观的视野把圣德与用德体归入临界态，如果直接比较圣德与用德体的内容、生化属性以及特性的话，差异却很大，毕竟乾坤体性各异，圣德乾元亨利贞，用德体坤元亨利牝马贞，一个“牝马”之词，就凸显了乾真如体的刚健与周遍圆明的周行，而坤凡器阴柔散乱如牝马地类般行地无疆的妄念横飞，唯识变现又返熏交互。

从源→生与流→化一体生化视野来说，源→生为太易未易之初，也就是太无阶段的无极道体源，而由易道妙有妙化，则有先天五太各位域阶段的流→化，当太易→太初→太始→太素→太极易道变化完成后，再将源→生与流→化放在一个整体视野里说“一”。这个一就是从无极而太极过程的“太极体”，从源→生与流→化一体生化哲学视野来说，太极体，既是先天五太过程的综述，又是立足于先天五太过程中太极位域阶段的独特状态来描述整体。这就构成了源与生以及流与化以“太极体”态多位域融合，多种道元位域交互在“太极体”态中，构成太极浑沦相中的“太极体”视野。

《列子·天瑞》：“有太易，有太初，有太始，有太素。太易者，未见气也；太初者，气之始也；太始者，形之始也；太素者，质之始也。气形质具而未相离，故曰浑沦。浑沦者，言万物相浑沦而未相离也。视之不见，听之不闻，循之不得，故曰易也。易无形埒，易变而为一，一变而为七，七变而为九。九变者，穷也，乃复变而为一。一者，形变之始也。清轻者上为天，浊重者下为地，冲和气者为人；故天地含精，万物化生。”在先天五太的描述中，以气形质为重要的内容。“易无形埒，易变而为一”便是叙述由易道贯穿的无极而太极过程的道元位域视野。如何的道元位域视野呢？为立足于先天五太各位域阶段再来说整体，“易变”指先天五太的太易→太初→太始→太素

→太极的易道变化，这是立足于各位域阶段，然后再把各位域阶段的易变过程从一个整体的角度说“而为一”，我们从源→生与流→化一体生化视野来说，源→生为太易未易之初，也就是太无阶段的无极道体源，而由易道妙有妙化，则有先天五太各位域阶段的流→化，当太易→太初→太始→太素→太极易道变化完成后，再将源→生与流→化放在一个整体视野里说“一”。这个一就是从无极而太极过程的“太极体”，从源→生与流→化一体生化视野来说，太极体，既是先天五太过程的综述，又是立足于先天五太过程中太极位域阶段的独特状态来描述整体。这就构成了源与生以及流与化以“太极体”态多位域融合，多种道元位域交互在“太极体”态中，构成太极浑沦相中的“太极体”视野。

从大道生化属性结合道元位域来认识“太极体”，且明析“太极体”为三圣三凡格局下的大道无极而太极过程下的太极圣特指。“气形质具而未相离，故曰浑沦。浑沦者，言万物相浑沦而未相离也”便是立足于大道生化属性的先天五太内容形态来说“浑沦”的内涵。从“气形质具而未相离，故曰浑沦。浑沦者，言万物相浑沦而未相离也”，我们从气形质内容、“未相离”的“相”、言万物等描述来言说“浑沦”的内涵。

气形质是元神元炁元精三者生而未分的三元三全，此三者为太极的“三”的本面目，实则是太极“一”之一体。说三就是元神元炁元精，说一即是太极，元神元炁元精的“三”为气形质的综合表述，为位域阶段在“太极体”的形态，太极“一”体则是道元位域从位域间视野到太极体具体对待并联系整体的视野。在真如体如来义下如如不动妙化万有的动静二相上，先天五太的气形质具为玄关一窍，有此玄关一窍，太极生而万物成。元神元炁元精三元，三者归一，一返道体即无极，元神元炁元精三元为太极之用，无极为太极之体。从无极到太极的这个过程而言，是各位域间在气→形→质过程的源流变关系，把气、形、质当作基本单元言说位域阶段，无极而太极则是道元位域整体观，把整个无极而太极过程当成一个位域单元，也就是把道域的乾道变化当成一个整体，在这种整体观下，具玄关一窍形态。故有“气形质具”“而未相离”就是“道生一、一生二、二生三”中的无极生太极、太极生两仪、两仪生元精元炁元神，此“一”“二”也好，“三”也罢，均是“生”而未分，体用如一的。说“一”含“三”，说“三”归“一”。从气→形→质过程的“三”，到气形质之“一”，从先天五太过程各位域阶段作为单元，到无极而太极的归一，就是道元位域视野的转换，这种转换是对同一种事物在不同视野下的描述，但相互之间又建立联系，无极而太极过程的“太极体”可以“一”来言说，在“一”中元神元炁元精以及气形质却又是俱全才能转换到“一”上，这就是“气形质具而未相离”的落脚点，既是言说道元位域视野，又是建立在内容性质上的综述。“具”而“未相离”描述了视野的转换，“具”为位域阶段的内容与性质在位域阶段生化毕具，“未相离”为转换到整体视野后为脱离位域阶段内容的毕具，以及建立在乾道性质上还未向坤道变化并分离。

“言万物相浑沦而未相离也”这句话妙在一个“相”字上，无极而太极中的先天五太是一个气形质的过程，有了此气形质，而显元神元炁元精三元一体，才有太极毕生万物具。此太极毕是指无极而太极的玄关一窍生成，太极毕时，则是生万物之初始。太极毕为上承无极而太易的先天五太过程，下启三生万物的万物孕育与发端的过程，联系太极毕这上承而下启的过程，为无极易而太极毕、太极毕生万物具。有了“太极毕”这个上承而下启的过程就能以它为立足点而明了无极道体至万物具的完整过程。

由此过程，可以总结出太极体气形质浑沦相的具→毕与毕→具的临界内涵，具→毕为无极易从无极“源”生起，先天五太中太初→太始→太素位域过程，而有气→形→质具，这个过程的具，到了“太极体”态则为气形质毕。

这是太极浑沦相中的具→毕层次，位域阶段过程生化内容的具，转换到“太极体”视野的整体的毕。毕→具为“太极体”中气形质内容的元神元炁元精三元一体毕，到了坤道生化万物生而未分临界态的万物具。这是太极浑沦相中的毕→具层次，立足于三元一体如如不动妙化万有的生化毕，转换到“生万物”的生而未分的万物具。

如何描述浑沦上承下启的临界状态呢？这就要回到“言万物相”这句话上，首先，视野立足在“万物”上，而且此“万物”为能说和所说之用，所以可以“言”，是坤道里坤地的“有”，因万物的“有”相对于真空实有生化莫不能说的“无”来说，是可言可说的，这就是万物的立足点和角度，用“言”字的精确所在。其次，在“万物相”中，此时的“万物”为太极下启而有万物，实际上是“太极体”毕→具的状态，叫生而未分，生而未分用所说与能说来讲，就是还没有万物具体的“象”出来，还是太极相虚的状态。这个“相”就是相互深入的意思，万物具里显太极之性，太极毕里含万物之端，由于万物生而未分，在发端之前，那就一定没有万物的“象”了，所以妙在“相”字上。无极太易到太极，一定不是强调位域阶段的生，而是整体视野的“生”，是生变易一切道生之的综述，而太极与万物的关系就是“生”的关系了，这个“生”是生化的流变特指，要产生乾道与坤道位域的流变。

太极浑沦相的视听搏视野，呈现夷希微的恍惚态。前文一直描述和解构太极浑沦相独特的“临界”态，如果我们跳出临界态去从道、母、器应该有的整体位置来描述太极浑沦相，又会是什么形态呢？就是从“有物混成”的角度来说，从视、听、搏三个世间认识视野，以夷希微来描述的恍惚态。《道德经》曰：“视之不见，名曰夷；听之不闻，名曰希；搏之不得，名曰微。此三者不可致诘，故混而为一。其上不皦，其下不昧，绳绳兮不可名，复归于无物。是谓无状之状，无物之象，是谓惚恍。迎之不见其首，随之不见其后。

执古之道，以御今之有，能知古始，是谓道纪。”在《道德经》里对浑沦的描述，老子将整个过程称为“恍惚”，实际上是对比“有物混成”来说，“恍惚”更具备马上就要有生万物质变的临界状态。同样是视之不见、听之不闻、搏之不得的浑沦相，但老子在浑沦相的状态里，对“视”“听”“循”的三个世间型与象角度给予了内涵延伸，为“夷”“希”“微”，此“夷”“希”“微”即是恍惚的状若有物，但是无法视、听、循，并且以世间的型和象来看，更是可以等同于“复归于无物”，有型么？没有，“是谓无状之状”，有象么？没有，“无物之象”。可见老子从人对型与象的着相角度给予了直接的解析。当无法从型与象上去捉摸了，就只有老子告诉你这里面的状态，就是“夷”“希”“微”的真空实有的“有物”。“故混而为一”，即是我们前面说的太极“一”，此“一”就是太极毕的浑沦相，这个太极毕的浑沦相上承无极而太易起，不断变易的先天五太气形质及元神元炁元精备具的过程，下启三生万物的万物孕育与发端的过程，所以“太极毕”的浑沦相就是十分特殊十分重要的临界点，在这个临界点，有“其上不皦，其下不昧”之不可捉摸，更不可致诘，无法说出所以然来。真的说不清么？当然不是。各种浑沦相、夷希微、气形质、先天五太等都是在说明，因为这一切本来就“绳绳兮不可名”，均是强名。用强名说这些无名无相真空实有的浑沦相，自然就是“迎之不见其首，随之不见其后”。

老子言“恍惚”的浑沦相中，气形质与元神元炁元精混而为一，太极状态齐备，而且老子从视听搏的角度将其定义为夷希微，以此区别世间的型与象的常规认知。我们也知道了夷希微的状态其实就是气形质与元神元炁元精的另一种表达，只不过气形质与元炁元精元神是内容，而夷希微是浑沦相的状态形容而已。那么，具体的“夷”“希”“微”是在讲什么呢？首先，视之不见，视什么呢？视形，其恍惚的浑沦相“有”形，肉眼却无法见到，它是乾道具足清净的真如体如来义，不可眼见，如何视？听之不闻，听什么呢？听音，怎么出现音呢？那是因为气生精的“易”而有动态，就是气的运动而有了声音，此声音为大音希声，非色身的耳能听，此音为金性之音，在功态里为金机飞电之音；同时，在气生精，精有形的过程中，气与精并非分离而且以精气关联的太素充实其浑沦相。故显“希”性，大音希声。搏之不得呢？搏什么？搏从无极而太易到浑沦相太极毕的过程，这个过程就是无极而太极的玄关一窍，是从太易第一初始易变开始到太极毕具的整个过程，搏之不得，那个如此漫长且宏大的浑沦过程，实则就是一易念的变易，也是反复说过这个时空的至微至彰一体的内涵。故显“微”性，易道精髓的至微。浑沦相的实质是还没有出“型”与“象”，“视之不见，听之不闻，循之不得”就是浑沦相无名无相但真空实有在“型”与“象”角度上的描述。其“夷”“希”“微”的形态本质就是“气”“精”“神”实质，如果把“夷希微”连贯一起的话，就是恍惚浑沦相即太极的元神元炁元精一体毕具。故有太极的状态叫恍惚或浑沦，太极的内容便是气形质一体的元神元炁元精一体。此太极上承无极而太易的先天五太，故有无极而太极，下启三生万物的万物孕育与发端，联合此过程，便是“道生一，一生二，二生三，三生万物”。

为何用“态”来描述“太极体”呢？因为源→生与流→化一体生化视野下的太极体，具足“浑沦”态。由此可见，太极浑沦相为太极体的“浑沦”状态。“气形质具而未相离，故曰浑沦。浑沦者，言万物相浑沦而未相离也。”便是立足于大道生化属性的先天五太内容形态来说“浑沦”的特性与内涵。从“气形质具而未相离，故曰浑沦。浑沦者，言万物相浑沦而未相离也”，我们从气形质内容、“未相离”的“相”、言万物等描述来言说“浑沦”的内涵。

气形质是什么呢？“太易者，未见气也；太初者，气之始也；太始者，形之始也；太素者，质之始也。”它们是太易、太初、太始、太素位域阶段在大道道生之恒顺生势定律下的生化内容。如果从太初对应气、太始对应形、太素对应质来说，无极而太极过程中太易→太初→太始→太素到了太极位域阶段，就是气、形、质都生化完成了，结合太初、太始、太素的位域阶段，就有气→形→质位域视野。那么立足于各位域阶段的生化内容而从整体观来言说“太极体”的生化内容形态，则为“气形质具”。从太初的气、太始的形、太素的质的气→形→质过程，就是到气形质的必然生化过程。气→形→质与气形质刚好就是两个位域位域视野的内容，气→形→质描述了先天五太的生化过程，是位域间的流变关系，而气形质则是立足于“太极体”的内容形态而联系整体先天五太过程。气形质与气→形→质的关系便是具足源与生和流与化一体生化动态，而且是道元位域从位域间视野到太极体具体对待并联系整体的视野转换，这就是“太极体”形态下的气形质内容，依大道道生之生化过程而独具“母”位域。

从大道体性上说大道各域界的生化内容，在大道体域内容上（简称内容体），乾藏界承载的道域有太易→太初→太始→太素→太极先天五太无极而太极过程，为“无极五生象”。坤形界承载的器域有生生→生主→生入→生成→生育后天五生太极而生育过程，为“太极五生象”。相虚界承载的母域有独特的太极浑沦相呈现种子与现行唯识变现过程，为道域生化内容跟器域生化内容的临界转换点，并发端器域生化形态，在说大道体域内容上，通常把太极浑沦相作为内容体，当说到这个临界状态转换时，以太极代称太极浑沦相，“太极”阶段落在先天五太过程为在圣道域对待，落在后天五生过程为在凡器域对待。

立于道→母→器程式，太极不是大道生化起点，它是生育万物的起点和发端，是大道生化呈现万物生育的转折点。我们在藏象五系统讨论藏象生命，生育万物的起点和发端为“太极”，是从“太极”说生育，是从太极生而未分临界态时为后天五生的“生生”。太极生而未分临界态为立于在凡坤地器域视野，为识种子的如来藏识对待，为气形质毕具、元神元炁元精三元一体临界生而未分与分后循生流变起势。

在大道性域内容上（简称作用体或能量体），乾藏界道域圣德乾元亨利贞作用先天五太无极而太极过程，有元神元炁元精三元一体的能量体态。坤形界器域用德体坤元亨利牝马之贞作用后天五生太极而生育过程，有神主气精和人身精气神能量体态。立于太极体生化转换，元神元炁元精三元一体的能量体态流变转成神主气精和人身精气神能量体态，从而形成道→母→器程式视野下能量生化流变形态，道域为元态，器域从神主气精与人身精气神的差别而有先天和后天之分，成为围绕“精气神”为内容的元→先天→后天能量流变过程。人身精气神态为“器”的当下状态，为后天。神主气精态的太极“母”为生化人身精气神过程的来源，为器物唯识变现的先天，先天与后天的源头为道域的元神元炁元精三元一体的元态。

太极五生象生育系统中的“生育”为生化与发育，生化与发育就是要立足并依赖“生”的哲学，从而在生、主、入、成、育过程为系统里来说发育，故形成恒顺“生”而有生生→生主→生入→生成→生育过程阶段为生化发育系统。“生”的哲学为大道恒顺生势道生之定律下的生化本质、生化原理、生化过程，在太极五生象生育系统皆是以“生”来言说的生、主、入、成、育过程，故还是要回顾和梳理“生”哲学下的内涵，从而赋予后天五生生育论哲学基石，看看我们到底是在什么样的哲学模型和视野下谈论后天五生的“生”，以及立于后天五生生育论来谈生命。

太极五生象生育系统中的生生为立足于太极浑沦相的在凡视野，为坤地凡器域的对待，属烦恼藏范畴。太极浑沦相在太极识形态下为染义承载的如来藏识，以种子唯识变现的“识”义而在种子库两种视野对待里转换了真种子的如来“藏”义，其根本为无明染浊。故，太极浑沦相临界态为太极五生象生育系统的发端，这个发端“源”为在凡万物的生化源，以太极称谓，具万物生化的“生生”态。但要特别说明，万物凡在太极的发端“源”不是大道的总源头，万物只是大道道→母→器程式域界中器域对待的内容，这个万物凡在太极的发端“源”与以无极体“源”起是不在同一体性道元位域上的，但它们构成了生化联系，以万物凡在太极的发端“源”循迹生化本质下的起源或本源，则为无极体“源”起，它是大道生化可以强说来言说的“生”的总源起。如果说万物凡在太极的发端“源”记为“有”，而大道在道→母→器程式道域域界中的体性内容记为真空实有的“无”，那么太极浑沦相就是无→有转换的体性动能枢纽，从而也形成凡态的道元位域。

在圣化凡视野下的太极浑沦相具足的综合道元位域视野与生化临界态的诸多特性与特征，在太极浑沦相的在凡视野，也就是万物凡在太极的发端“源”立场上，“生而未分与分后循生”的临界态全部转换成了在凡生而分的对待。故万物凡在太极的发端“源”的太极生生，为坤地凡器体性内容以及坤道在凡视野；在种子对待上为真种子依种子库转换成识种子；净染视野为无明染浊呈现烦恼藏的如来藏识态；在生化内容与能量转换视野上，为后天五生从生生源起发端与元神元炁元精三元一体流变成神主气精态；从视听搏视野上伴随后天五生生育系统的生化发育，其夷希微的恍惚态逐渐流变为有型可肉眼见的具生命体征的人体。

生生，为立于太极体，真种子依种子库转换成识种子，种子与现行唯识变现天地构精和识神种子与精气媾和的生化运动态，呈现的哲学为太极体一，一生二，二生三，三生万物。首先，立于太极体，太极浑沦相毕具且元神元炁元精三元一体，故太极为一。其次，真种子对待的真如义为乾道乾天圣，为天，为阳，识种子对待的烦恼义为坤道坤地凡，为地，为阴，此为阴阳的二。再次，天地构精的阴阳因无明染浊，且唯识变现的法则，呈现生而分的识神种子与精态气态的精气神的三。这就是“生生”含义下的三个层次与视野，“生化运动态”为临界一体被阴阳平衡打破，阴性牵引的作用和生而分的本质，“分”的状态描述，就是生化运动态。

太极体一，为元神元炁元精三元一体的“一”，从乾道在圣的乾元起，乾元亨利贞圣德周行作用，由太初气之始，太始形之始，太素质之始，成为先天五太气形质过程的元神元炁元精三元一体在太极浑沦相临界一体。此视野下的太极浑沦相，也是乾道在圣真如体所有大道心性层面指向的真面目，为在圣、具足清净、真如体如来义等。其元神元炁元精三元一体，非元神→元炁→元精程式过程，这是不同的道元位域视野，就如前文说道→母→器程式过程与道母器视野一样，一个是位域阶段源流变过程，另一个是基于位域阶段源流变过程的整体观，它包含了各位域阶段中内容形成过程，是升级了的道元位域视野的综述，非一个平面位域的讲述。升级了的道元位域视野的综述，立于道元位域视野的基础上称为升位域，反之，讲述道元位域视野内部位域阶段和内容为降位域，综述之为位域升降。如何定义升位域或降位域，要看选定的道元位域视野的参照是什么位域层次。从道元位域视野的升位域与降位域义，要明晰说这个“一”时，必然要透彻地明了二与三同时毕具，这里的二和三就是降位域内容，由二和三降位域内容构成升位域的一。同时一必须靠二作用，这个二的作用是在形成高位域视野的“一”时就在作用，就是阴阳，更广义的为乾坤。什么意思呢？阴阳作为“二”共同作用气→形→质过程，并通过气形质形成元神元炁元精三元一体，是一个漫长逐步的阴侵袭阳的染浊过程，不是立刻呈现的，只不过阴侵袭阳的染浊过程经过和合集聚后，在太极浑沦相呈现了临界态，并有了生而分的状态。所以说形成整体高位域视野的“一”时，其实二（阴侵袭阳的阴阳）和三（气形质或精气神）都在发挥降位域位域内容的作用，那么这是乾道在圣态的三→二→一道元位域从降到升的过程。

这就是为何说要明晰说“一”时，必然要透彻地明了二与三同时毕具的原理。有了这个原理，太极三元一体的“一”含义下以恍惚态和浑沦相的描述，是圣人对太极体最精准的描述与形容。为什么呢？就是不给具体所指，而是阴阳具足、气形质毕具，元神元炁元精三元的升位域视野与降位域视野都有，恍恍惚惚好像说什么都行都有，可说什么也不是，就看你是什么立场和视野去认识。浑沦相也是如此，各种视野状态下的相都具足了，从最整体观为太极体，无论是从视野立场上去看，还是从视野立场的内部去看，都各显形态，都具足，可都什么也不能断定，因为不可说也不能断，说之断之即错。所以立于太极体说大道，都指向了那个如如来去的“如是”之义，以前说大道禅机，拈花一笑，大家不以为然，现在从内容、性质、形态、视野、阶段等各种层面与角度明晰何为大道莫之能说，不可言说，说之即错。

从太极体“一”的道元位域视野，既描述了乾道在圣态内容形态三→二→一道元位域从降到升的过程，又以道生德畜本原出发从道与德合相一体视野认知大道体性层面的诸多内涵，故大道体性层面上的所有事物，都会因为道元位域视野的差异存在不同的结果，产生不同的结论。立于道→母→器程式，太极不是大道生化的起点，它是生育万物的起点和发端，是大道生化呈现万物生育的转折点。我们在藏象五系统讨论藏象生命，从太极体的生而分界说为后天五生的“生生”，有了三→二→一道元位域从降到升的视野，到了太极说生生的在凡视野时，就是从太极体一，生而分二，继而成三。

太极体生而分的阴阳之“二”。说二，是阴和阳的二。太极体“一”生阴阳二，阴阳二生精、气、神三，此为太极体一，一生二，二生三，三生万物的内容，万物的形态本质都为精、气、神的能量体态，包括色法物质也是能量体态属性下的物质形态。从太极三元一体的“一”生阴阳二，这个“生”就是分后循生义下的“分”承载的生——分生，为化万物已分，已经脱离了太极临界态了，生而分下的阴阳二就要研究脱离临界态的“分生”的状态。

太极临界态强调说分后循生，是以循顺置返哲学视野来强调圣凡生化但圣凡未相离的整体观，是为了明晰临界态依圣凡生化而有的不圣不凡的状态，或者说要把太极浑沦相中关于生化、生而未分以及分后循生等诸多概念和气形质等诸多元素，对待为一个未脱离的圣凡临界态。那么脱离临界态以“分生”来对待其他内容元素时，坤地在凡视野的太极态则能具体地讲述一生二、二生三的生而分。

三元一体在圣视野为至阳金性，为道→母→器程式中的道域，为形上道乾天圣，为真如体如来义下的具足清净，为何会呈现无极而太极过程并在太极体圣化凡呢？有两大因素，一是大道恒顺生势定律下道生之在乾道生化的乾道体性之集合结果，二是真如体如来义如如不动妙化万有过程中呈现的阴阳盈虚法则。这两大主因让至阳金性的真如体有了阴性的元素，经过无极而太极过程的阴性元素的和合集聚，到了太极阶段形成了阴侵阳而产生阴阳立判的结果。太极临界态就必然出现太极体一生二，阴阳二生三，精、气、神三生万物。在太极体一生阴阳二中，太极体中的元神元精元炁三元一体的元神、元精、元炁三者分开了，从太极体一的生而分原理可以看出，阴阳二是以元神、元精、元炁三者为承载，也就是说最初始先天的阴阳二气，为元神、元精、元炁的形态。其中分开的元神、元精、元炁三者中元神为阳，元炁与元精为阴。

太极体一生而分呈现出来的阴阳态，又有什么原理呢？元神为在圣真如体如来义下的圣体，呈至阳金性，至阳的“至”物极必反，故至阳中有阴态性质，显阳性的阴，但阳为主体，故元神为阳。我们说无极而太极过程中太初气之始，太始形之始，太素质之始，气、形、质为在真如体如来义至阳金性的圣体中生化而成，为至阳态在生化原理中物极必反显阴态性质的，在气、形、质生化最初为至阴态，为至阳金性物极必反遵生化原理所生，至阴物极必反呈阳态，故在乾道圣态的三元一体都是至阳性的，虽然元精元炁为至阴态但此时非阴，有了无极而太极过程，阴阳才逐渐转化。所以元精与元炁的“阴”为至阴的阳态，至阴为主体，故元精与元炁为阴。至阳中的阴与至阴中的阳，又构成三元（元神元精元炁）又以至阳至阴中的阴态与阳态交合，这就是太极“生生”最初始的三元与阴阳形态。三元一体的元神、元炁、元精都是至阳性，为何又出现了元炁与元精为阴之说呢？故一定要把至阴至阳与阴阳生化转换清楚。

元神、元精、元炁三者从太极体生而分后，以其阴阳属性所显的形态为何说成阴阳二气呢？以气的本质形态——生化运动态在太极生化转换流变时，“元”态流变转换为先天态，从而呈现更显著的流变运动特征。这里面分两个层次解析，第一个层次为“元”态转化为先天态。在太极体生而未分时为元神、元精、元炁三者的“元”态，什么是元态呢？为阴阳属性中的“至”态，如至阴或至阳，当生而分后，由于生→分的生化运动属性，元态转化为先天态，这个转化因圣化凡的生化流变，故生而分后呈现先天态，在阴阳二义下，有先天阴和先天阳。第二个层次就是气的本质形态——生化运动态含义。生而分义中生→分的运动属性，赋予先天阴和先天阳气的含义，为它们呈现气的本质形态即运动态。以运动态说阴阳二义，指向了阴阳二气，称为先天阴阳二气。并且以神、精、炁归类阴阳属性，先天阴炁为先天精与先天炁，先天阳炁为识神。为何气的本质形态即运动态呢？道→母→器程式中道域（无极体初始态）为炁说，道与气（炁）相互关联并具根本的一致性。从无极而太易起，还有玄、元、始三气，三气又合生九气，证道的圣人观道之生成，以此细分和微观下去，三者化生以至九玄，三合成德，而育生万物。从无极太易起到太极毕，其气形质的元神元炁元精一体毕具的过程，实质就是“气”的易变。一个无比漫长宏观的无极体三者九玄之气初始，从无比至彰的时空性一念就到了至微，为“气”的“易”变，也就是“道”能达任一处的玄机，如果在功态中就叫“忽然超越”。这就是“气”与“道”相互关联并具一致性的根本所在。道为气说实际上呈现的就是大道如如来去的真面目，为真如体如来义妙用妙化的易道本质，呈现气的运动态，大道任何生的本质、妙化与妙有都是气的运动态的呈现，故气的本质形态为运动态，且这个运动态为精气关联的藏相动能义下的精气动能本质。

我们说真如体如来义下在圣视野的太极浑沦相为具足清净，为至静，显至阳态，至静中出现动，则是阴性彰显（元精与元炁显的阴态）与作用的运动态。那么作为元神元炁元精三元一体的三者生而分，且元神也呈现运动态也有元神流变转换为识神运动态流变的过程，那为何先天精和先天炁为阴，而识神为阳呢？那是因为元神此时是真种子的形态，还未经元精与元炁生化运动，还没有完成神主气精的变现形式，还未从元神完成识神的转换，这叫初始未熏种子态，这是第一个层次的视野。那么第二个层次视野就是，真种子元神态随元精与元炁同步唯识变现运动，在至静显动的转换中，真种子就转换为识种子，识种子为已熏种子态，但它此时显真如性，为何呢？因为元神并非停止不动，它是三元一体中的一个元素，故它也随着一起动。但它显真如性，这也就是人人皆有如来智慧德相在先天初始具足的，它的真如性是不生不灭的，从真种子转换到识种子的阴性无明沾染以及元精元炁阴性的运动态是不改真如性的。

在生而分的元神、元精、元炁三者中根据阴阳二义对三的转换，那么在称谓上其“元”就要转换为先天，为先天神（已熏的为识神）、先天精、先天炁，因为生而分后的三者在太极五生象生育系统中已经走向了生命的形态，从生生位域阶段流变为生主阶段。这在称谓上就有了“元”与“先天”之分，还有先天态转换到藏象命门视野后，又形成藏象系统中的“后天”与人体精气神状态，通过名称上以元、先天、后天、人体精气神等界定，就是要将位域流变产生的体性属性上的变化赋予给同样是精、气、神的名词，除了方便叙述和区分外，更主要是连接体性属性把位域通过名词给予界说。那么对于“气”的用法又是如何区分呢？一般在元态和先天态，用“炁”，在人体运化态用“氣”，而在人体精气神态统称或约定俗成描述时用“气”，一般在先天态也用元气或阴阳二气，并没有把“气”转换为“炁”那是因为约定俗成的习惯，但在非约定俗成而要特指元态或先天态的气时，要用“炁”，以强调特指属性。

太极体生而分的三者先天神（已熏的为识神）、先天精、先天炁。说三，是元态的元神、元精、元炁三者流变转换为先天态的先天神、先天精、先天炁，所以这里说三就要以先天态区分元态。三生万物，这三者究竟具足何等神奇呢？要想看到这三者的神奇，就要再透彻随着生而分一同解体的还有气、形、质，这个气、形、质同无极而太极过程中太初气之始、太始形之始、太素质之始所生的气、形、质不是同一种对待，为坤道在凡的视野，它是在太极浑沦相气形质毕具态中转化流变出来的。那么是将先天的三者与气、形、质三者对应么？不是，而是说先天三者中的每一者里都具足了气、形、质，先天神里有，先天精里有，先天炁里也有。它流变转换成什么格局了呢？就是三三九格局，先天任何一者中有三种形态，三者就是九种形态。它就具足并构成了唯识变现成坤地“体”世界的一切要素，世界万物的形态、形质、内容就由三三九格局按照种子因缘法则和唯识变现法则千变万化，万物以此三三九格局变化而生。

在先天神、先天精、先天炁与气、形、质三者的“三”义下说生生，就又要从太极浑沦相来说一二三。首先视野落在太极体的三上，为元神元精元炁与气形质的三，二为元阴阳二炁，在三和二的道元位域视野上，升位域为三元一体，具足三义并统摄二义。浑沦相一体的“一”道元位域要高于三和二义的描述，或者说太极体一为整体视野，而三和二为整体内的内容对待。以此太极体，圣化凡位域流变转换，而有元阴阳二炁流变为先天阴阳二炁，元神元精元气三者流变为先天神、先天精、先天炁，并在先天神、先天精、先天炁的每一者中都具足坤地凡对待的气、形、质。这就是太极体一生二，阴阳二生三，精、气、神三生万物的原理。

由此，太极体为万物凡在太极的发端“源”，是从“太极”说生育，故自太极之后生而分所承载的后天五生位域阶段和过程，构成以太极而言说的太极五生象生育系统。并且在太极体一生阴阳二，阴阳二生精气神三者的三，精气神三生万物的哲学原理下，就能目睹为何说太极为万物凡的发端或“生”的源起了，它从内容、性质、形态、视野、阶段等各种层面具足的恍惚态和浑沦相呈现的太极体，就是围绕生命说“生育”的源头，以及从气形质毕具、元神元炁元精三元一体生而分的流变起势，以此流变起势而有先天神、先天精、先天炁三者，以及气、形、质三者，形成三三九万物凡生化格局，以此来呈现先天最初始的精与炁的生化运动态。

气形质是元神元炁元精三者生而未分的三元三全，此三者为太极的“三”的本面目，实则是太极“一”的一体。说三就是元神元炁元精，说一即是太极，元神元炁元精的“三”为气形质的综合表述。元神元炁元精三元，三者归一，一返道体即无极，元神元炁元精三元为太极之用，无极为太极之体。故有，“气形质具”“而未相离”就是“道生一、一生二、二生三”中的无极生太极、太极生两仪、两仪生元精元炁元神，此“一”“二”也好“三”也罢，均是“生”而未分，体用如一的。说“一”含“三”，说“三”归“一”。从气→形→质过程的“三”，到气形质之“一”，从先天五太过程各位域阶段作为单元，到无极而太极的归一，就是道元位域视野的转换，这种转换是对同一种事物在不同视野下的描述，形成多层次多阶段多视野下的不同内容与属性，但相互之间又建立联系，无极而太极过程的“太极体”可以“一”来言说，在“一”中元神元炁元精以及气形质却又是俱全才能转换到“一”上，这就是“气形质具而未相离”的哲学落脚点，既是言说道元位域视野，又是建立在内容性质上的综述。“具”而“未相离”描述了视野的转换，“具”为位域阶段的内容与性质在位域阶段生化毕具，“未相离”为转换到整体视野后为脱离位域阶段内容的毕具，以及建立在乾道性质上还未向坤道变化并分离。此太极毕是指无极而太极的玄关一窍生成，太极毕时，则是生万物之初始。太极毕为上承无极而太易的先天五太过程，下启三生万物的万物孕育与发端的过程，联系太极毕这上承而下启的过程，为无极易而太极毕、太极毕生万物具。有了“太极毕”这个上承而下启的过程就能以它为立足点而明了无极道体至万物具的完整过程。

太极浑沦相呈现生而未分与分后循生的综合道元的生化态。太极浑沦相的体性视野，呈现圣化凡位域流变临界态。太极浑沦相的体性视野中，大道体域属乾道无极而太极过程，故太极浑沦相的对待是“太极体”的在圣，为形上道精神域；大道性域属圣德乾贞临界用德体坤元。太极浑沦相的大道体性同体承载显圣化凡位域流变临界态，当乾元、乾亨、乾利、乾贞四部圣德按照道与德合相显化的妙有所发展的过程，到一定阶段的一定量时，这个一定量为整个过程圣德周行诸因缘的和合积聚，也就是种子因缘集聚的过程。当众因缘和合畜积到了临界点的时候，这个临界点是无比至阳金性的在圣，在“圣德”的作用下以无比宏大时空畜积的太素至精动能为乾道在圣一体，在至阳里发展的阴的缘起也成熟起来，乾贞临界坤元，一切因缘成熟圣化凡态毕具，这就是乾贞临界坤元起变易的宏观过程。以此临界流变的延伸，乾道域流变为坤道域，坤道唯识变现的世界依种子而有种子与现行世界。

太极浑沦相的种子视野，真种子与识种子以“种子”对待的两种视野，呈现种子库态。太极浑沦相的种子视野就是初始太极识，在真种子与识种子以种子的临界体态里，呈现种子库态，就如集结后再出发一样。集结为果，再出发为因。真种子与识种子作为“种子”在生化属性上，呈现真种子的终结态→生万物的种子最初态，也就是集结与再出发之义。生而未分与分后循生的临界态，是真种子与识种子作为“种子”这种事物在不同视野和位域的不同对待，对待不同则位域不同，以“母”特性而言，集结在种子库，出发也从种子库。

用德显乾坤特性

从乾卦言“大哉乾元，万物资始，乃统天”。可以看出，“乾”道既统天，又是“万物资始”之源；道大与天大的集合，为乾，呈现乾道；地大与人大的集合，为坤，呈现坤道；乾道与坤道因生化而有源流变关联。

乾藏界的特性关键词为“乾”。在乾卦中有“天行健”“大哉乾乎？刚健中正”这种联系天与乾的描述；由此可以通过“刚”与“健”所表达的特性来认识天与乾，刚健为“纯粹精也”的至阳金性之刚，健为道生之恒顺生势生生之健，亦为纯阳精气之健。元阳之大畜积生动，成物形之与势成之顺生之势，乾元生生之健之势成，以此生生之健，而成乾道。乾道因生而有体，为道体四域中的“天大”域。因道生德畜本原自无极道体之“生”源生化“道大”起，从“大哉乾元”的“天大”始，到“万物资始”的太极浑沦相圣化凡生化临界的“地大”，描述了道体四域中自无极体的源头起，到万物凡的地大，中间经过在圣的天大所有过程，这便是道体四域中的乾圣体，乾圣体的内容便是自无极而太极的先天五太过程。乾圣体为先天五太的体，而作用乾天圣体的为元亨利贞圣德周行，也就是自“大哉乾元”始，元→亨→利→

贞四圣德周行与乾圣体交互合相，显先天五太内容的道生之。

乾卦曰：“乾元者，始而亨者也。”以乾元言“始”，继而以生生之健言道生之亨通；始而亨者，有从元始到乾亨的过程，乃元→亨的描述。圣德至阳金性的生生之健，自乾元始，就显生生之亨健，并基于乾元而元亨利贞尽显，为生生之健的易道变化，自元始的易生，就不落一处而达万有，遍十方圆明道体域界，呈乾道的圣德性。立于乾道的圣德显“德普施”之大象，无论是自乾元始，还是乾元亨利贞周行，所在“天大”的乾道体域里妙显德普施的大象，乃圣德的德性所赋予。乾体大光明无碍，如果联系坤凡万物的生化关系，则乾体圣德的德普施为坤凡万物生化的动能源。

从大道〇无极源起，无为而无不为真性妙显玄德十方圆明普施，自乾元生生之健始而亨，能以美利利天下，以及利贞者之性情，到万物资始的过程，成为乾道变化之过程。变为自生生之健的生变易起，乾“体”为太易→太初→太始→太素→太极的无极而太极过程，乾“性”为无为而无不为真性→圣德性→用德性过程，且在程式过程中显普施→美利→性情→资始体性状态。化为体与性变化中各位域的源流变关系，体的变也好，性的变也好，都是通过位域的转换而形成实质性阶段的化。以道生之恒顺生势易道贯穿之，结合体与性位域的源流变之变化，则有圣化凡的“化”果。

从普施→美利→性情→资始所连贯起来的体性状态可以看出，自无极道源玄德十方圆明普施的源能是在逐渐地衰减，到了圣化凡的化果的坤道后，玄德与圣德不再十方彰显，其位域流变也转换成坤道与用德。以整体观看乾道（道大与天大的集合）的德性（玄德与圣德的集合）为德普施特征的话，那么坤道（地大与王大的集合）的体性因无明的迷与妄障碍德普施，便要进德修业。言“君子进德修业”，为坤道无明障碍德普施而对“用德”的描述，需进德修业养德来打破无明。围绕“德”的位域流变，我们可以把乾元德普施看作心，利贞看作性，资始为情，有心→性→情的位域关联，以此可知心、性、情的德性差别；视野再转换到坤道，言万物资始则为情。

在乾道德性的所指中，乾道为道大与天大之集合，以乾道的统摄指向在圣态；乾道德性为玄德与圣德之集合，常以圣德来统称。乾道元亨利贞四部圣德周行，呈现普施、美利、性情、资始等特征，结合乾道德性以道生之贯穿的内容来看，正是先天五太太易→太初→太始→太素→太极的表现特征，太无与太易呈现普施态，太初与太始呈现美利态，太素呈现性情态，太极呈现资始态，是一个完整的道体德性彰显的无极而太极过程，且依大道恒顺生势的道生之贯穿，从太极的资始态则为坤道坤元初始。

大道自无极道域的“源”起，从乾元亨利贞的无极而太极过程，以乾天圣来称谓的大道体性，统称为元神态。元，自然为乾元始的真元，为大道自无极道域的“源”起，生生之健的元，道生之生变易最微观的生的元，为太无至太易始的元；神，为“神也者，妙万物而为言者也”，为如如不动妙化万有的乾元亨利贞周行之综述，是万物自元始的总源头，从乾元始到万物资始生化整个过程，就是神的过程，为真如体以如来义妙化万有的真实写照，此过程本无以言说，以“神”示之。妙万物而为言者，就是当你看到了万物，就指向了玄妙生化万物的总源头以及生化的过程，就是对“神”的综述，如果把万物看作“情”态，则有从情→性→心的所指，性为生化关系，从万物到情态再到总源头，中间过程彰显的就是“性”态呈现的生化关系，心为总源头，为乾元之先，乾元玄妙生于心，故心为元之源。再从情→性→心的所指的过程，就是“神”态。再反过来从大道无极道域的“源”起，心性情的综述为如如来去之十方圆明态，为元神。从心→性→情的指向来看，心与性在乾道综述为一体，显如如来去的十方圆明圣境，而情为心与性的生化，为妙化，“妙万物”之所谓也，可以看作为心性下的有情身，故形成心性情一体的本源，为真如体之身。

乾藏界除了“乾”义外，还具“藏”义，为具足清净与周圆妙明之清净藏与如来藏，以真如体如来义显清、净、不动等真如特征，以及朗照、周圆、妙明、妙有、妙化等如来特征。真如体如来义呈如如不动妙化万有之动静二相，从而具足圣凡一合相及在凡实相大圆圣境。具足清净的真如体为乾道（道大与天大的集合）域的整体观；周圆妙明的如来义因生化而有道大、天大、地大（生万法与万物）的流变关联。

具足清净的真如，显清、净、不动等特征。寂寥至极之“清”，寂而常照，是从无极体源——心到乾元亨利贞——性的描述。寂而常照为大道心生化性（真如体如来义），照为玄德与圣德放大光明照，又为心清性净一如照。从道大的无极体“源”起，贯穿天大在圣的整个过程，从太无到先天五太过程的太极阶段，把乾道圣域体（道大与天大）看作一个整体，或者从道→母→器程式说针对道域的对待，这就是真如体。此真如体为具足清净显清、净、不动等特征。清，为寂寥至极的清，为大道心，为心清，为大道○无极体的道大合相玄德彰显无为而无不为真性总摄之“心”义。净，为至刚不染，为性净，从心清到真如体域界，真如体至阳金性而至刚，玄德性和圣德性彰显的道生之周遍十方圆明境而不染。在真如体的整体视野里，为心清性净，在大道体性域上，为道大合相玄德——清，天大合相圣德——净，同时，真如体的整体视野为心与性无二，为如来藏之心与性同指、同用。不动，为真如身常住，不生不灭，又以如来义妙化万有之至动而有静相，故曰不动；从真如体而言，不动不是不“生”，而是没有发生位域流变的化，其对待还为在圣之域界，乾元亨利贞圣德周行下的先天五太过程都是有道生之贯穿，乃至动之生而有至静之体。

以形下器坤地凡来集合称谓的坤形界，为地大与王大之集合，呈现坤道。

同道大与天大的集合为乾呈现乾道不同，形下器坤地凡，因处于在凡态，大道体性皆与乾道的在圣态产生了差异，乾道在圣态因显如如来去本性，圣德与乾道合相妙用以其如如不动妙化万有之性显元亨利贞之圣德体相，圣德体用一如，故体用刚健，如如来去无有障碍；而坤道因无明颠倒与妄想的障碍，显器形之界域，又因性与妄的本质区别而发生藏相法则的内藏、内相、外象交互关系，从太极浑沦相“母”性圣化凡的生化作用后，在道→母→器程式中有了道、母、器域的不同，以及位域间动能发生了源流变变化。坤形界用德分体用而有用德体和用德用，用德体与圣德为相依源流之特性，为同一种事物在不同位域立场上的对待，可以看作用德体呈坤德性，但表述不同，立在用德体的立场为用德体为元亨利牝马之贞，用德用简称用德，在称坤道的用德时，常以用德用（用德）简述或代指坤道德性。在坤道用德里，又因体用法则的体用相而有内外，为德用内相和德用外相。地大与王大集合的坤道特性，为无明障碍乾道真心，呈现迷与妄之本质。

坤道联系乾道真心呈现的妄想颠倒之迷失道和顺得常。坤卦言“坤其道顺乎？承天而时行”而有顺、承之特性，又以“地势坤”而有地、势之特性。“承”与“势”从生化流变联系上，指向了坤地是如何产生的，“承天”为上承乾道之“天”，为道→母→器程式中器域从母域与道域的“承”，从器域指向了坤的起源与来源为道域和母域，以及道→母的源流关系。那么如何承呢？为“承天而时行”，这里面针对“时”有两层含义，第一层为无明的形成所在，即在乾道里和合集聚呈现在种子源与种子上的微观时空过程，是生化过程时间轴的指向，亦乃阴主大时之义。在承天的生化关系上，以母域显“母”性的临界态而有圣化凡，圣化凡的生化本质为无明障碍真心，“时”则讲述了无明生成与障碍的过程，“时”在这里特指无明因缘在乾道中发生因缘和合的时空义，呈现为无明因缘单元由“时”所指的时间关联经过漫长的和合积聚才形成的，这一层次的“时”义直接解构了种子源与种子的微观态，总之，它呈现了种子源与种子在乾道因缘和合的大道法则，这也指向了在坤器的时空体还未形成，阴主大时的大时义已经存在乾体，且能构成围绕时间轴的前因后果关系，它解构了无明的微观态。第二层为无明的种子源与种子具足，按其阴主大时之“势”产生种子与现行的“时行”，呈现阴妄合积聚且交互熏习的坤形世界。“时行”非无规则无章法的乱行，而是“承”第一层含义已经形成的因果关系里，即依种子源和种子的因缘而时行，则为承势。

承什么势呢？有三层含义：第一层为承大道道生之恒顺生势，在道→母→器程式的任何领域，都有大道的生生之健。第二层为圣化凡生化关系所在的因缘之势，它由种子源和种子在无明形成的微观态上写就了因缘关系，坤的势只能顺承此因缘关系，因为总牵引因已经在乾体以大时义写就了。第三层为依种子源→种子→种子与现行世界（时行）动能的源流变之势，这个势的因写在种子源上，通过源流与流变关系呈现在种子与时行的坤世界里。由此，“时行”顺承因缘而有种子与现行的势，无明为妄，为柔，为阴，那么时行阴柔的无明妄，在唯识所变现里，时行呈现发生在因果关系里所指向的对心性光明的颠倒与执着。

以此“承”与“势”使坤体与乾体建立了流变联系，承天而时行的坤道，有了联系乾道以及种子源和种子所发生在源流变上的关系，自然就指向了“坤其道顺乎”为何“顺”了，承大时之义而有时行之“势”，以此“顺”之，则有坤顺。坤之所以顺，在乾道就有了无明因缘，且以道生之大时主导其和合积聚，使其与乾道有生化关系。同时，总因已成，只能恒顺因果而时行。也正是因为坤有了承势而顺的时空格局，自然就指向并明了坤“迷”的真相，坤卦言“先迷后得主”便是如此。迷，为无明的因缘种子在坤道里顺势，且依因缘法则，种子与现行唯识所变现了万物，种子源→种子→种子与现行世界（时行）能量的源流变上发生了位域流变，动能不断衰弱，堕落之势无法阻挡而迷。顺，为柔顺，“坤至柔”柔的为无明阴性，顺的势为坤道顺承生化之势和因迷而堕落的态势。

为何呈现乾圣生化坤凡呢？那是因为乾圣光明的刚健与坤凡无明阴柔的平衡被打破，在乾道，阳大于阴，故阴只能积聚种子源与种子的因缘，集聚阴性能量。当从太极浑沦相临界，阴大于阳的临界，从阴阳相消息到阴阳势均力敌而“必战”，呈现“大爆炸”诞生坤地万物，顺势不可挡，迷也在所难免。“先迷后得主”，从承、顺、势解析坤道的至柔阴性之妄，无明之障碍，无明障碍真心之迷，对心性光明的颠倒与执着，是要强调坤道无明堕落的态势，是惊醒。“后得主”为载，得了什么“主”呢？为坤道以地势承载的厚德，“地势坤”，地呈现“载”的含义，“君子以厚德载物”为在坤道里举厚德行善法。如果不举厚德不行善法，就会继续坤势堕落而出入无尽期。透析了坤道的承、顺、势、迷的特征与特性，来明了坤道举厚德行善法之因，通过举厚德行善法来说开悟、说修证、说凡转圣。

“先迷失道，后顺得常”中的“顺”则为在坤道位域内言说坤道法则与自然规律，前文说“坤其道顺乎”中的 “顺”与“承天而时行”包含的承顺是从坤道联系乾道来言说的，是道、母、器位域间的联系，而“后顺得常”中的“顺”则为无明障碍的迷与妄坤道形下器域的世界已经形成，在坤道形下器世界里，根据承、顺、势、迷、妄所主的属性，找到坤道的自然法则，就像人已经生活在地球上，要根据地球显现的事物去总结自然法则，此“顺”为器域内局限的位域对待，或者更局限的视野。在形下器域内“顺”其坤道自然法则与规律，而能得“常”，这个“常”为无常变迁中不变的常性，即通过以眼见为实和世间寻常认知的事物找到不变的自然法则与规律。要明白“先迷失道”所说的坤道域内的无常变迁、变动不居、阴妄遮挡和障碍了乾性刚健，坤道域内的所有世界，皆为“牝马地类，行地无疆”的无常变迁，像脱缰的牝马，在唯识变现的法则里，迷与妄互逐，妄念升起的种子与现行世界横飞，随种子与现行的因缘而生灭无常，不恒久。而“得常”则是在无常中得常性，找到无常事物背后那恒久、长久不变的恒量规律。

如何“得”呢？为从迷中醒悟与破迷开悟。从迷中醒悟，为从无常中得常性，从无常变迁的生灭里找到万变不离其宗的不变规律和法则，这就要立于世间并向世间与自然取法，从道取法，直入法与法相，而说如何识取大道的问题。“得”的破迷开悟，与前文中的“从迷中醒悟”又有认知位域的区别，“醒”体现为知，要知坤迷之因，而“破”则体现为行。如何行呢？则为证德体系中内外兼备性命双修。正所谓“君子以厚德载物”，从“德”在证德体系里出发，为从德用外相举善法厚德行，以及从德用内相内证德性。

举善法厚德行总概括为积善法，内证德性则为精气升阳的性命双修实质。坤卦云：“积善之家，必有余庆，积不善之家，必有余殃。”正是德用外相积善法之描述，积善厚德广行善法在“德”的阴阳法则属性里，有凡善行便积能畜阳气，再以阴阳盈虚之转化，在福德相的因缘和合下，转为内证德性入性命双修。

坤卦云：“坤至柔，而动也刚，至静而德方，后得主而有常，含万物而化光。”便是对内证德性的描述。其“动也刚，至静而德方”为从动静二相言内证功态，“动”为厚德广行善法在福德相上之行动，举善法厚德行便有阴阳盈虚之转化，畜积阳气则刚，以阴阳法则属性来说可升阳，阳刚壮出震，则有一阳来复之动，乃从外厚德行入内积阳气之动。《说文》曰：“德，升也。”便是积德行能升阳气的描述，善法中升阳的阳性能量是张扬的、扩散的、上升的。“至静而德方”为“致虚极、守静笃”之内证功态写照，以守静畜阳正德，从而从内证突破坤地无明的束缚而明心见性，通过见性与乾性在功态中交互联系起来。顺延内外兼备性命双修之德证，便有“含万物而化光”之境界，为打破坤地无明，打破颠倒执着，从凡转圣，从坤凡返乾圣了。这便是“得”的破迷开悟之知行合一，实为破迷开悟修真证道之大得，得万物化光凡转圣的大自在。

在坤道里，围绕“德”的位域，并结合德言说知行合一。如何结合德说知行合一呢？知的层面为要明了坤如何以承、顺、势、迷、妄等属性，呈现坤道法则，并连同道→母→器程式从整体认识坤地器域，有了这个层面的知，方为大知，乃透彻本质和本源的知。行的层面为从迷、常、得主之过程，将对坤道的知，转化为修证的实质，从迷中醒悟与破迷开悟。德用外相积善厚德广行善法的行虽然也处在福德相的层面，但它为步入德用内相内证德性而有性命双修实质的关键前提，也只有广修福德，积畜了足够的大福德因缘，才能破迷开悟，有修真证道之大得。围绕“德”来言说坤，从承、顺、势、迷、妄等所主的属性的知，结合从迷、常、得主的过程的行，便有“坤”之内涵。也只有纵观坤道知行的层面，从“德”的不同位域来言说坤，才能把 “坤”的内涵精妙呈现。

乾道如如不动妙化万有的大生，坤道纯静无知凡物躁动的广生，便是道生之中乾道与坤道“生”的动态图画。《系辞》曰：“夫易广矣大矣，以言乎远则不御，以言乎迩则静而正，以言乎天地之间则备矣。夫乾，其静也专，其动也直，是以大生焉。夫坤，其静也翕，其动也辟，是以广生焉。广大配天地，变通配四时，阴阳之义配日月，易简之善配至德。”用 “易”道呈现的大道广而大，这个广大用了“天地、四时、日月”来说明，那么既然说大道广而大，为何不更细致地描述其广和大的特性呢？这就是我们常常定型在如天地、四时、日月这些词语所表述的内容上了，这里用天地是说明其空间，用四时是说明其时间，用日月是说明阴阳盈虚变化。以“天地”比类乾坤，则有乾天坤地之无所不包，一切尽含，如果把天地以坤凡狭义特指，其浩瀚无垠的星际空间，亦算数譬喻无法形容，故广大配天地则言说了大道的一切。“四时”如果以我们熟知的春夏秋冬一年四季来说的话，它也是时间周期的表述，从我们所处的一年四季四时，变而通，就能以其天人合一大运相来统纳所有“时”，而有乾坤之大时，再以全息元象统筹斗罡授时，联系天地同律、人天同构、人天同类、人天同象、人天同数来比类，就能以“四时”展现一切可变化之“时”，而化裁变通之原则为立于八卦属性取象比类。八卦取象以“乾健、坤顺、震动、巽入、坎陷、离丽、艮止、兑说”为原则，对宇宙万象从八卦八个内涵属性上进行系统的比类，从而可以体察一则洞察万，此“一”在此狭义地指宇宙整体中的任一局部，此“万”喻多样及复杂的无法言说、不可名状。

阴阳之义配“日月”就不单指日月这具象的星系关系，而是以日月法则来说明阴阳盈虚变化，阴阳盈虚变化言说乾道至阳到坤道至阴的流变过程，以周乾易坤“乾→姤→遯→否→观→剥→坤”执妄迷失主阴之大时，以正坤返乾“坤→复→临→泰→大壮→夬→乾”正阳进德主阳之大时。日月更替四时只是阴阳盈虚变化之显象，日月为阴阳法则下所显的内容。

乾的大生，通过静与专和动与直之描述，直达大生之根本，乃乾道以真如体如来义显如如不动妙化万有之动静二相，其静为如如不动的至静，乃真如体之义；真如体如如不动而至静，乃净念之“专”，这个专为既不妄想也不是一念不生，而是以觉性照看所起之念为净念，形成如如不动之清净境，以此如如不动而显如如来去的无所不有。动与直，为如如不动至静而生动，“直”为妙化万有生起“有”的镜像而专注于“有”并同时不着有相，照看“有”而成净念，以免生其妄念从而贪执并著在相上。“直”乃生生之健，在十方圆明境上，因生生之健而有至彰之大生，显无时间无空间大而无外小而无内的至彰性，妙化而生其“有”，直奔所有之“有”而不落有之一处，呈十方圆明的至微至彰全时空显达性。直，有恒生至微义，即至彰之大生无比以至微之恒生达。一切生，乾道的生与坤道的生，乃大道真性所主，故言为大生。通过专、直表达即是至微至彰全时空性，

坤的广生，通过静也翕和动也辟，直入广生之根本，其含义为坤道凡尘的纯静无知凡物躁动。翕为闭合、收拢的意思，坤道为顺承乾道之生，从坤元临界乾贞，依乾→姤→遯→否→观→剥→坤执妄迷失过程而形成坤世界，由此便有了坤世界遵其因果定律，坤道世界就是无明包裹、障碍的世界，在至坤世界里无明包裹与障碍到什么程度呢？就是闭合收拢的程度，为密不透风，以乾道的大生的动静二相来说，坤道为无明障碍且遵因果定律而显“静”。这个静有两种视野，第一种从乾道看，坤道为无明包裹闭合收拢态，为纯静态的静，第二层从坤道本身来说，这个静实为非静，而是妄动或者叫躁动，为因果定律中无明种子不停升起与熄灭的妄动。体现在因果律上，一切以顺承因果而有因果生灭之妄动；无明包裹缠绕，显闭合、收拢的坤象，故表现为无知，此无知为知之有限，相对于乾道元神与妙明真心神与圣的无所不知来说，被无明业障包裹且顺承因果定律的坤道凡物为知之极其有限体现为无知。

人道统摄乾道与坤道于人身而有天地人三才道统观，故人承乾大生与坤广生于一身。人统乾道与坤道于一身，因人人本有如来智慧德相，其真如自性与乾圣无二，此真如自性遵循乾道法则；人的色身为坤世界中的凡尘，为五大假合的色尘世界，乃根尘蕴结集妄因无明所成，色尘外相遵循坤道法则，故人统摄乾道大生与坤道广生于一身。因其无明所障，人无法彰显乾道的神与圣，故以顺承坤道因果定律为主，以“静也翕、动也辟”的往来阖辟为至微至彰全时空显达性的主体。藏象生命系统以全息元象斗罡授时联系乾坤二道，以往来阖辟呈现其交易往来。

往来阖辟在人身如何具体体现呢？《系辞》曰：“是故，阖户谓之坤；辟户谓之乾；一阖一辟谓之变；往来不穷谓之通。见（现）乃谓之象；形乃谓之器；制而用之，谓之法。”何为“阖”？在《说文解字》中的解释为“阖，门扇也”，一日闭也，原义为门窗，后引申为关门窗。何为“辟”？在《说文解字》中的解释为法也，从口从辛，节制其罪也，辟，开也。通常我们把阖关与辟开联系起来用。“阖户谓之坤；辟户谓之乾；一阖一辟谓之变；往来不穷谓之通。”以阖辟言人身与乾坤二道之交通往来，一阖一辟乃一明一暗，阳主明，阴主暗，往来不穷便要立泰通，而非否闭。在乾道角度来说的阖关与辟开，为在大道恒顺生势下，坤道顺承乾道的众因缘和合而生，也就是说尽管在坤道，辟开的为因缘和合之种子，乃乾道作用的具体表达，乾道以其众因缘种子还在主导与运转着一切。从坤道角度来说，阖关的是乾道大生的延续性，人身的生为遵坤道规则之生，乾道只能以因缘和合种子作用，为大生阖关，在大生阖关的同时，辟开的是坤道的广生，为坤道广生所体现的无明因果众因缘。

当明晰了阖关与辟开如何从人身来关乎乾道与坤道，乃至辟户之乾与阖户之坤如何在人身往来变通而显至微至彰全时空性，便知如何用德。所谓用德，乃用德主乾坤之性，以知德性之大知来明德用，再用德证之，则能从坤证乾。

章二：道元哲学

大一元与广三元

河洛八卦本原

大一元与广三元

大道恒顺生势定律下的道生之以生化源流变串联起大道界域间的联系，在道→母→器界域程式中呈现生化本质、生化原理、生化过程。立于“生”的生化联系而发生源流变关系的生化过程，从道→母→器程式宏观而言，从道域到母域再到器域的生化联系就构成了界域和界域之间的必然关联，称之为界域整体。在整体观的生化联系中，又必然要依赖于界域内的生化过程，它构成了界域内的生化状态的发展，成为界域内视野。当要发生界域整体的联系时必然要依赖于界域内的生化状态的发展，它们之间的联系与转换又必须立足于大道生化本质和生化原理，才能以“生”呈现生化过程。大道生化本质为道生德畜大道生生之健本原，生化原理玄德性作用无极体且体性合相，以大道源动能产生“道生之”之生化，故而呈现大道生化基本单元——往象，成为道生之“生”的内容，它由“生”源→生变易（长→育→成→熟→养→覆）→往象过程构成往象的生化过程。

以大道生化本质和生化原理发生的生化源流变联系的界域整体，就联系了道元义。“道”一定是要基于事物最本质的形态，也就是本原；“元”可以看作视野单元，每一个视野单元就构成根本中心和本原，事物就在此“元”态基础上产生联系，故“元”态是可建立在微观或宏观的弹性调节上的，但元的弹性调节一旦发生了超越界域内源流变关系，就发生了跨界域联系。依跨界域视野下的跨界域联系就发生了道元界域的转换。“元”含义的弹性调节中，元态中心可以是界域内视野的某阶段，不必追溯到本原形态，只要有一个可选取的根本中心作为视野对待即可；而元态的本原就指向了事物发展源上的联系，也就是说不仅要发生跨越界域的联系，还要是最本原的源头。从道→母→器程式来说，把“元”的根本中心如果选定为器域或器域的某一过程，那么此道元关系就是界域内视野的形态；但所选定的器域或器域的某一过程的元态本原，就必须追溯器域的发展源流变关系上的最本原的源头，以逻辑来联系，就指向了母域，再从母域追溯到道域，以及产生道域的本原源头。所以元态中心与元态本原的关系就发生了跨界域联系，在视野上就从元态中心的界域内视野转换为跨界域视野，并形成跨界域视野的源流变关系，此跨界域源流变关系就构成了界域整体视野。

发生界域单元集合变化而形成跨界域源流变关联的界域整体为道元。道元由界域整体形态和界域内集合形态两种根本形态构成，在两种根本形态基础上，界域内集合形态由一定数量的界内元集合组成，成为常态形态。

在道元的两种根本形态中，从本原的源起联系所有源流变集合的界域整体，构成大一元；从元态本原联系跨界域，构成了界域源头和自身界域的关系，以及这两者发生生化关系变化的界域，三者关联，就构成了广三元。如果把大一元归为大道本质论，那么广三元则是大道本质下的三者生化形态，为大道三种根本内容，为宏观的界域集合，它是大道整体以两仪原则一分为二并结合两仪浑沦相的三者，而有广三元。广三元为何要强调宏观界域的集合呢？为集合界内元之整体，使其成为最简洁的形上道域、浑沦相母域、形下器域三者。

广三元是大一元的生化产物，在生化过程中蕴含了两仪之二，构成了一生二、二生三的生化形态。在广三元义下，界域内视野就会形成由视野单元（元态中心）呈数理倍数的界内元组成。在数理倍数的界内元中可以任一界内元为视野单元，而形成广三元下的生化源流变关系，但不产生跨界域的元态本原联系。也就是说大一元是大道本质形态，从大一元生化广三元三者，可以把大一元看作道→母→器程式整体，而广三元三者看作道、母、器三者，在广三元义下，道、母、器三者中任何一域的具体内容的单元就是界内元，所有界内元的集合构成广三元界域，但不发生跨界域联系，只在界域内对待界内元。界内元的选定，可以弹性调节，这个弹性调节可以理解为把一个圆按照需要可分成五等分，也可分成一万等分。界内元只是道元义下的组成内容。如果道元义是宏观视野，那么界内元就是宏观视野下的微观内容，它构成了广三元义下的常态内容。

立足于自身界域所发生的界域源头的跨界域联系，就构成了界域转换。道元论大一元和广三元就构成两种根本形态的道元界域，这两种根本形态的道元界域就是形上道界域和形下器界域。除了这两种根本形态的道元界域外还有常态道元界域，常态道元界域为以界内元为基础，发生的界内元关系上的源流变关联，通常常态道元界域特指为界内域，而根本形态道元界域在描述时用形上道和形下器给予区分。所以界内元形态下的视野单元转换或发展就构成了界内域转换。

大一元和广三元以及广三元下的常态界内元共同形成了道元形态。两种根本形态与常态形态的集合，就是大一元广三元道元义，简称大一元广三元道元，当分开表达时则用大一元或广三元。

大一元广三元道元义，为界内元集合组成的广三元与大一元发生跨界域联系，在界域整体发生源流变关联，从而形成全域整体。在跨界域源流变关系上，就构成了大一元广三元全域整体。从而就能以大一元广三元道元成为道元论之主体，以全域整体兼顾了所有道元内容。从道域、母域、器域的关联上来说，就形成了道→母→器程式整体与道、母、器三者的集合，构成大道本来道元合相的大一元广三元，即道元合相，立于大一元而言说广三元的，则为大一元而广三元，即道元实相。通常由于未触及大道本原，都在立足于形下器的广三元道元范畴，别说道元合相以及道元实相，真正能够在形上道层面探讨宇宙与生命本质的大一元的并不多见。

大一元广三元道元义中，从道元界域转换来说，大一元为根本界域，而广三元为应用界域，从道域、母域、器域三元三者来说，道三元、母三元、器三元构成广三元内容，且在广三元应用界域里又以形下器的器三元为世间视野。从形上道和形下器范畴来说，就有道三元——上三元，母三元——中三元，器三元——下三元。在广三元里，界域内按一生二、二生三的生化格局，又有三分，就构成了广三元下的三元三化之九者。

大一元广三元道元义为立足道→母→器整体又兼顾道域、母域、器域三者，同时在表达道域、母域、器域三者时必有整体相联系，为立于本体而说用，只不过这个本体为大道一合相本体，用分为道域用、母域用、器域用根本三者用。同我们之前探讨的体用概念又升级了一个层次，之前的“体”都以道域的心、性、天、乾为体，“用”都以器域的相和象、命、地、坤为用。由于大一元广三元道元合相和大一元而广三元的道元实相过于精深和复杂，就以大一元和广三元的狭义含义所指来表达。大一元同心、性、天、乾相联系，为体，广三元同相和象、命、地、坤相联系，为用。这里必须要划定一个范畴，以大一元来狭义特指或代称大一元广三元道元，而广三元狭义特指形下器域，就不再把道域、母域、器域三者归入广三元，在道元应用界域来说道域就特指大一元。那么有此前提，大一元广三元道元则为以性命、乾坤、天地相联系，不再以大一元广三元道元立于大道本性而言说全域的道元合相。这样就形成了大一元和广三元的天与地、乾与坤、性与命的根本道元形态，并以此归类诸多相联系的特性。比如大一元为天、为乾、为性、为真如、为如来藏、为清净、为大生等，广三元为地、为坤、为命、为妄想、为烦恼藏、为染浊、为广生。但当从内证圆满层面上，一定要解构实相和合相界域。这种狭义的、特指的归类，只是从便于以智慧来言说与世间应用角度出发，但一定要明晰产生道元和道元界域转换的原理。

有了关于大一元为天、为乾、为性、为真如、为如来藏、为清净、为大生等联系并归类，以及广三元为地、为坤、为命、为妄想、为烦恼藏、为染浊、为广生等联系并归类，就从根本上解决了关于大一元的“大”和广三元的“广”的含义，它为乾大生与坤广生所联系的“大”和“广”的含义，“夫乾，其静也专，其动也直，是以大生焉”以及“夫坤，其静也翕，其动也辟，是以广生焉”正是此谓。并以大一元来联系乾藏界的形上道域，从而赋予大一元“乾”与“藏”特性，而具足光明、圆明、大生、刚健、清净、德普施、如如来去等特征；以广三元来联系坤形界的形下器域，赋予广三元“坤”与“体”特性，而具足无明、方体、广生、柔顺、污染、顺承天、唯识变现、质碍等特征。由此对应和联系后，就不难理解大一元而广三元道元论为立于性观照命（色）的实相论，性色一如，色为性显，见色见性的实相。

如果把大一元看成道→母→器程式整体的“一”，那么广三元则是从整体之“一”生化为道域、母域、器域三者之“三”，而且根据道→母→器程式中生化源流变关系，广三元为大一元的生化产物，在生化过程中以两仪之二，构成了一生二、二生三的生化形态。那么从“三”反观“一”，则构成了整体“一”中有“三”者的内容形态，这便是由道域、母域、器域三者组成的三界域，此整体大一元“一”中的广三元“三”界域结构，就是道元三界膜。

道元三界膜是大一元广三元道元最基本的结构和内容界域。基本结构为界域整体中立于体而有用时，必然分生出三界膜形态的界域内视野，叫一分为三而含二，故称为三界膜结构。在三界膜分生过程中的一分为三含二的原理中，为一生阴仪和阳仪之二，阴仪和阳仪之“二”又生阴仪、体用浑沦、阳仪三者。体用浑沦如何理解呢？就是中间形态，比如把火柴棍从中间等分，很多人会认为这是一分为二，实际上这是一分为三，中间还有体用浑沦的“空”与他们联系，当然这是实物的分，那么从实物的分就能联系实物之外的时空。

从道元三界膜的分生方法和分生后之整体，就能明确道元三界膜是道元中立于基本结构的内容界域。以破界域联系的道元界域转换，从本体一转换为用体三，在数字上看似从一变为了三，实际上是从本体转换为用体。从本体的“性”转换为“用”就是破界域，非跨界域的数理关系，跨界域的数理关系只是“用”格局下的界内元之间的联系。如何理解破界域呢？为从真空实有的“无”分生出“有”。如果本体为真空实有“无”的话，那么用体的基本形态则是分生出的“有”，从零破成三，这个破非从零→一→二→三的数理关系，从零→一→二→三的数理关系为在“有”的用体范畴的界域加减。界域加减中数值从小到大为升界域，反之数值从大到小为降界域。但这个“破”是从本体生化成用体。所以从零到三的破界域过程里，它们之间不构成数理关系，而是本质与本性的联系，或者说在有数理值计算的任何界域里（含物理学界域）是无法见本质的“性”的，还只是停留在“用”上的。

综述之，道元三界膜是大一元广三元道元中，以三界两域体为主体结构，以两仪原理进行界域转换，从本体生化用体的广生与大生形态，更是大道立于生化本质、生化原理、生化过程下的“生”的宏观视野。道元三界膜形态中，本体为“一”，两仪为“二”，生化破界域转换而有“三”。本体为大道○，构成了“道生一、一生二、二生三”的生化法则。

道元三界膜是大道立于道→母→器程式在界膜理论上最宏观表达，也是大一元广三元道元界膜的根本形态。除此以外，在广三元的用体里，也呈现了以界内元之间相互联系，构成了数理关系的升降界域，形成常态界膜理论，简称界膜理论。界膜理论为以膜形态而分界域转换之界，形成以膜划界，同时界域之间的转换和联系依赖于膜，形成以界辨膜。界膜理论以膜划界和以界辨膜特征，尤其体现在界域升降转换上的应用，以及非界域升降转换时界内元之间的数理联系。界膜就形成了位域交界的浑沦态，具上承与下启作用，能通过界膜在事物之间的上承下启的联系，从位域对待上看待界，联系位域看待膜，从而就能解构事物内部的发展形态以及外部的发展方向。

界膜理论的最高形态也是本质形态就是道元三界膜，除此道元三界膜外，界膜理论中常以三阶四象结构成为常态界膜理论的主体内容，为何以三阶四象结构为特征呢？首先， 三阶四象结构为以三界两域体为主体结构的三阶四象，其次，三阶四象为四个奇点形成了三个阶段。三阶四象的含义中，在横向上三阶四象结构就会形成积累而有生变易转换，在纵向上三阶四象结构会产生界域升降的转换。如果说把横向上的三界构的生变易转换看作是纵向三阶四象结构的界域升降转换的微观形态的话，横向微观的生变易三界构则是“化”的本质。从界膜理论的本质形态来说，界膜三结构在纵向上界域升降转换的集合发展才能构成道元三界膜中的一个界域。简单来说，把坤地凡所有道体德性的内容集合，才是道元三界膜中的器域膜；反之，在任何一个道元三界膜格局下，就会构成几何形态的三阶四象结构，而且依三阶四象结构的纵向和横向变化关联上，就可无限地分下去。

无论是道元中的跨界域联系还是界膜理论中界域升降转换，都要依赖于藏相动能作用。如大一元广三元道元的大道源动能，以及大一元生化广三元破界域的大道“生”动能，广三元格局下的界域升降的跨界域的界膜动能，也叫生化动能。在藏相动能义下，所有形态动能的本质为德性，各种视野和阶段的藏相动能内容的不同就是“德”性内容的不同，道体四域与德性四体的道体德性同体承载是交融在一起。为什么说道元中的跨界域联系和界膜理论中界域升降转换，都要依赖于藏相动能作用呢？那是因为界膜理论中的界域升降转换以及跨界域联系在藏相动能作用下，呈现的就是大道恒顺生势道生之定律关于“生”的，就真正以道元论、界膜理论、界域升降转换、藏相动能作用把大道“生”的本质解构出来；同时又以大道恒顺生势的“生”把各种原理串联起来，形成道→母→器程式承载的大道“生”系统。

在这里我们就来进一步地解读大道“生”系统。大道恒顺生势道生之定律下的“生”，有生化本质、生化原理、生化过程构成恒顺生势的基本形态，也只有基于这三者才能形成大道道生之。大道生化本质为道生德畜大道生生之健本原，因大道本原才有因本原的“生”源，这个生源记为无极体源起，故无极体源起只是生化本质中道生德畜本原所生的内容和所显的形态，道生德畜本原又是什么呢？为大道〇无极体与玄德性合相同体承载彰显无为而无不为大道真性，以此无为而无不为真性的道生德畜本原为大道生化本质。其中，道生德畜本原为大道源动能，而产生大道源动能作用的便是大道〇无极体与玄德性合相同体承载彰显无为而无不为大道真性——道生德畜一合相的大一元广三元道元合相；由此大道本原的动能源，就构成了最本质形态的“生”源，大道依此而“生”。而且道生德畜一合相的大道源动能作用下的“生”，构成了大道恒顺生势之道生之，由于此大道源动能的恒定，故而有大道恒顺生势道生之定律。换言之，大一元广三元道元合相就是大道恒顺生势道生之定律本原。在大一元广三元道元合相的本原形态下就形成了道生德畜本原、大道源动能、大道恒顺生势道生之定律以及大道生化本质下的“生”源起。

自大道生化本质下的“生”源起，以此生生形成的大道生化内容，就要依赖于道生之“生”的大道生动能，大一元道元在大道生动能形态作用下，就构成大道生化原理。大道生化原理由微观基数阶→变化阶→道生之单元阶三阶四象结构组成，构成大道道生之基本单元模型。大道生化原理三阶四象结构中，微观基数阶为长→育→成→熟→养→覆过程，其中长，为道体与玄德妙显畜阳而长；育，为阳长而积；成，为阳畜积而成大；熟，为阳大生延，延为基于未畜之前的延展性；养，为延畜积而养，阳大之生后继续畜积之养；覆，为畜变而易，为阳畜养到了一定阶段，可以把生与变连贯起来而生易，这个“易”的产生就是生与变持续的发展。变化阶为生→变→易过程共同呈现的生变易在覆易临界态出变易的实质，既是生变易过程又是覆易临界态。道生之单元阶为道生之基本道元往象生化形成。

联系整个过程就有自大道本原生化本质下的“生”源起，经过生生之健呈现的长→育→成→熟→养→覆，结合生变易过程而生成的往象道生之单元，即“生”源→恒顺生势之（长→育→成→熟→养→覆）过程→生变易→往象的程式过程，最终在大道生化原理下生化形成的往象成为道生之基本单元。由此大道生化原理下的道生之基本单元，一切至微与至彰的生皆是此生化原理，并且道→母→器程式中的任何一域界是立足于道生之基本单元的生化过程的集合。所以，由大道生化本质和生化原理共同作用而彰显的大道生生之健为大道恒顺生势道生之定律，也叫恒顺生势定律。在大道恒顺生势定律生化基础上，由道生之往象呈现一切大道体性的内容，无论是宏观还是位域阶段，以及位域界说域内的阶段变化，都构成生化过程，以上就构成“生”的体系，大道一切位域阶段的体性皆依附和立足于此，道→母→器程式中器域的生化和“生”也是如此。

在道元义中，视野单元的最基本形态为往象，往象——作为道生之基本单元，并非是最微观的结构，生化成往象的过程为生变易基本过程，而生变易基本过程由长→育→成→熟→养→覆结构组成。如果把长看作一，育看作为二，成看作为三，熟看作为四，养看作为五，覆看作为六，就形成了一→二→三→四→五→六的生变易，一→六横向生化模型，从一→六中间的差数为五，横向生化模型也叫差五生化模型。所以，道元义中视野单元最基本形态——往象的最微观的结构为差五生化模型。由于大道具足恒顺生势定律，且大一元之作用，那么当一→九数就必然持续其生生之健的生，并在横向生化模型下，形成了一→六，二→七，三→八，四→九变化形态，这个变化形态就是大道生成之数模型。如果把一→九的数理关系看作是横向坐标，那么建立在差五生化模型的二→七，三→八，四→九变化形态就形成了纵向坐标，这种纵横结合就形成了空间体基本单元，而空间体基本单元又是以大道恒顺生势定律作用，恒顺生势的生化过程，以循顺置返视野，就构成了时间轴。空间体基本单元在时间轴的建立下就有了空间轴，时间轴和空间轴共同构成了立足于时间的时空体单元。而且时间轴与空间轴必然要在时空体单元发生联系，这种联系就构成了藏相动能基本形态——左旋而右转动能形态。如何构成了左旋而右转动能形态呢？就是阴阳之数的动态联系，阳数联系在时空体单元形成左旋，阴数联系在时空体单元形成右旋。

大道生化原理以大道恒顺生势定律的道生之就形成了生化过程，恒顺道生之生化过程，就会发生根本形态的破界域变化，构成大一元道元论生化广三元道元，为道域生化器域，从而道→母→器程式形成，立足于道→母→器程式就有了道元三界膜形态，在道域生化器域道元两仪原理转换下，就构成了道域、母域、器域三者三界膜。从大一元道元生化广三元道元破界域变化形成后，就有了广三元格局下的界域升降联系，而作用发生界域升降的跨界域的界膜动能的就是生化动能。生化动能是藏相源动能和藏相生动能的内容形态。从作用两种形态的动能的区别就可以看出它们的本末与体用，以生化动能作用的广三元道元格局下的界域升降为命升降九维形态，而藏相源动能和藏相生动能作用的大一元道元则为性道元维形态，以此“性”发生根本形态的破界域变化而生化“命”。

道→母→器程式承载的大道“生”体系。在大一元广三元道元本体下，宏观为大一元道元为形上道域，生化广三元道元为形下器域，形成道→母→器程式所在的道元三界膜。这种生化格局的形成要依赖大道生化原理和生化过程，成为宏观形态下的微观过程。宏观与微观却又构成了跨界域联系。在生化动能形成过程中，藏相生动能在道域经过元亨利贞三阶四象过程。广三元道元的生化动能就是作用万物凡立于太极体一的发端“源”的动能方式，也是立于太极浑沦相而赋予生命的精气神形态。从太极体一到人体这个过程，精气神又历经先天运相界、后天藏象界、人体命象界三大界域，构成广三元道元精气神三界膜。在这个三界膜结构里联系先天运相界、后天藏象界、人体命象界与人体，构成了精气神三界膜的三阶四象。生命的精气神形态在大一元道元生化广三元道元的转换中，如何从精气神三元一体，通过破界域转换，生化成精气神三者，从而在生命的形态中从“性”流变转换为“命”。也同时赋予大一元道元为形上道域，广三元道元为形下器域。

在先天运相界域的精气神形态中，根据源体态、分生态、运相态三个阶段赋予了先天运相界域精气神形态的三界膜结构。其中在源体态和分生态的就是生命形态如何在大一元道元生化广三元道元的转换，然后具足坤地染浊义，进入形下器域。源体态的三元一体，就必然从元神元炁元精的此三“元”指向了生而未分的太极体一的“一”体，这是关于精气神最基本内容的认知，而从元神元炁元精三元一体的认知，就要发挥精气神在源体态具足的藏相动能义，精气神在源体态的藏相动能义的形态为藏相生动能。依藏相生动能的作用，在大一元道元生化广三元道元的转换后，就会在广三元道元的范畴里有道元界域升降的变化，界域升降变化的根本前提是大一元道元生化广三元道元的转换过程的破界域形态发生，其实就是道域如何生器域的过程。在广三元道元范畴里藏相动能义的形态就转换为生化动能。

道域生化器域的三阶两域形态，赋予了太极浑沦相作为界膜成为“母”域，在前文我们解析了形上道和形下器“形”的内涵，依“形”的界膜形态把形上道域和形下器域两域联系起来，构成了三阶两域形态，从而呈现道→母→器生化程式。从藏相动能义形态上为藏相生动能转换为生化动能，而且生化动能形态下的道元界域视野就从破界域形态转换为道元界域升降，所以赋予了精气神在精气神三界膜的三阶四象（先天运相界、后天藏象界、人体命象界与人体）里的道元界域视野。此道元界域构成了精气神在形下器各位域阶段变化的动能来源，这就是透析进入了精气神界域流变的内在，可以看作是精气神发生界域流变的内在原因，也是为何会有精气神界域流变指向了界域升降的变化。如果把精气神在形下器各位域阶段的变化本质，看作是遵循道元界域升降的法则和规律的话，那么精气神在各位域阶段的任何形态以及阶段内容都只是藏相动能法则下的藏象义，为法则作用下的显象。

大一元道元生化广三元道元的“生”中，我们把“大”和“广”含义转换为性和命，就会有更具体和直观的认识。真如体如来义为元神元炁元精三元一体，从形上道和形下器来说为器三元道一体，转换为性和命则称为命三元性一体。元神元炁元精三元一体在器三元道一体是性质综述，形上道的无极而太极乾天圣为道，为道为炁说界域整体视野下的梵炁一元，此一元为本质元，除此以外无其他。那么万物凡均从此出，此道一元的本质为大一元，乾大生的内涵，广大悉备无所不包。由于我们是围绕万物凡，尤其是立足于人来研究生命和生命的形态，故围绕“命”，从源体态含义指向命从性生，也是道→母→器程式呈现的源流变关系，此命为器命、生命，包含狭义的人命。器命与生命正构成了人命的形成过程，虽然最终指向了人体的人命，但通过器命与生命的描述，让我们真正了解到人命的形成过程、内容、原理、本质，从而丰富对“命”形态的认知。

从命三元性一体的源体态始，对“命”形态的认知就要跟精气神各位域阶段的形态紧密相连，因为精气神就是生命本根，精气神在各位域阶段生化、转换、流变使“命”形态也紧密变化。命三元就是精气神三者之元，为精、气、神三者各自的形态域，而运化精气神三元命根的为阴阳二仪，为什么没有二元之说呢？那是因为阴阳二仪为道元界域生化转换的法则，只要具足阴阳属性的事物，就必然从一元体生化转换至三元。对于不具足阴阳属性的事物呢？世间万物没有不具足阴阳属性的事物，而且在“负阴而抱阳”原理下，就算孤立的孤阴孤阳都能“冲气以为和”生阴阳而求阴阳，达到两仪平衡，从而转换出三元，这是事物变化的本质规律和分生模型。有了道元界域三元的出现，就一定要注意“一”的运用和所指，因为三元里也有“一”，一元一体里也有“一”。怎样划分道元界域差异呢？一个是形上道“性”范畴的一元，一个为形下器“命”范畴的三元中的“一”，要从名称定义上去区分道元界域以此分别之，否则会造成理解与学习上的障碍。我们可以把形上道“性”范畴的一元论称为大一元。把命三元性一体中的命三元论称为广三元，而在三元论中各种变化形态下的一七九变涉及的生变易称为位域界膜。所以就形成了源体态三元一体视野里有大一元道元与广三元道元的三界膜形态，以及构成三界膜的一七九位域界膜变。这种所指是什么呢？就是大一元道元生化广三元道元破界域，真如性生化万物凡的生命过程中，从大一元道元无极而太极先天五太过程的三界膜联系广三元道元论太极而生育过程的后天五生过程的三界膜，两者恒顺道生之联系，故形成了道元界域形态格局下的生命树模型。

源体态生而未分的三元一体就是指不再以大一元为范畴来讨论生命的形态，而是从广三元命器格局里言说万物凡的生化转换，但要立于三元一体的“源”言说阴阳属性的分化源头，因为从生分态来说，就要立足于精气神染浊义言说阴阳分化。如果说源体态下的精气神阴阳属性为道一元视野下的阴阳平衡，那么染浊义下分生临界态以及生而分后，就是阴性为主体，阳性为从阴体中阴体动态生阳而求阴阳的过程，呈现为“负阴而抱阳”与“冲气以为和”阴阳平衡机理。所以说除了大一元视野中真正的阴阳平衡外，其他阴阳平衡机理下以“负阴而抱阳”与“冲气以为和”原理求的阴阳平衡，为负阴阳平衡。一定要明了生而分后的阴阳属性是以阴性为主体，称为阴体，原因为无明染浊。阴性能量体强度随着负阴阳平衡不断地求平衡，造成了能量体强度的减弱，呈现为藏相动能义下的右旋堕落，从而形成生命的型体，比如肉身，这也是为何生命形态除开肉身命象以外，还有形成这肉身命象形态的诸多过程，都是以大一元广三元生化源起与广三元内三界膜的生化变化，呈现生化原理下的生化过程，故都是生命的形态。如果负阴阳平衡形成的阴阳平衡机理，不立在“负阴而抱阳”与“冲气以为和”原理下，是无法用道元界域视野这双眼睛梳理开来这诸多复杂的变化，更无从衡量并且划分能量界域层次和阶段去谈透析本质。

在阴阳平衡机理呈现的负阴阳平衡形态就是广三元道元视野下的道元界域升降的真相，并且在负阴阳平衡形成过程中会出现上一阶和下一阶的能量体强度差，而产生这个强度差的原因为移精变气过程中转换滞留能量体的变化。因转换滞留能量体形态，就造成了每一次精气神界域流变形态的变化，从而发生负阴阳平衡机理，这样就不断出现能量体的强度差，成为道元界域升降的原理。道元界域的升降在精气神三界膜的三阶四象里就构成了生化动能的差异，而生化动能在广三元道元里直接体现在神主气精的精气关联义“素”形态的差别，所以有精气神依生化动能的差别而形成界域流变，构成了广三元道元下的精气神三界膜三阶四象结构。

精气神界域流变在源体态与分生态的内容，以道元和道元界域以及藏相动能论来解析，就深入到位域形态上去贯穿诸多认知，从而能形成对精气神全新的认识论。以此本质，就逐渐掌握了一系列关于精气神生化转换流变过程中的规律，以建立在对精气神认知基础上的，以精气神各界域的形态变化带领大家走入对生命的广域认知。

从大一元广三元角度来说，纵然在形下器万物凡域里不再言说大一元，可是从太极体一的太极浑沦相就已经具足了生而分的特性，这是从广义上说关于阴阳平衡的统一视野，所以在源体态未分时却有生而分的必然，因为它已经具足了三元变化，但为什么还要分成源体态与分生态来说呢？因为这是必定的位域阶段，或者叫发展过程，也叫能量奇点，没有经过这个能量奇点就无法生化到下一个位域阶段，这就形成了广三元内的三界膜以及构成三界膜的一七九位域界膜阶段变化，依赖循顺置返中长→育→成→熟→养→覆生变易过程，构成万物在道元界域视野形态下的各位域联动生化原理。

广三元道元的染浊义，相对大一元道元的清净义，在精气神界域流变过程中就是太极体一三元一体对比精气神生而分后的三者。分后循生与分生临界的精气神形态为阴性仪能量体的先天神（已熏的为识神）、先天精、先天炁三者，也是“生生”阶段独特视野。在前文说生而未分为元神元炁元精三元一体，而分后循生与分生临界为从三元一体分生出元神、元精、元炁三者，这里又给予了它们阴性仪能量体的界定，这是从道元界域大一元的阴阳平衡视野出发言说的生而分，清净真如为真阳，烦恼染浊为真阴，故取真阴所在的能量体属性，真阴视野对比道元界域大一元的阴阳平衡视野所在的阴阳两仪来说，为阴性仪，阳性仪生而分离了，或者说被无明阻隔了，也叫滞留能量体，也是第一次阴阳离体时的滞留能量体。它的滞留和阻隔过程就是先天八卦中八卦关系过程。

大一元道元生化广三元道元在道元动能形态上出现的阳性能量体和阴性能量体的变化，为道元阴阳平衡变化，此道元阴阳平衡变化标志着性生化命，也是破界域视野在能量体形态上的呈现。道元阴阳平衡后，阴性仪能量体就为广三元道元能量体的总量，而阳性仪能量体就为大一元道元之性——能量体的总量，大道由此分生为性和命两个范畴，也就是形上道乾天圣和形下器坤地凡。如果从广三元道元阴性仪能量体的总量和大一元道元阳性仪能量体的总量之和视野来说，就是大一元而广三元道元实相。广三元道元无明形下器坤地凡世界，阴性仪能量体为主体，在此阶段因独特的阴性仪而具足高能量态，此时的高能量态在道元界域大一元的阴阳平衡视野下，与真如阳性仪在能量强度上是等同的。分生态中精气神的能量体形态是什么呢？为运行界域“素”形态的太素至精，它和真如阳性仪能量体形态一致，此时一定要放在生而分的大一元的阴阳平衡视野下来称量阴性仪和阳性仪。那么以此窥见道元界域大一元阴性仪和阳性仪的能量总和就是实相能量级，由于过于精深这里不展开论述。虽然阴性仪是放在大一元的阴阳平衡视野下来称量和对待它的能量体强度，及其阴性仪的属性来源，但只要视野落在生而分分生态的阴性仪上，就从大一元转换到广三元了。为了区分分后循生与分生临界所说的元神、元精、元炁三者，以“元”的名称，故要强调无明染浊义的形下器坤地凡域，分生态的精气神形态为先天神（已熏的为识神）、先天精、先天炁三者。从“元”与“先天”的名词称谓来区分的精气神位域形态，在道生化动能上就产生了差别，从至素至精的“元”态，生化转换为太素生命素的

“先天”态。以此生化动能的差别产生的道元界域升降变化，就是精气神界域流变过程中“素”形态转换的根本机理。

精气神界域流变过程呈现的精气神三界膜的三阶四象，就是道元形态下的综述，而作用精气神界域流变过程发生三界膜的三阶四象现象的为藏相动能义下的生化动能。生化动能与道元同时起用，就产生了精气神界域流变的根本原理，为道元界域升降变化，从而构成生命形态与事物时间的界域跨越，而这种跨越所导致的就是认识论以及方法论的革命，如果没有整体的认知，从局部界域向局部的跨越就会出现认知和认同的灾难。例如在精气神三界膜的三阶四象里，三阶为从先天运相界域到后天藏象界域并以界带膜构成的一阶，从后天藏象界域到人体命象界域并以结带膜构成的二阶，从人体命象界域到人体并以内关外窍膜构成的三阶。整个过程中由界带膜、结带膜、内关外窍膜三界膜连接起的三阶四象，构成广三元道元生命形态观。

广三元精气神三界膜的三阶四象生化源头我们定义在太极体一，而“太极体一”是太极浑沦相立于圣化凡的视野言说“体”和“一”的概念，我们知道生化太极浑沦相的过程为在圣先天五太无极而太极的整个过程。而大一元道元无极而太极先天五太过程的源起，为大道生化本质格局下的“生”源起，也就是道元合相的大道源动能作用下的“生”。那么恒顺此“生”的道生之，所联系起来的就是从大一元道元无极而太极先天五太过程呈现的真如体如来义生命形态，它同样有三界膜的三阶四象形态，而且依托道生之基本单元的三阶四象数理，通过无极而太极的先天五太过程，在形上道域乾天圣形成一七九位域界膜变生命树数理模型。

真如体如来义在圣生命形态由大一元道元无极而太极先天五太过程承载并呈现。从道生之基本单元——往象的生化原理和生化过程，指向了道生之空间体基本单元，以此空间体基本单元下的大道生化原理构成了大道恒顺生势定律，恒顺道生之生化过程，而有大一元道元以根本形态的破界域变化，生化广三元道元之形下器域万物凡。那么大一元道元形上道乾天圣又如何立于藏相生动能义以界膜结构开始生命“源”生化呢？或者说何为生命的“源”生化呢？为形成生化广三元道元精气神三界膜的三阶四象的源过程，这个源过程就是生命“源”生化，它发生在广一元道元的形上道域乾天圣过程。

大道生化本质下的“生”源起，依藏相生动能，通过道生之基本单元的三阶四象（微观基数阶→变化阶→道生之单元阶之三阶四象结构）数理生化成道生之基本单元——往象。往象的实质是什么呢？从一个“基本单元”的含义就能看出，往象为大道立于生化本质和生化原理在生化过程中最微观的单元，呈现最极致的生变易之“易”义，它就是先天五太中的太易。也就是说太易具足了道生之基本单元的三阶四象数理过程，而往象为太易的最始端。

恒顺道生之，经过宏大的往象生化过程的积累，就构成了太易向太初的生化流变，“太易者，未见气也”，从气形质三者在先天五太的状态来看，太易以未见气更加玄之又玄，以弥纶无外、湛湛空成的洪源玄黄无象为主要的特征，其中在往象不断生化积累的过程中，逐渐“而生一气”，然后不断地“乃生中二气也，中三气也”，直到玄、元、始三气生化毕具，以先天五太状态的“太初者，气之始也”特征，为太易生化流变至太初，此太初阶段的玄、元、始三气成，谓三合成德。而这三合成德的“德”正是藏相生动能的内容形态。

太初始见气后，经过玄、元、始三气过程，恒顺道生之的畜积，生化流变为“太始者，形之始也；太素者，质之始也”的太始、太素阶段，经过太初、太始、太素阶段的生化过程后便有“气形质具而未相离，故曰浑沦”的太极阶段，以太极浑沦相为主要特征，从而共同组成了太易→太初→太始→太素→太极生化源流变形态的先天五太无极而太极过程，成为大一元道元形上道乾天圣的内容。在整个先天五太生化过程中，以生化原理和生化过程贯穿大道恒顺生势定律的道生之“生”，为藏相生动能义，而构成藏相生动能发挥生化玄妙的主要形态为“素”形态——太素至精。太素至精是大一元道元先天五太过程的主要动能物质，只不过这种物质乃真如性的“精神”属性，非世间的物质义。藏相生动能的太素至精形态，指向了藏相源动能的至素至精。

在大一元道元先天五太过程中，同样也具足了三界膜之三阶四象。先天五太过程的三界膜为太易与太初过程的一阶气膜，太初与太始过程的二阶形膜，太始与太素过程的三阶质膜，由于太极临界圣化凡，以太极浑沦相具足了真如清净义和烦恼染浊义，当言说在圣域视野时，故不划定在藏相生动能下的三界膜之三阶四象范畴。我们说“德”性为藏相动能义下各形态动能的根本动能。在藏相生动能的“德”性里为元亨利贞四圣德，藏相生动能是如何发挥作用而产生先天五太过程的内容生化呢？为元亨利贞四圣德周行，从而具足了藏相生动能的作用。形上道乾天圣元亨利贞四圣德周行结合先天五太过程，就有了太易为乾元，太初为乾亨，太始为乾利，太素为乾贞，同时也在乾贞部里具足了太极浑沦相形态。如果把太易→太初→太始→太素→太极的无极而太极先天五太过程看作为道体四域中的天大，为体；而乾元亨利贞为德性四体中的圣德，为性；那么体性圆融交互承载，天大与圣德交互合相，就构成了大一元道元合相，而天大所在的先天五太无极而太极过程，与乾元亨利贞四圣德周行的藏相生动能过程，就成为了大一元道元下具体的体性内容。

在大一元道元义下，形上道域乾天圣形成了一七九位域界膜变生命树数理模型。联系道→母→器程式，就会有形上道和形下器共同建立的广义视野下的生命树数理模型。何为一七九位域界膜变？这里有道生之基本单元的三阶四象数理和先天五太的三阶四象数理两个层次的视野，道生之基本单元的三阶四象数理为基于往象生成原理，可谓至微视野，而先天五太的三阶四象数理为天大道体的宏观综述，可谓至彰视野。

在宏观视野里，把太易位域看作一，太初位域中有玄、元、始三气为三，再结合太始、太素、太极则有三，在整个无极而太极先天五太过程里就形成了从太易之易变而为一，然后一变而为七，为太易一和太初三以及太始、太素、太极三之合。七变如何为九呢？为元亨利贞四圣德周行的四→九之数。元亨利贞四圣德周行以四→九差五生化模型出“九”的数是否会牵强？那是因为这里面有一个体性转换，无极而太极过程的一变而为七的过程为道体生化过程，而乾元亨利贞为四圣德之德性周行，一变而为七与七变而为九为体性合相，发生了道元界域的转换，从而形成体性圆融的空间体形态，这就形成了《列子·天瑞》所说：“易无形埒，易变而为一，一变而为七，七变而为九。九变者，穷也，乃复变而为一。一者，形变之始也。”何为“九变者，穷也”？为无极而太极过程后圣化凡，从真如体如来义的具足清净生化万物凡，为如如来去的清净，穷也。“乃复变而为一”为广三元道元精气神三界膜的三阶四象视野的生化源头——太极体一。“一者，形变之始也”从太极体一精气神界域流变，依藏相动能义而不断右旋堕落，而有具象的色法沉淀质碍之形，此“形”与先天五太气形质的“形”非同一道元界域视野所指。

从宏观至彰视野来说，一七九位域界膜变在生命形态上，以在圣和圣化凡的承接关系，把广三元道元精气神三界膜的三阶四象视野与大一元道元无极而太极过程连接在一起，在独特的太极浑沦相的“复变而为一”的转换中，实现道元界域的转换，这种转换为从大一元道元破界域生化广三元道元。我们谈生命形态的源头，在万物凡的源头视野下为太极体一，但要联系到大道之源，为大道生化本质格局下的“生”源起，也就是道元合相义下的大道源动能作用下的“生”源。大一元道元生化广三元道元的过程，为无极而太极先天五太道体生化过程与乾元亨利贞为四圣德周行过程的体性合相，乃宏大的空间体生化过程，呈现为道→母→器程式中道域生化器域，而母域所在的太极浑沦相作为形上道域和形下器域的界膜形态，独具道元界域和藏相动能的转换功能。从真如体如来义“性”道元视野破界域转换为“命”道元视野下的界域升降；从乾元亨利贞圣德藏相生动能转换为精气神界域流变的生化动能。同时立于太极浑沦相，形成“清轻者上为天，浊重者下为地，冲和气者为人；故天地含精，万物化生。”天地人三才之藏。

联系形上道和形下器的一七九位域界膜变，就形成了全域视野的形上道精神域和形下器物质域（含精神相域）的大生命观，形成真正的性命一如“生命树”大生命视野，构成大道“生”中最具终极关怀的命题，它就是大一元广三元道元生命。那么道→母→器程式中宏观的生命树数理模型，宏观的一七九位域界膜变，必定要建立在至微的生化动态基础上，只有立足于道生之基本道元的微观去解析道元论和藏相动能义的形成原理，才谓深入根本，打开本来。

在一七九位域界膜变至微视野里，立足于道生之基本单元——往象基础上的生化动态，从长→育→成→熟→养→覆的生变易过程生化出的“往象”，在数理上构成了一→六的差五生化模型，其中一→二→三 →四→五→六的生变易发展过程为横向数理逻辑，当一→六生变易过程生化出往象就标志着一个基本单元的生化完成。那么大道具足恒顺生势定律，一→六差五生化模型的发展，就从六生化发展到了七，为六→七，那么关键的问题就在这里，从六→七的生化原理是什么呢?

我们回顾往象的生化过程，为大一元广三元道元义下的藏相源动能作用所具足的大道恒顺生势定律，长→育→成→熟→养→覆的生变易过程中，从“生”的源起到“长”，也就是从零→一，为因生，当覆六临界态出现，有

“覆”→“易”临界状态的易相态时，为果成，当易相态生化成往象，为一个因果单元生灭。从因源零到因生一→恒顺生势发展二→六到果灭，构成一个因果单元的生灭过程。那么六→七的生化发展又是什么呢？为第二个因果单元的生灭过程形态，这个第二个因果单元生灭过程和第一个因果单元生灭过程一样，遵循差五生化模型，第二个因果单元生灭过程中从因生到果灭，是以第一个因果单元生灭过程承载。形成了第一个因果单元生灭过程中的“恒顺因果二”简称二，成为第二个因果单元生灭过程中的“因生一”，也就是二相对于一的因来说，二为一的果。这个二果就成为第二个因果单元生灭过程中的因，再以差五生化模型的规律，就形成了二→七；以此逻辑类推，则有三 →八，四→九的数理逻辑。

大道道生之生化过程下的一到九数理逻辑，非同一界域视野下的递增关系，而是以差五生化模型形成的位域阶段，从一到九构成了为一→六，二→七，三 →八，四→九的三阶四象位域模型。以此原理，在大道生化过程视野下，一到九数理逻辑中的七的出现非直接地从六横向递增到七，而是在时空体单元里构成了纵向的第二个数理阶段，也就是第二个因果单元生灭过程中从因生到果灭，这个横向递增向纵向转换最重要的一个原理和视野，为第二个因果单元生灭过程中的因，来源于第一个因果单元生灭过程中的二，这个“二”的转换，在第一个因果单元生灭过程横向递增逻辑里，二为一的果，那么以此果二成为第二个因果单元生灭过程的因，成为第二个因果单元生灭过程的因生一，完成“二”从果到因的界域转换。所以这个“二”从第一个因果单元生灭过程的果，转换成为第二个因果单元生灭过程的因，通过道元界域的转换，从横向数理逻辑生化流变成为纵向数理关联，并以此为起始，以差五生化模型延续此界域的横向数理逻辑生化过程。恒顺此过程，形成大道道生之生化过程下的一到九数理逻辑三阶四象位域模型。

大道道生之生化过程下的一到九数理逻辑三阶四象位域模型里，从横向到纵向的界域转换，既构成了横向发展同时又以上果下因的关系形成了纵向联系，而且这种联系既形成了横向的数理生化形态，即前因后果，又构成了纵向联系下的数理生化形态，即上果下因后的前因后果。这里就有一个独特的错位形态，这个独特的错位形态在纵向联系上就形成上果下因联系，如在横向上二为一的果，但在纵向上二为因生，为起始，成为纵向的一。也因为上果下因的独特形态，从而形成了横向生化与纵向联系的时空体单元，那么独特的上果下因在时空体单元结构里就形成了纵横交汇点，这就是错位形态的上果下因点，这个“点”因横向与纵向的交汇而具足独特的身份，它既要恒顺横向的生化发展，又要启动纵向的生化发展，从而完成整个一到九的三阶四象位域模型过程，那么这个三阶就因独特的错位形态，形成纵向的三阶，四域就构成了立足于时空体单元的四域，如果把纵横联系的时空体单元放在视野整体来看，此三阶四域在运动上就构成了曲变，曲变的产生就打破了三维视界里的直线运动，而构成了藏相动能义下的曲变运动。

藏相动能义下的曲变运动最重要的原理形态为立足于错位形态的上果下因点，形成的横向前因后果与纵向上果下因后的前因后果的综述运动形态，也就是说虽然我们孤立出一个时空体单元的点，但从这个点视野出发，它既参与了横向生化发展，又联系纵向关系并还要以此开启另一个位域阶段的横向生化发展，这个“点”具足的曲变运动形态下时空体单元中的同步时空性。如果时空体单元为纵横联系的三维结构的话，那么立足于这种纵横运动形态，就呈现了立足于时空体单元曲变运动形态的藏相动能态，为三维结构的整体曲变运动形态，呈现四维视野。大道道生之的体性一切内容皆是此三维为结构的整体曲变运动形态。

一到九数理逻辑三阶四象位域模型承载的生化过程里， 一→六横向生化发展的因果单元生灭过程的启动于因生一，以此一而有恒顺生势的发展，并形成横向的一→六差五生化模型。在纵向联系上因错位形态的上果下因点是以横向二的果来转换的，这个点具足了同步时空性的身份，按照恒顺生势定律，二在纵向上作为因生，以差五生化模型，就必然生化七，故七的出现是一→六在横向发展以二同步时空性的身份联系的纵向阶界域的果，也就是说这个七的果在横向是二就开始，以此纵横联系，纵向七形成了横向二的曲变果。以此类推，直到九的出现，且九为横向四的曲变果。不仅如此，把三阶四象过程中的相同数字联系起来，就形成了一个S曲线，且这些S曲线交织成网。自一→六差五生化模型下的因果生灭单元起，它构成一个位域界膜，到七的出现，以及九的出现，就构成了一七九位域界膜变，“变”为大道恒顺生势会持续道生之生化过程，为藏相动能义形态下的一七九位域界膜变。

这里还有一个难题，就是在一→六差五生化模型里有五，根据上因下果的纵向联系以及差五生化模型，就会出现五→十的生化过程。在上果下因的纵向联系里五→十的生化过程发生了什么呢？横向数理逻辑上的前因后果，可以看作时间轴上的因果生灭法，而基于时间轴的横向联系下的三阶四象纵向结构，就形成了完整的时空体模型。在时空体模型中非单纯的时间轴关系，而是空间体结构的联系，也正是以横向前因后果以及纵向上因下果承载的藏相曲变运动形态。作为一个时空体模型的曲变运动形态来说，有一个曲变运动的主轴，以此主轴让三维空间体发生了整体曲变运动形态。那么五－十又回到了时空体模型的主轴里，但要注意不是原来的起点，这个主轴也有空间数理逻辑，它就构成了时空性。所以在时空体模型里，呈现了复杂的空间曲变运动形态，从五－十又回到了时空体模型的主轴里，以此类推还会有六－十一，七－十二……以空间体整体曲变运动形态生化发展下去。如果说三阶四象为一个完整的时空体模型，那么恒顺道生之的运动生化，就为进入时空因果的生灭形态，何为时空因果的生灭形态呢？从之前的横向前因后果与纵向的上因下果来说，都是直线指向，如果把这两者结合在时空体单元里，并且具足曲变运动形态，就构成了时空因果生灭形态，形成了什么原理呢？为具足同步时空性的上因下果点，也就是时空体模型里的点，构成了复杂的因果交织网态，每一个因果的生灭都形成了复杂关系的具有时空体关联的因缘集聚，这就是为什么会有因缘和合集聚的真相，以及它们以什么样的数理模型形态发生关联，从而在时空体模型里形成时空因果关系。

有了时空体模型这个概念和视野，我们再来看道生之基本单元——往象，往象一定是在时空体模型的主轴里以时空因果关系生化的单元，且具足了整体曲变运动形态，不再是一个横向的数理逻辑关系下的生变易产物，而是复杂多变的时空体多元交织，由此，三阶四象位域模型就形成了道元界域和藏相动能义共同视野下的时空体结构。那么往象和时空体模型是什么关系呢？一个时空体模型单元为三阶四象位域往象之集合，也就是说一个时空体模型单元要符合一→六、二→七、三 →八、四→九的三阶四象位域往象之集合，而且这个集合是时空因果关系下的集合，构成了时空体往象模型，从而成为大道道生之的空间体基本单元。

从往象到时空体往象模型，所产生的道元界域视野的变化，非单纯地从横向生化视野结合了纵向生化视野，而是建立在横向前因后果生化发展与纵向上因下果后的前因后果生化发展基础上，再发生时空体单元的生化联系，从而产生了曲变动态，在产生的曲变动态后，又恒顺道生之的发展，就形成了时空体模型的概念和视野，而且大道道生之真正意义上的基本单元就是时空体往象模型单元，它是以空间体视野形态形成的完整的模型单元。从这个过程发展关系可以看出，横向生化视野下的往象只是时空体往象模型单元里的一个单向元素，可以把往象看作时空体往象模型的至微数理，而这个至微数理里又包含了微观基数阶→变化阶→道生之单元阶三阶四象结构。这就构成了大道道生之基于时空体往象模型而呈现至微至彰形态的三阶四象生化结构，且以这个结构不断生化发展下去，就形成了从太易到太初，乃至无极而太极的先天五太过程，呈现给我们道→母→器程式下的道体德性之大道内容，以及生命的诸多形态和内容。这一切依赖于在时空体往象模型形成过程中，从往象的横向视野介入经过多种道元视野的变化以及道元视野变化下的界域升降，从而构成一个多形态综合的动态视野。

往象作为至微数理而生化发展成大一元道元的所有内容，再延伸到至彰的道→母→器程式，就形成了至微至彰形态。至微至彰形态体现在大道时空性上的内涵，至微至彰不能独用，没有道生之的任何内容是纯粹以至微显或单以至彰显的。任何至彰的“大”都是通过至微的生来达，任何至微的末端又都全息交易着至彰所包含的一切，这就是至微以至彰显、至彰以至微达所体现的至微至彰全时空显达性。那么在至微至彰形态里，有一个万变不离其宗的数理，为差五生化模型下的一→六、二→七、三 →八、四→九的三阶四象位域结构，大道道生之生化过程下的一到九数理逻辑三阶四象位域模型因具足曲变运动形态，故形成了独特的空间排列，赋予了空间体形态的意义。无论是往象的生化过程，还是以往象构成的时空体往象模型，乃至大道生化形成的一切，都是以它为承载从而构成了生化过程，也正是它承载了道元界域视野变化，赋予道元界域化和动能化，让我们找到了道元下的数理界域变化视野和动能形态，从而从本质上解构了大道的生化形成过程。通过解析一七九位域界膜变，认识到时空体模型对道元和藏相动能有非常重要的意义。或者说因为独特的时空体往象模型承载，让道元和藏相动能更加具备数理逻辑化特征和空间运动形态。

梳理道元义和藏相动能义下的内容，形成了以恒顺生势言说长养成熟养覆微观数理下的生变易，以差五生化模型生化往象，并以往象在横向、纵向、错位形态联系上形成空间体。以界说位域言说界膜理论，并以界膜理论中的三阶四象结构形成道元位域的认知，在位域形态上以根本形态的破位域以及常态形态的位域升降组成性与命生化过程的道元位域。总体上又以循顺置返原理和负阴抱阳机理反映大道道生之一切至微至彰变动不居源流变关联的动态，从而形成道元义和藏相动能义下的大道“生”哲学。

在大道至微至彰变动不居源流变关联时空动态体系里，道元和藏相动能是两大体系支柱，尤其是道元义下的藏相动能义更是大道主导生化动态的本质。道元义是基于大道本质的哲学，藏相动能义是描述生化动态的哲学。道元和藏相动能两者的结合，给予了我们透视大道真相的密钥。道元以界说位域划分了如道器、乾坤、性命、清净、烦恼等诸多范畴，从而让我们能分层次和分性质地直入道元内部动态而知源流变变化，故常以道元下的藏相动能义赋予大道一种独特的解读视角，就如在这种视角下把循顺置返原理以及负阴抱阳机理在时空体往象模型单元建立联系一样。

何为藏相动能呢？为大道真性基于生化本质所显的生的源，以及基于道生之生化所需要的生的源，而发生在左旋而右转动能三阶单元能量体上的动态呈现。藏相动能具生化本质源能体和生化源能体两种形态，其中生化本质下所显的生的源为生化本质源能体，它为“生”的根本主轴，而道生之生化所需要的生的源为外围显化，它们之间的关系同道元的两种形态不一样，道元论的两种形态为界域视野相互融合下的弹性调节，而藏相动能的两种形态为基于生化相互显达的本末依存。

本，就是生化本质层面的最本来的生化真相，为大道真性所妙显；末，为基于生化本质在外围显化的生化相，立于本质显化不同位域阶段的不同体性内容生化相。本与末含义类似于体与用，同时本与末为相互依存，末的生化相依本而生，而本的生化所显依末来达，所以构成了根本主轴之本和外围显化之末的含义。

藏相动能的含义里有“源能体”来联系两种根本形态，那么基于藏相动能定义中“生的源”含义与“能量体的动态”集合表述，无论是基于生化本质的“所显”还是基于道生之生化“所需”，它都是由一个“生的源”的能量体形态来作用生化，这个形态的性质是不变的，它就是源能体的形态，变化的是基于本和末而言的内容显化，所以用源能体来综述表达，只需要指出本与末的不同视野，它自然就把大道真性基于生化本质所显的生的源与基于道生之生化所需要的生的源不同内涵结合起来了，它是基于概念内涵下的集合名词。

源能体的综述表达是立于藏相动能的“动能”来解析，什么是藏相动能义下的“藏相”含义呢？从道元义来说，藏，就含有源，一切本来尽然包囊，一切皆由此出，就如无不从此法界流、无不归还此法界之义，但这个“藏”的源义，是道元本质的源，为一斑而窥全豹的道性，处处在在见性见大道，处处在在有藏源，为以介子而包须弥。相，则是本末依存在显达上的法则，以藏源立体，则有生化显相，藏与相呈九易法则之藏相法则。在相的内涵上有内相和外象，内相的组成单位里有往象，而往象生化过程中有独特的易相，为大道根本法相，为长育成熟养的生变易生化过程中“覆”→“易”临界状态的易相，从循顺置返原理来说，大道显易相临界态的法相而生化往象，成为道生之的基本单元从而具足大道在“生”上的恒顺生势。同时，藏相也取自由乾藏界、相虚界、坤形界构成界说空间位域的藏相系统。藏相系统说相对于道元义说，更加宏观也更加呈现大道体性内容，所以从藏相含义就可知道元所赋予的哲学层面的意义是最根本的，是基于大道本质的。从乾藏界、相虚界、坤形界所呈现道→母→器程式宏观内容来看，“藏”更多描述了界域的整体视野，而“相”更多强调界域整体视野内的具体内容形态，这也是整体视野和位域阶段视野的转换，从这个形态来说，本末和体用就无法等同和通用，从末的外象来说本末更多狭义地指向了内与外，而体用则狭义地指向了整体视野与位域阶段视野的不同，但“体”中必然要指向“本”的本质和本来，才能呈现诸事物的本体而言说藏，以本体的藏，显用相与末相，都是藏相的内涵。

藏相动能在“生的源”上有 “所显”和“所需要”两种动能形态，其中所显——大道真性基于生化本质所显，所需要——基于道生之生化所需要。从藏相动能义下的“藏相”来说，就能明晰“生的源”两种动能形态，所显的“生的源”藏相动能为大道源动能与大道生动能， 为大道真性基于生化本质所显，而大道真性为大一元广三元道元合相下的无为而无不为真性，反映在大道体性上为道生德畜合相，是大道本原哲学形态下的大道“生”哲学的源，以此作用而有大道生化的“源”起。此道生德畜合相本原哲学形态下的“生的源”动能，只能依大一元广三元道元合相的无为而无不为真性妙显，无以言说，所显的本质是能显，在此范畴就是圆融交互的同体承载。而所需要的“生的源”藏相动能形态为生化动能与物质动能，以及物质动能含义下独特的人体运化动能，为基于道生之生化所需要。道生之生化为大道恒顺生势定律下的生化过程，为基于所显的本质形态下的显用相和外象，是大道源动能和大道生动能所显作用后，发生在外围的生化发展，所以为基于道生之生化所需要的“生的源”。之所以说所需要的“生的源”藏相动能为生化动能与物质动能，而道生之的生化也有大道生动能的作用，尤其是立于道→母→器程式，作用道域的藏相动能主体为大道生动能，实际上我们把这个范畴的道生之在形上道乾天圣的生化内容划分为所显的“生的源”，皆是形上道——性的范畴，只是在藏相动能上以大道源动能和大道生动能来区分，也由此可知大道真性（大一元广三元道元合相下的无为而无不为真性）和性（大一元道元下的真如性）两个范畴的大道体性属性，也就是玄德和圣德之区别。

综述之，狭义地归类所显的“生的源”藏相动能形态为形上道精神域，所需要的“生的源”藏相动能形态为形下器物质域（含精神相域）。为何要以特指来狭义地归类呢？因为藏相动能对大道生化的作用是极其复杂的，狭义的特指只能说明以哪种特性为主体，但并非就隔离了其他形态的作用。所以要从道元与藏相系统的“藏相”含义来说，要以藏源、内相、外象的藏相法则关系上去明晰，任何大道道生之的生化都是以本原起用，以本质能显所显，以外象显相来发生的。可以看作“所显”的是本质，为立于本质的基础，“所需要”的是本质作用显相后的外围建筑，是外象层面的延伸与表达，本质基础决定外围建筑，生化过程中的法则与规律一样，外象建筑的不同就看种子和因缘因素的差异；这是广义的藏相动能作用原理，有此源、法相、外象三者同体承载的关联后，才有狭义特指的归类，尤其是言说，所需要的“生的源”藏相动能形态为形下器物质域的生化动能与物质动能为主体时，就不再从源起和源头上追溯，而是直接进入界域内视野，但往往直接进入界域内视野可能会导致不明根本，形成迷惑与颠倒。

再回到藏相动能所说的“源能体”两种形态，源能体为以藏相动能义来宏观综述大道生化在“动能”上的作用，为大道生化过程中无论是形上道精神域还是形下器物质域的任何阶段的任何过程，都有一个源能体在作用，只是源能体在不同的位域阶段有不同的内容形态而已。抛开道元合相论的真性不谈，源能体一个核心的内容为“素”形态，它也指向了以精气神来言说生命形态的动能源能体作用之所在。通过藏相动能的“藏相”义在本与末以及本质基础与外围建筑的内涵，就能明了具生化本质源能体和生化源能体两种根本形态的结构了，而且这两种根本形态正是“生的源”广义并结合狭义的所指，以源能体称谓就是要以藏相源动能和藏相生动能结合生化本质源能体，以生化动能与物质动能结合生化源能体，赋予藏相动能论在不同形态下的具体内容。

那什么是左旋而右转动能三阶单元动态呢？为藏相动能义下的藏相动能模型。第一，它是生化动态，是以藏相动能与道元共同构建的动态；第二，它具备左旋而右转的三阶单元的动态逻辑。第三，立于左旋而右转的三阶单元构成河图图式与洛书图式藏相动能结构。第四，藏相动能的模型与结构构成四维动能时空视野。第五，它是至微至彰的道元位域转换枢纽。

藏相动能义下的生化动态，是以藏相动能与道元发生道生之一切至微至彰变动不居源流变关联的根本动态，这个动态既构建了时空体往象模型的体性内容，又在微观的动态上以诸生化变化超越了空间体结构，建立起形成空间体结构过程的因缘与因果的生灭。如何理解这个超越了空间体结构呢？虽然都是微观的生化过程，但以空间体结构为模型的话，其体性内容就是基于此模型的生化单元来构建，但在这个生化单元本身从循顺置返原理以及负阴抱阳机理，明了除基于横向往象基础结构外，还有横向、纵向、错位形态联系交织在一起的往象数理集合而构成空间体单元模型，这个往象数理集合的过程，就是建立形成空间体结构过程的因缘与因果的生灭。这个因缘与因果的生灭是如何体现的呢？从恒顺生势的前因后果，上果下因，以及上因下果后的前因后果等，都是在呈现空间体结构过程因缘与因果的生灭。往象数理集合过程的因缘与因果的生灭就是生化动态，而且这个生化动态就是关于至微变化从横向、纵向、错位形态的源流变关联，称为藏相动能的动能观。

这个“超越”可以看作是对空间体单元的内部解构，从内部解构的往象数理集合过程可以看出大道道生之微观生化过程的动态有序，这个有序就是生化动态逻辑。对于“超越”含义的空间体单元的内部解构，超越还有在宏观上形成的四维动能时空视野，是对三维呈现在动能动态的超越。那么这个四维动能时空视野对三维形态的动能动态的超越，是宏观还是微观呢？如果把三维的空间体单元看作整体的话，四维动能时空视野则常以世界宏观运动态呈现，实际上这种表述非四维思维形态的，而是习惯性的以三维来转换到四维的思维方式，这就是我们无法打破的思维常态。实际上，三维空间体下的动能动态从基本的往象数理都是具足的，构成四维动能态是大道道生之常态，而我们习以为常的是四维动能态被无明障碍，视野被束缚，形成三维色法为实有的假象，故在思维方式上常被冠以需要从三维来转换，其实这是很难的，因为所有的思维方式的落点先是放在三维形态上，且无法摆脱既有思维。从大一元道元生化广三元道元来讲，大一元道元发生根本形态的破位域从而生化了广三元道元论的物质（含精神相域）的器域，并且具足了广三元道元格局下的位域升降，从大生命观的视野我们说大一元道元形上道为性，而广三元道元论形下器为命，为性发生根本形态的破位域生化命。

藏相动能义下的左旋而右转的三阶单元动能结构，包含左旋而右转的三阶单元的哲学动态逻辑，以及在左旋而右转的三阶单元形态下的河图图式与洛书图式内容。左旋而右转的三阶单元动能结构，它是藏相动能义下的动能动态模型。第一，在道生之基本单元——往象的生变易过程中，以长→育→成→熟→养→覆的一→六差五生化模型，形成一至九的三阶四象位域模型过程。第二，一至九三阶四象位域模型形成时空体数位排列，在时空体往象模型单元中的数位排列位置，称为时空体数位结构，一至九三阶四象位域模型的按照数位排列，形成了一与六数位象、二与七数位象、三与八数位象、四与九数位象的时空体数位结构，且一与六数位象居下阶，二与七数位象居上阶，三 与八数位象、四与九数位象与五与十数位象居中阶，三 与八数位象排列在五与十数位象之左，四与九数位象排列在五与十数位象之右，此数位结构为河图图式时空体数位结构。第三，在河图图式时空体数位结构里一、三 、五、七、九为阳数，阳主升；二、四、六、八、十（含十而不表）为阴数，阴主降。第四，以冲气以为和之升降法则，形成阳主升阴主降，阳数动态联系主升，形成了自一与六数位象下阶的“一”左螺旋上升，经三 与八数位象中阶之左与“三 ”相联系，螺旋升经五与十数位象中阶与“五”相联系，在“五”的中阶中位完成完整的圆周后再左旋经二与七数位象上阶与“七”相联系，然后再回旋四与九数位象中阶之右与“九”相联系。整个阳数的联系中，阳升在三阶数列秩序中按左螺旋联系构成了阳升左旋动态。在发生阳升左旋动态的同时，阴数动态联系主降，形成了自二与七数位象上阶的“二”右旋螺旋下降，经四与九数位象中阶之右与“四”相联系，再经一与六数位象下阶与“六”相联系，到三 与八数位象中阶之左与“八”相联系后，回到五与十数位象中阶与“十”相联系。整个阴数的联系中，阴降在三阶数列秩序中按右螺旋联系构成了阴降右旋动态。第五，阳升左旋动态与阴降右旋动态的关联，为启动动态与升降动态两种联系，启动动态为阳数一动后阴数二动，以此交替启动后呈现同步旋转动态，为启动动态后升降同步动态，此升降同步动态构成了左旋而右转动能动态。第六，左旋而右转动能动态发生在时空体数位结构的上阶、中阶（含中左阶和中右阶）、下阶相互关联，构成三阶单元，连同左旋而右转动能动态，成为左旋而右转三阶单元动能结构。

上述过程解析的以数的逻辑关联呈现的时空体数位结构动态，发生左旋而右转的三阶单元动能结构的动态，为藏相动能义下的河图图式，也由此可知，时空体数位结构是时空体往象模型单元中内部的数位空间排列，是中国古代神秘莫测的《河图》三维空间体三阶结构排列图式，也由此洞悉《河图》虽呈现了平面的象数结构，但它的阴阳象数关联且发生动态联系呈现的正是左旋而右转的三阶单元动能结构，以此《河图》在藏相动能义的真相，将时空体往象模型单元内部时空体数位结构下的左旋而右转三阶单元动能结构，称为藏相动能河图图式。

在藏相动能义下的动能时空视野里，既然时空体往象模型单元的内部时空体数位结构的动态关联变化为河图图式，河图图式为时空体往象模型单元所呈现的三维空间体内部动态，那么就会有一个以时空体往象模型单元为整体，发生四维动态的动态逻辑。以河图图式为整体模型单元发生四维动态的动能动态，为洛书图式。

洛书图式的时空运动的规律是什么呢？分为纵、横、斜三阶结构，五居横竖纵之中，五中之横左为三，右为七，形成了横向三五七三阶结构；五中之纵上为九，下为一，形成了纵向自下而上为一五九三阶结构；五中之斜上斜左右为四与二，下斜左右为八与六，形成了斜向四五六与二五八三阶结构，此纵、横、斜三阶结构构成九宫，在此九宫中，一、三、七、九为阳数，二、四、六、八为阴数。阴阳之数分别关联运动并与中宫五发生联系，形成了一、三、五、七、九为阳数动态关联的左旋 S 形路线，一居下，三居左，一与三联系发生左旋的启动动态联系，故阳数为左旋螺旋动态。阴数的动态关联中二、四、五、六、八在阴数联系的同时二、四奇点位后过中宫与五发生联系，再到六与八奇点位，成为右旋 S 形路线，为右旋螺旋动态。左螺旋动态与右螺旋动态同步运动关联，就呈现了左螺旋而右螺旋的三阶单元双螺旋动能结构，简称双螺旋动能态。这就是以河图图式为整体模型单元在四维动态空间奇点的四维能量态，为藏相动能洛书图式。

河洛八卦本原

以时空体往象模型单元的宏观整体超越动态为洛书图式，在洛书图式里按照九宫三阶单元所在的时空运动奇点数位动态运动，呈现了双螺旋动能态。那么一个时空体往象模型单元怎么会发生双螺旋结构的两种动能形态呢，而且是几乎同步的双螺旋双动态关联？这就是超越形态下的双质平行纠缠，以及双质平行纠缠发生的双质映射态。怎么理解这个双质映射态呢？如果把一个时空体往象模型单元当作实质的话，在藏相动能态一定有一个被映射出的虚质，以此发生纠缠并映射，而实质与虚质就是双质，双质动态关联的纠缠和映射就是双质平行纠缠，呈双螺旋动能态。洛书图式就是超越动能态下的双螺旋双质平行纠缠图式。在双质映射关联里，如果把实质看作是实有，为色，那么虚质则为虚有的无，为空，就是色空义形态，它是超越动能态下的双螺旋双质平行纠缠图式，既是哲学思维，更是真实无比物理学形态。一个时空体往象模型单元为何会有双螺旋的两者，就是每一个双质映射纠缠里都有实质与虚质两者，同时每一个以实质或虚质为体的微观，又有可分的虚实。

实质的时空体往象模型单元为实质体，虚质的时空体往象模型单元为虚质体，这两者围绕超越动能主轴构成了两仪旋转运动，虚质体为阳，实质体为阴。何为动能主轴呢？从双质映射到平行纠缠，它们之间就建立了中宫位的主轴，双质围绕主轴进行两仪旋转，形成的井然有序的双螺旋动能动态，无论是宏观还是微观都是如此，只不过在宏大的事物形态里，主轴里有分化多种次主轴网和多元的异轴网，形成严密时空动态体系。从虚质体为阳、实质体为阴的双质平行纠缠可知，人体中的藏象精气经络系统为不可眼见的虚质体，为阳，而人体生理体征所在的生理脏器系统为可眼见的实质体，为阴。所以哪为阴界哪为阳界一目了然，基于此认知，就构成了藏相系统养生的根本，为藏象平衡。

再来看看双质映射并纠缠建立的中宫位的主轴视野。什么是中宫位呢？在双螺旋动能态发生过程中，其双质的双螺旋运动发生九宫三阶单元运动关联时，都和“五”中宫产生了螺旋升降的联系，且双质螺旋结构的两仪运动平行纠缠，从它运动朝向的直线联系来看，就看到了一个平面，如果虚质体为阳的呈现明，而实质体为阴的呈现暗，这个平面就是太极平面图，且是在平面旋转的太极平面图，它就是双质映射超越动态平行纠缠下太极平面图，明左旋而暗右转。为什么我们在平常的事物中无法眼见太极图，因为我们不仅只以眼见为实，只看到实质体无法联系虚质体所在的另一部分的关联，且对待事物的动态的思维方式里，只按照同一个运动方式来看事物的动态。这也是为何在定义左旋而右转的三阶单元动能结构为动能动态模型时，要在动能动态里强调“视野”，那是基于左旋而右转的异向并结合同步思维，再以双质平行纠缠的异向同步思维联系微观内部动态同时还要兼顾宏观的超越动态，这些都需要改变我们单向思维和执着习惯。

以数的逻辑关联来呈现空间动态，无论是河图图式还是洛书图式，实际上左旋而右转的三阶单元动能结构的动能动态呈现的就是气的动态，为“气”的哲学，这也是为何道家和中国传统哲学都认为道为炁说，且“道为炁说”的内容中影响力最为广泛的为在中国传统哲学里认为太极为气的动态。数与数之间按照一定规律的联系，就构成了数的逻辑关联，逻辑关联下的运动态就是描绘了气的轨迹，除了启动的源动能外，每一个数的数位都构成了气的动态动能奇点，这些动能奇点尤其是在洛书图式中代表了动能场。如果从数的逻辑关联呈现的气的动态宏观来看，那么在气的轨迹中数位形态的动能奇点就是“精”的哲学，以此气动态下的“精”形态正是大道生动能下的时空奇点续动能。数的逻辑关联下的气动态，以及气动态下数位的精续动能，就是气数。

从河图图式小写的数字代表的时空体数位结构以及洛书图式大写的数字代表的时空运动奇点数位，它们以河图图式以及洛书图式的运动规律和动能模型，就是气数原理下的大道续动能，成为道生之恒顺生势之微观本质续动能源，从而让大道有恒顺生势之定律。在中国传统哲学体系里，在应用学中以中国传统历法和《黄帝内经》养生中都谈“气数”，《素问·六节藏象论》说：“天度者，所以制日月之行也；气数者，所以记生化之用也。”从天度与气数的联系可知，天人合一合可以有精确的数理之合，而它既可以制日月之行，明了空间运动规律，又可以记生化之用，明了大道生命的生化之学，这就是气数原理以动能动态呈现的精气本根，这种层次的精气本根，如果没有以道元和藏相动能来支撑呈现它基于大道本质的精妙。掌握了本质的气数原理下的大道续动能机理，以河图图式以及洛书图式承载的运动规律和动能模型，就能以气数原理下的大道续动能，在现实中应用，从而改变诸多物理学形态以及对世界的认知，或者改变对能量与能源的认识。

从气数原理与精气续动能认识论再来看藏相动能论所说的“动能三阶单

元”，无论是河图图式还是洛书图式都是立足于左旋而右转的三阶单元形态，三阶单元就是藏相动能视野下微观的三界膜形态。在河图图式微观内部动态里，左旋而右转动能动态发生在时空体数位结构的上阶、中阶（含中左阶和中右阶）、下阶相互关联，构成三阶单元；洛书图式宏观动态里，双螺旋动能态发生在时空运动奇点数位的纵、横、斜三阶结构，构成九宫三阶单元。三阶单元的三界膜为道元之内容，在藏相动能里，其三阶单元的三界膜为藏相动能的动能奇点位，其中河图图式的左旋而右转以及洛书图式的双螺旋动能动态，都是气数原理下的大道续动能奇点，这就是为何大道的道性无处不在，依赖于三阶单元的气数原理，以一套精妙的数理逻辑构建了大道精气本根的动能机理。发生河图图式的左旋而右转动能动态的三阶单元和洛书图式双螺旋动能态九宫三阶单元，就共同构成了大道常态界膜结构，它是内部变化视野和宏观运动视野兼顾的微宏观常态界膜结构。

道元观念下的三界膜，成为动能三阶单元下的微观宏观常态界膜结构，把河图图式的内部微观运动看作为一阶，洛书图式宏观运动看作为一阶，还有在这两种宏观运动整体的变化为第三阶，这个第三阶就构成了升降图式的大彰动能变化。大彰动能变化是超越运动态的宏观，如果说洛书图式是双螺旋超越动能态，那么大彰动能变化为把双螺旋超越动能态当作整体，不去纠缠双螺旋的超越动能态，而是从超越动能态的宏观去看待问题，就呈现出了大彰动静形态。

如何理解大彰动静形态呢？“大彰”为以超越动能态为整体，从时空体往象模型单元来说，河图图书为其内部微观视野，洛书图式为其宏观超越动态，升降图式为其大彰形态，形成了内微→外宏→大彰的三阶结构。在大彰形态下，超越动能动态的整体呈现动静观，把内微→外宏→大彰的三阶结构的大彰当作一个界域，其界域内视野为动，界域整体为静。在大彰动静形态呈现的升降图式含义里，整体右旋的为降，为沉淀，为聚，为消耗；整体左旋的为升，为散，为跃迁，为存储。同时在位域升降转换中，沉淀与消耗聚成核的为堕入低位域态，堕落沉淀凝聚时一定会发生能量体的跃迁或逃逸，遵循负阴阳平衡的机理；飞升与存储离散成气或电的为步入高位域态，离散飞升时一定也会发生能量体的滞留，这是双质纠缠态的物质与能量升降平衡。大彰动静视野的升降图式在应用上可以参照如列星气轮义体世界之间的转换联系。

《道德经》曰："大成若缺，其用不弊。大盈若冲，其用不穷。大直若屈，大巧若拙，大辩若讷。躁胜寒，静胜热，清静为天下正。"此为大道基于藏相动能的内微→外宏→大彰三阶结构"生"哲学的表达，为天下"生"哲学之"天下正"的正式（图式与程式）和本原智慧。"大成"者为道生之宏观生化内容已成，且具超越动能形态，为道生之大道体性之成，更为藏相动能的内微→外宏→大彰三阶结构中"外宏"域所在的洛书图式，洛书图式的视野中有实质和虚质的双质映射与平行纠缠的双螺旋动能态，此也为实质之色与虚质之空纠缠关联的超越动态结构，大成是基于道生之宏观生化内容之成，为双螺旋双质平行纠缠洛书图式视野。"若缺"为只取实质而抛虚质，虚质为顽空的障碍之缺。言"缺"为立双质纠缠中而言另一映射质，而往往只看重双质中的实质而缺虚质，认实质为全并认虚质为顽空而执取。大成视野里双质兼顾且发生超越双螺旋动能态方为全，为体；立于体，而有执取实质为用，以"执用"言说取法，"取"则为利益价值取向，以此取法的实用性，会并无察觉在双质为全为体里执取实质的弊端。但见大成视野者则见大道超越之动态，执其实质为用则为不见道，虽并不影响实用价值的取向，但一定会因执取实质以其弊端成为大成视野之"若缺"障碍。

"大盈"者为藏相动能义的内微→外宏→大彰三阶结构中内微与外宏之

盈，既立于河图图式之内微观又有洛书图式之外宏观，以此盈为从气数原理与精气续动能认识成为道生之恒顺生势根本之盈，大道为何会有道生之“生”哲学，无不是依赖大道源动能后的河图图式之内微观生化与洛书图式之外宏观超越动能态，且在生化过程中有精气本根之续动能而成大道恒顺生势之定律，此为生化本质下的生化过程而出生化之大盈，此盈为大道体性合相的动能充盈且内微与外宏的生化过程满盈。大盈之大道生化的大象无形，故“若冲”虚灵无象，但却灵妙无穷，一切能用可用可执可取的事物，皆以大道之大盈大象而生，故无穷尽而显上天好生之德。“不穷”为不穷尽之独立不改周行不殆之生化法度，为大道以大盈之大象恒顺生势之定律。

以道元和藏相动能在内微→外宏→大彰三阶结构中呈现的河图图式、洛书图式、升降图式来说，其反映的大道玄妙的“生”哲学，正是大道不动声色与无影无形之“大巧”，巧到生化一个时空体往象模型单元可以数理逻辑呈现，其中既有河图图式的内微所在的左旋而右转的三阶单元动能结构，又有洛书图式的外宏所在的双螺旋超越动能态，还有升降图式的大彰所在的动静升降机理，它们精密且精妙地以内微→外宏→大彰相连，此为大道“生”哲学的大巧、大辩、大直，可纵然是洞悉大道生化本质下生化过程的一切，若辩，必讷而无言，证道而不言道，不落一处而达所有。因大道本无言，莫之能说，莫之能说却处处可说的只能是“拙”语，所说和能说的只能为强名的“屈”语。大直又如何屈呢？无论是河图图式、洛书图式还是升降图式皆立足于一到九数理逻辑三阶四象位域模型中的曲变动态，以此基本的曲变动态到河图图式的左旋而右转动态、洛书图式的双螺旋动态，以及升降图式的整体左旋与整体右旋动态，都是“曲”义下的曲变形态。有此“曲”义，见道者可直指人心，见心见性，此为直。以“大直”悟道又得曲而证道，脚踏实地实证实修，修道者宁拙勿巧，证道者宁讷勿辩，待见心见性而见道者宁直勿曲。“清净为天下正”，“正”为正解构道本质，而悟道、修道、证道、见道为通往大成、大盈、大直、大巧、大辩的路线与程式，为“天下正”的正式，其法宝谓之清静。如黄元吉云：“至于清明在躬，虚灵无物，一归浑穆之天，概属和平之象，又何躁、何寒、何静、何热之有哉？学者具清静之心，化寒暑之节，而吾身之正气凝，即天下之正道立矣，又何患旁门之迭出耶？”藏相动能义下的内微→外宏→大彰三阶结构，是大道基于生化本质而呈现的至微至彰动能形态，所谓“君子知微知彰”要洞悉大道真机正是如此，以此方能原始要终以为质也。

河图。宋代陈抟著、邵康节述《河图真数》及朱熹《周易本义》等所附之《河图》，是由五组白圆圈（总数二十五）和五组黑点（总数三十）组成，共五十五个。其从一到十，共十个数字组成，五十居中，三八在东（左），四九在西（右），二七在南（上），一六在北（下）。其中，黑者象征阴，称地数；白者象征阳，称天数。《易·系辞》：“天一、地二、天三、地四、天五、地六、天七、地八、天九、地十。天数五，地数五，五位相得而各有合；天数二十有五，地数三十，凡天地之数五十有五，此所以成变化而行鬼神也。”河图有生数与成数之分，成数由生数而来，一至五为生数，六至十为成数。依照“一阴一阳之谓道”的规律原则，有：天一生水，地六成之；地二生火，天七成之；天三生木，地八成之；地四生金，天九成之；天五生土，地十成之。明代张介宾在《类经图翼》中说：“生数为主而居内，成数为配而居外，此则河图之定数也……阴阳消长互配，如以老阳之位一而配老阴之数六，少阴之位二而配少阳之数七，少阳之位三而配少阴之数八，老阴之位四而配老阳之数九，是以阴阳互藏之妙。”

洛书。其排列：戴九履一，左三右七，二四为肩，六八为足，五居中央，又称“戴九履一图”。朱熹《易学启蒙》：“洛书之纵横十五，而七、八、九、六迭为消长，虚五分十，而一含九，二含八，三含七，四含六，则参伍错综，无适而不遇其合焉。此变化无穷之所以为妙也。”《黄帝九宫经》：戴九履一，左三右七，二四为肩，六八为足，五居中宫，总御得失。其数，则坎一，坤二，震三，巽四，中宫五，乾六，兑七，艮八，离九。太一行九宫，从一始，以少之多，顺其数也。

将河图四方的八个数旋转排列成八方而为八卦，每方一个数纳地支十二气象，就是洛书。只是将“火”的二、七数与“金”的四、九数变换位置，同时土五为中显用而寄八方，故为九星，土十则不显而藏于用。这样成为戴九履一，左三右七，四、二为肩，八、六为足，九个数纵横交叉皆为十五数。洛书虽用九，但宫相加则为十，一与九合、三与七合、八与二合、四与六合皆为十。数遇五变为一，遇十也变为一，故河图五、十居中。所谓生数极于五，成数极于十。

八卦有伏羲先天八卦（常称：先天八卦）和文王后天八卦（常称：后天八卦）。八卦是：乾三连，坤六断，震仰盂，艮覆碗，离中虚，坎中满，兑上缺，巽下断。《易・系辞》：“易有太极，是生两仪，两仪生四象，四象生八卦。”是故易有太极，太极生两仪，两仪为阴阳，“阴”又生“阴中之阴”即是太阴，以及“阴中之阳”即是少阳；“阳”又生“阳中之阴”即是少阴，以及“阳中之阳”，即是太阳。太阴、少阳、少阴、太阳统称为“四象”。这个过程就叫作“两仪生四象”。在四象的基础上，太阳生太阳之阳为乾和太阳之阴为兑；少阴生少阴之阳为离和少阴之阴为震；少阳生少阳之阳为巽和少阳之阴为坎；太阴生太阴之阳为艮和太阴之阴为坤。先天八卦是南乾北坤，东离西坎，东北震，西南巽，东南兑，西北艮。乾坤相对则是天地定位，坎离相对则是水火不相射，震巽相对则是雷风相薄，艮兑相对则是山泽通气。后天八卦是离南、坎北、震东、兑西、艮东北、坤西南、乾西北、巽东南，排列次序按照《易·说卦传》："帝出乎震，齐乎巽，相见乎离，致役乎坤，说言乎兑，战乎乾，劳乎坎，成言乎艮。"

再回到藏相动能在"生的源"源能体上的内容，为大道真性基于生化本质所显的大道源动能与大道生动能，以及道生之生化所需要的生化动能与物质动能。大道源动能与大道生动能作用的道体四域为乾道所在的道大与天大，对应德性四体为玄德与圣德；生化动能与物质动能作用的道体四域为坤道所在的地大与人大，对应德性四体为用德与证德。所以源能体形态的大道动能本质属性为德——大道德性。全提道德、直指乾坤，从道体四域中道大、天大、地大、人大等一切可言说的道体内容，到德性四体以玄德、圣德、用德、证德的"德性"与道体内容交互合相作用，呈现无为而无不为大道真性总摄下的道生德畜本原。

大道德性以大道动能的方式作用，基于藏相动能的本质规律而生化大道内容，在大道德性作用于大道内容时还有一个转换的枢纽，也就是说藏相动能义下的河图图式、洛书图式、升降图式最后如何生化成大道体性内容，其转换枢纽就是五行之藏的"五行"属性。从大道〇大一元广三元道元合相的无极源起而有大道恒顺生势道生之起势，此道生之起势即〇，以具足的道生德畜之自然性并因果性，有"长育成熟养覆"之"物形"，其物形必然经过长→育→成→熟→养→覆为内容的生变易过程，并以此道生之往象单元生化联系，形成道元视野下的一到九数理逻辑三阶四象位域模型，并以其空间体结构曲变动态义成为时空体往象模型单元。

在时空体往象模型单元的动态义中，有长一→育二→成三 →熟四→养五→覆六的生变易过程，以循顺置返原理和负阴抱阳机理来描述长一→育二→成三 →熟四→养五→覆六的生变易过程，通过复杂的横向、纵向、错位形态的源流变关联，并发展联系到河图图式一到九与洛书图式的一到九，在起始动态后呈现同步曲变动态，这种时空同步性谓至微至彰变动不居源流变关联的动态，由此呈现大道生化本质下的生化过程，出现生数与成数。洛书图式的道元位域与河图图式的道元位域的结合，其生与成就发生在时空体往象模型单元动态过程中，从而出现“天一生水，地六成之”的生成状态。大道无极体源起至阳金性，金性依生数和成数，生水性；何谓水性？大道源动能下的两种道元位域的动态关联，发生的旋转动态联系，如一向三 的联系过程，就如水性的延展或流淌，谓大道源动能给予的起始动态，又在动态过程中以其气数原理下的精气续能量成为大道生动能，以大道生动能给予续动能，故而金性延展生化如“水”般联系。大道源动能的起始之动，为金性生水性，谓天一生水，地六成之。

从大道生动能给予续动能为金性秉水性之延展，显生发之性，以此生发之性显木性，谓天三生木，地八成之。在金性、水性、木性的动态联系下，河图图式发生左旋而右转动态并结合洛书图式的双螺旋动态，动态的延展与生发之性势不可挡，如炎炎之火而显火性，有地二生火，天七成之。那么以金性之生生、水性之延展、木性之生发、火性之炎势，形成了以河图图式与洛书图式发生时空同步性源流变关联的生化过程，在此生化过程里呈现了承载受纳之土性，天五生土，地十成之。

赋予洛书图式与河图图式道元义，且结合这两个道元位域，呈现大道源动能作用无极体，以其至阳金性之生生，联系内微之河图图式与外宏之洛书图式，而发生源流变动态关联，生化出金性、水性、木性、火性、土性的五行之性。以此五行之性再联系藏相动能在内微→外宏→大彰三阶结构中的“大彰”升降过程，从而呈现金性生金、水性生水、木性生木、火性生火、土性生土的五行。以内微→外宏→大彰三阶结构所在的河图图式、洛书图式、升降图式生化本质下的生化模型，形成以天一生水，地六成之；地二生火，天七成之；天三生木，地八成之；地四生金，天九成之；天五生土，地十成之的大道生数和成数，生化出金性、水性、木性、火性、土性的五行之性，并以五行之性生化成金、水、木、火、土五行。金性以天一生水很容易理解，为大道源动能作用无极体而有生的源起后，为大道○源起→一的过程，为何金性以天一生水后，又呈现了以天三生木呢？这就是我们前面解析曲变运动时无法直观描述的曲变数理动态，曲变动态与螺旋动态同步关联。简述之为在一到九数理逻辑中出现的天数阳数与地数阴数的内在位域区别，呈现天数与天数关联，地数与地数关联。螺旋动态里一与三关联的同时，以一和二的双质纠缠，必要联动二的动，但“二”的动发生在一与三的联系之后，或者说一与三发生联系后，才双质中地牵动“二”的平行纠缠再启动，故天三在地二动态前。同时，也是古人以超然的智慧洞悉一至九的数理逻辑后以生数和成数言说大道的生成之道。

《易·系辞》曰：“天一地二，天三地四，天五地六，天七地八，天九地十。天数五，地数五，五位相得而各有合。天数二十有五，地数三十，凡天地之数，五十有五，此所以成变化而行鬼神也。”为何能以此“成变化而行鬼神也”？为立足于天地五十有五之数所构建的内微→外宏→大彰三阶结构，并以河图图式、洛书图式、升降图式成为大道生化一切的生化模型。大道生化一切无非形上道乾天圣域和形下器坤地凡域，以此直指乾坤而行万物之变化，从天地五十有五数，到“乾之策二百一十有六，坤之策百四十有四，凡三百有六十，当期之日。二篇之策，万有一千五百二十，当万物之数也”。所呈现的正是能“成变化而行鬼神也”的精妙与精密，且是多道元位域贯穿的内微→外宏→大彰视野兼备的至微至彰变动不居源流变关联。

从一到九数理逻辑三阶四象位域模型到时空体往象单元，并以此产生河图图式的内微生化过程，洛书图式的外宏生化过程，以及升降图式的大彰生化过程三阶结构，以此曲变动态与超越螺旋动态，而生化乾坤万物。从微观数理变化可知，一到九数理逻辑关联中，生数与成数呈现的就是因和果，生因成果。同时，一到九数理逻辑三阶四象位域模型下的曲变动态联系的诸因缘形态，也正所谓“万物有生数，当生之时方能生；万物有成数，当成之时方能成”。也呈现了大道基于生化本质下至微至彰变动不居源流变关联的道生之生化过程，无不是因果生灭与因缘和合法。

从五行之性生五行，从金性生水性，水性生水，就进入了大彰宏观体世界，且为大彰宏观体世界的八卦属性联系，从五行到八卦再到以五行和八卦发生取象比类的联系而有宇宙万象与天下万物。所以说五行为大道德性作用与大道内容生化的转换枢纽，大道无极体道生之“生”的源起后，从太易阶段即备具五行属性。在道生德畜之作用下，立足“长育成熟养覆”的一到九数理逻辑三阶四象位域模型生化之“物形”，循其“物形”的三者九玄之气的顺生成乾元态之顺势，以此开端了道体如如不动妙化万有的本色，从乾元顺势下去，便有元亨利贞过程的乾道，也就是无极而太极过程，在无极而太极过程中有先天五太的“无极五生图”至太极浑沦相，圣化凡，乾坤转换到坤尘地象，才生出属于在凡态的五行，成为目前我们所认知的五行，但要知道这是凡态五行，和圣态五行还不是同一个道元范畴，不仅如此，同一个道元范畴下，不同的道元位域升降其五行之性下的五行皆有不一样的状态和结构，这也是为何我们称五行为五行之藏的原因，除开本质的圣凡区别外，在凡的位域升降不同则有截然不同的物态。这里不去展开深讲凡态五行与圣态五行的区别，以及位域升降视野不同的不同物态。

以《道德经》中的“上善若水”举例之，《道德经》曰：“上善若水。水善利万物而不争，处众人之所恶，故几于道。”首先这个“水”，为金性统于五行之先，道体金性以道生德畜，且遵循“长育成熟养覆”循顺置返原理，而有“天一生水，地六成之”之水，此为道生德畜之自然性并因果性，为圣德态，故为上善。在圣态的水，为金性彰显，无处不达，而利万物。凡态的水，凡水也为金生，水藏金性，故无孔不入，万物为金、水、木、火、土五行所主的五大因缘和合所成，故水利万物，且圣德周行自然生其五行，一二三四之生数与六七八九之成数水木火金备具。众人之所恶，是为道尊而水呈卑势，人皆因看不到本性，观其水象而恶水之卑下势，却不知水正是道生，且依道性而生，水象就是道性所主，故几于道，“几于”是要通过象，而入性，才能觉知道之玄妙，若只停留在水象上，故如众人一般，恶其卑势之象。且在圣态的水，时刻与人身以周天度数斗罡授时联系，但在凡的人无法对应其能量频率，若能入功态修之，以坎水所指获得了真水，即得了无上至宝，再从坎卦之阴证至乾阳，则金性太极丹可成，故坎水为修真凭借。

长一→育二→成三 →熟四→养五→覆六的生变易过程的道生之单元——往象，以循顺置返原理，开启的无极圣态到无极而太极过程，以及乾道圣态化坤道凡态，构建大道“生”哲学下基于生化本质的生化过程，以内微→外宏→大彰三阶结构下的河图图式、洛书图式、升降图式为承载。从一到九数理逻辑关联与生化模型中，取象道元与藏相动能所共有结构——三阶单元原理，而成三画卦，三画卦的每一画按阴阳之数有阴阳互变，又取自双质纠缠机理，从乾坤所指而有经卦和别卦，以此形成经卦与别卦两两组成的六十四卦。

在八卦取象成三画卦的原理与内涵里，老子在《道德经》曰：“出生入死。生之徒十有三；死之徒十有三；人之生动之死地，亦十有三。夫何故？以其生生之厚。”从天地的十数（天一地二，天三地四，天五地六，天七地八，天九地十）结构在生化哲学下构成了一到九数理逻辑三阶四象位域模型，并依此生化动态形成三阶单元原理，为十有三。说“十”为基本数理，说“三”

是藏相动能三阶原理的超越形态的动态，“有”不是含，不是十个数里包含的三个数，而是基于生化动态联系的“变”或者为交易的“易”，是通过河图图式与洛书图式构成的三阶原理的“三”，这实则是极其复杂的十与三的生化动态关联。老子描绘大道生化本质下的生化过程所言说的十有三必须立于此，才能透彻其基于十的基本数理来说十有三的原理。那么从十的基本数理，到形成一到九数理逻辑三阶四象位域模型，再动态变化关联成三阶单元的“三”，是一个生化过程通过道元位域的贯穿式透视。从十数的基本数理变化为“生”，到三阶单元的“三”构成生化过程为“死”，生为因，死为果，是生化的因果法则，也是生死的生灭法，从因到果与从生到死，为因生而生，果灭而死，无不是建立在十有三的基本数理与三阶原理生化哲学下。而十有三的变化过程，是通过河图图式与洛书图式共同呈现的因果生灭过程中的诸因缘和合集聚的过程。“人之生动之死地”何意呢？人只不过是大道在生化过程中显现和表现因果与因缘的一个象而已，因缘合则生动，因缘散则死地，也无有超出十有三的基本数理与三阶生化原理。而十有三的基本数理与三阶原理的生化形态，又无有超出道元义与藏相动能义的内微→外宏→大彰三阶结构生化原理，它既含有十有三的基本原理，又包罗了“生生之厚”的生化哲学。

在取象三画卦的机理中，数与数的关联运动就构成了阴阳二气。元阴阳二气遵循“万物负阴而抱阳，冲气以为和”原理，其器部天下万物按阴阳法则及阴阳法则属性归入到阴阳盈虚变化中，而有老阳、少阴、少阳、老阴四象，此四象按照天地人三才道统观，以人身全息连接先天与后天，四象分化组合而有八卦，这八卦的八种符号便是先天本原模式的最直接反应。在整个过程中，圣态五行逐渐转换成凡态五行，而有水、木、火、土、金在凡态五行的类比成象。

通过形成八卦三画卦的原理以及经卦与别卦建立在八卦取象比类上的内涵，直入八卦名称来从象与用的层面来言说八卦“性”与“相”的真相。我们知道乾道为元、亨、利、贞四圣德遵循道生德畜而周行不殆，在周行过程中，因五行属性的变化，产生了阴阳盈虚变化，由四圣德周行所伴随的阴阳盈虚变化程度的不同，所构成的乾道圣德自然就不完全是同一种形态，这种差别的记录与表述就是乾→兑→离→震这四部分。“乾”至阳金性，可谓无极圣态，也为太易之初，为元部。在太易之初后，五行始生成，出现阴浸阳之象，至阳有缺，为“兑”，兑为阴象冲兑阳象，其态势有庆悦之亨态，为亨部。阴象逐渐随五行的恒顺生势而聚，但阳为主象，故十方圆明仍为朗照，此郎照为仍见大光明之“离”象，此大光明利益十方世界，故见利，为利部。以此而道生之，阴象积畜到了一定能量，阴阳相互交战，而大动，为“震”，此震恰恰为圣化凡一切的道生德畜过程，故显贞势，为贞部，贞部的震态，即为乾贞临界坤元。

以乾→兑→离→震描述了由阴阳盈虚变化呈现的圣态德性状态图画，也就是无极而太极之太极浑沦相过程，此为圣态。在坤元临界乾贞出亨部的震态后，此震在坤元的角度便为圣化凡的阴阳能量交战“大爆炸”，以此大爆炸出雷霆之威，现器部万物万象，此坤尘地象被阴象无明所主，迅速与乾道分离，十方圆明圣境以如如来去之速势坍塌成各种时空维次的坤尘地象，此为“巽”，为极速，为器部万象之乱。此无明因果所主的坍塌堕落之势，逐渐形成具象的时空世界，具象事物成为无明因果的象，在这些象的限制与束缚下，堕落之势一陷再陷，为“坎”。在具象坤世界中，无明因果成为坤世界的定律，无法打破，只能依因果定律轮回轮转，在轮回轮转中又徒增无明因果，循环往复，此无明形成难以翻转之“艮”势，并且以巽→坎→艮之无明因果所主的堕落与轮回之势，构成至阴“坤”世界，阴阳彻底倒转。便有了巽→坎→艮→坤呈现的凡圣脱离过程与无明因果所主的具象世界之形成。

乾→兑→离→震过程，为乾道中的乾体圣德阴阳盈虚状态图；巽→坎→艮→坤过程，为坤道中无明因果状态图。又有震连接巽，以震→巽呈现圣凡逃遁图，实为无明障碍光明坍塌堕落图。

从乾→兑→离→震过程可知，震部为光明终，这个终非断灭的终结，而是大光明渐次消减过程中标志性的阶段；巽部为无明始，这个始不是初始而是所主导，真正的初始是一个宏大时空的众因缘和合。以乾→兑→离→震→巽→坎→艮→坤八卦世界呈现的为在圣、圣化凡，在凡之状态和过程。此为先天八卦。以在圣、圣化凡、在凡的程式过程所表达的八卦世界，就不难理解《易·系辞》所言“天尊地卑，乾坤定矣。卑高以陈，贵贱位矣。动静有常，刚柔断矣。方以类聚，物以群分，吉凶生矣。在天成象，在地成形，变化见矣”的含义，其尊卑为先天圣态与后天凡态的尊卑，故能以圣定乾，以凡定坤，而呈现乾坤圣凡态。“卑高以陈”为如如来去乾体圣德转换到坤体用德，其阴阳法则属性上发生了本质的变化，故有以阳高阴低贵贱之位。乾→兑→离→震→巽→坎→艮→坤的程式过程，就是阴阳盈虚的动静过程，也是阴阳刚柔转换过程，其体用动静的动静有常，则刚柔属性可断。“方以类聚，物以群分”类聚的为先天时空因缘种子，以其因缘和合的因显象后天的象的果，群分为按无明业力程度来归类时空维次以及显象时空维次中具象的象。无明浸染而执妄迷失为吉凶之根本，在乾→兑→离→震→巽→坎→艮→坤的程式过程中，其吉凶的程度是不一样的，在至坤之地，只有无明因果主大凶。“在天成象，在地成形，变化见矣”便是性→相→象（用）的深刻内涵，以人身联系先天与后天因缘因果，窥一斑而见全豹，透过一念便明了先天与后天的时空联系，由此可直入见性，同时在大道真性总摄下，一切又是依缘起用，世间一切又诸法实相具足。

说完了以乾→兑→离→震→巽→坎→艮→坤呈现的在圣、圣化凡、在凡的程式内容后，周易易周的在圣、圣化凡、在凡、凡转圣程式中，还有一个在凡与凡转圣的内容世界需要呈现。这就是震→巽→离→坤→兑→乾→坎→艮呈现的所谓后天八卦。《易·说卦传》："帝出乎震，齐乎巽，相见乎离，致役乎坤，说言乎兑，战乎乾，劳乎坎，成言乎艮。"是从圣化凡的震部说起，对比乾→兑→离→震的先天圣德动态来说，"帝出乎震"呈现圣化凡后的凡态之描述。

"帝出乎震"为坤元临界乾贞，阴阳交战到了临界点，以因缘和合而圣化凡，呈现阴阳因战而"震"，此时万象具出，一切法度法则的因果皆已在乾道圣德周行时而成，即为坤世界至高真理准则，为"帝"。此震为先天之雷霆，出先天梵音，此音听之不闻，但现在仍充斥在宇宙苍穹中。此震将十方圆明的圆满全时空以爆炸粉碎的方式，依无明因果力的总摄，成为坤尘地象的各种具象空间，并形成与空间相匹配的相对时间，这些相对空间与时间均为无明业力所主，所以万有引力的根本真相就是无明业力，其无明业力总摄因缘和合汇聚形成的具象的坤尘地象，构成宇宙中大大小小的恒星、行星，还有无法眼见的暗物质等。这种全时空粉碎并分崩离析的状态就是"巽"，齐乎巽，由于"震"为先天与后天的临界点，故为先天状态的如如来去速度，此速度是极速，远非光速可比，而"光"之速为十方圆明圣态的基本速度单元，以此先天如如来去速度各自以业力聚合，叫方以类聚，物以群分。方则是坤尘地象显象具体的空间与时间的束缚，是相对十方圆明的圆来说的。此时的齐乎巽般的坤尘地象方以类聚，物以群分，在形成的过程中，还有其乾体的大光明，还能相见乎"离"，这种离态，随着方以类聚，物以群分坤尘地象具象世界时空的形成，而视之不见，乾性光明被障碍被遮挡。随着具象时空的类聚与群分，一切依无明因果尘埃落定，便来到了至阴的"坤"世界，此至坤世界依无明因果所主，万般不离其宗，故“致役乎坤”，一切被无明业力所劳役，无明因果成为坤世界的规则与法度，而成在凡定律，一切围着它因果轮转，并现相对时间的迟缓与先后的后果现象，呈现前因。从震→巽→离→坤为圣化凡至在凡态的程式过程所呈现的各种状态，也是这个过程转换形态的描述。

在至坤无明所主的世界依其因果而无量轮转，一切依坤体用德性而运转坤世界，连同先天因果，随无明因果所主不见大道真性，但大道真性处处在在总摄，先天之性不生不灭，故自有见性开悟者而证大道者，谓圣人；圣人观民设教，故说言乎兑。此观民设教之教化众生，精髓为直指人心以开悟见性为宗要，剖析其无明体坤与光明性乾之凶与吉，利与害，直指乾性，且指向修真证悟其乾性，返回先天太极丹态，故有战乎乾。在开悟见性修真证道过程中，无明甚深，如漩涡陷阱般死死纠缠，要打破无量无明，必劳乎坎，以其炼坎之劳立苦修之志，在无明的“坎”陷里，修其“坎”阴而达乾阳，这也是为何坎卦能出明心见性维心君子的原因，以内证龙德，经过坎之次第而达乾阳。以此劳乎坎的内证修真，自有其艮势脱坤阴无明而出，谓之成，此成之艮势必脱坤世界无明因果所束，超然际出于无明因果所主之界，而出坤尘地象之三界，故成言乎艮。这便是兑→乾→坎→艮呈现的在凡至凡转圣的内证修真态，也是内证过程超凡入圣的形态描述。

从震→巽→离→坤呈现的圣化凡到在凡时空过程，以及兑→乾→坎→艮呈现的在凡到凡转圣时空过程，以坤到兑连接，呈现圣人悟道证道模式图以及教化众生说教图，便有坤→兑的时空转换，打破在凡态无明因果所主而有凡转圣之程式过程。“震→巽→离→坤→兑→乾→坎→艮”的后天八卦为圣化凡、在凡、凡转圣的程式过程。后天八卦中在坤→兑时空转换进入内证修证体系时，其时空又是不一样的，在这个层次下，又有功态领域的后天八卦格局，从内证真炁际出，而入八卦之内景。

联系“乾→兑→离→震→巽→坎→艮→坤”先天八卦呈现的在圣、圣化凡、在凡的程式过程，与“震→巽→离→坤→兑→乾→坎→艮”的后天八卦呈现的圣化凡、在凡、凡转圣的程式过程，便有了在圣、圣化凡、在凡、凡转圣的周易易周完整程式，所以先天八卦与后天八卦必然为圆融一体。从大道本来五具足来说，必然要圆融成体。那么什么是用呢？六十四卦与三百八十四爻为用。以此全息交易万物，周易八卦（先天八卦与后天八卦之总和）便适用于任何至微至彰的万物，至微以至彰显、至彰以至微达所体现的万物至微至彰全时空显达性。且在大道真性的总摄与总持下，周易八卦是性与体圆融一体的呈现，以至微至彰全时空显达性，大而无外、小而无内，无边界无内核，无时间无空间，而过去、现在、未来的一切时空里的所有变量，都本来如是的显现。所以河洛并《周易》八卦，呈现的是宏大的时空过程，非三维世界所局限。在周易易周程式过程中，自然就有了“周易”与“八卦”的根本真相，先天八卦为圣化凡先天光明堕落动态图，后天八卦为凡转圣后天无明飞升动态图。以其阴阳刚柔盈虚性质呈现八卦真机，阴阳刚柔盈虚性质便由易道贯穿在周易易周的程式中。先天与后天的连接均是宏大时空变化，且“周”与“易”也自然呈现，“周”，大道德性圆满无为、周行道生之，体与性圆周合相；“易”，大道真性总摄，以易道贯穿体性具足的一切而周行不殆。

既然《周易》八卦分出先天八卦和后天八卦共同呈现在圣、圣化凡、在凡、凡转圣的周易易周程式，对比这个完整程式来说，先天八卦与后天八卦虽然都是宏大时空内容，但都不能概述其完整程式过程，必然要两者结合呈现，正是《周易》以先天八卦和后天八卦共同综述的“曲全”思想，也就是《道德经》所说“曲则全，枉则直”“是以圣人抱一为天下式”“古之所谓曲则全者，岂虚言哉？诚全而归之”。其“曲全”思想为《周易》的精髓之一，更是生命与宇宙真相形态。从一到九数理逻辑三阶四象位域模型发生的曲变动态到河图图式的左旋而右旋动态、洛书图式的双螺旋动态以及升降图式的整体左旋与整体右旋动态，都是“曲”含义的呈现和表达。“全”既为生化过程中依因果和因缘的精密完成过程，又是大道圆满之性，同时又是两仪特性中双质平行纠缠的全视野。以两仪特性来简言之如先天八卦与后天八卦必然成体的结构，也如阴和阳，如果广义上说坤地为阴的话，必然有乾性为阳，两者交互合相以两仪特性来形成此曲全哲学，呈现的便是宇宙与生命超越动能动态图。

从先天八卦与后天八卦所共同呈现的在圣、圣化凡、在凡、凡转圣的周易易周程式中，八经卦为时空转换奇点，六十四别卦为呈现出来的时空体世界，三百八十四爻为在时空体世界中呈现的更具象内容，爻与爻的变化便是以阴阳盈虚过程，叙述由性到相再到显象的原理，同时又连接先天与后天呈现交易相互之关系。先天与后天之连接有两个关键的时空转换枢纽或通道，一个为圣化凡中的先天堕落到后天的通道，为黑洞堕落的“否”世界通道；另一个为凡转圣的超凡入圣的通道，为白洞升华的“泰”世界通道。否堕泰升所呈现的便是能量转化原理，“否”世界与“泰”世界既是能量通道，同时又是时空奇点。“否”世界为广三元道元位域升降下高于三维形态的世界在此堕落坍塌，坍塌后依无明业力因缘所主形成具象坤尘地象，构成方以类聚，物以群分的纷繁三维世界。“泰”世界为至阴坤地无明所主的在凡，内证阳德，在此世界精气神阳性升华，以其阳性能量的畜积不断入高维次时空，温养色身，以色身全息宇宙无明所在，打破无明而升华。

无论是否堕还是泰升，其能量转化皆以精气神形态呈现。从精气本根与精气神界域流变说起人体生化动能的源流变可知，生命的一切形态都可以气数呈现，形成数的因缘与因果逻辑，并以此关联精气神界域流变，形成气数原理下的精气本根义。精气本根一直贯穿在藏相系统任何形态里，从数的逻辑关联到河图图式以及洛书图式的运动规律和动能模型，无不是解构大道“生”哲学在精气本根上的认知。

人体生化动能的源流变，从大道源动能与大道生动能到广三元道元精气神界域流变与人体精气神结构，构成了广域视野的藏相精气动能系统。其中，大一元道元的大道源动能和大道生动能为人体生化动能的源，而广三元道元精气神界域流变为人体生化动能的源流，人体生化动能所在的人体精气神结构以及运化动能为流变。有了此源流变的流变转换关系，通常也只以精气神界域流变过程下的生化动能来言说藏象精气动能系统，以不谈“源”只说“源流”来避免两种道元形态的转换而混淆不清。精气神界域流变的藏象精气动能系统含人体精气经络系统，它们共同构成藏象生命系统。藏象生命系统统御、主导并运转生理生命系统。

人体生化动能的源流，从“源”来说为大一元道元下大道源动能与大道生动能作用，呈现在精气本根上为以真如体如来义具足元神元精元炁三元一体，构成大道生动能的“素”为太素至精，在乾道体性结构中以乾元亨利贞四圣德周行呈现无极而太极的先天五太乾道内容。以此“源”而有精气神界域流变的源流，而且这个“源”为道元与藏相动能共同呈现——大道源动能与大道生动能。从“源”到“源流”的生化转换为大一元生化广三元，且藏相动能转换流变为生化动能。在广三元的形下器域范畴，生化动能成为藏相动能义的主体形态，且以三界膜的三阶四象结构，具足了位域升降原理和视野，构成了流变的诸阶段。生化动能下的精气神形态从三元一体的源体态后，按照三界膜的三阶四象结构原理，历经先天运相界、后天藏象界、人体命象界的流变转换，到人体形成人体精气经络系统，再到以藏象生命系统基于人体精气经络系统的分布、转化、周流形成人体生理体征的运化动能，从而统御并主导生理生命系统，真正地从精气神的源流变关联上，赋予生命呈现在因缘与因果生灭变化下的气数原理。反之，以人体精气神形态下诸多生理体征的系统性工作原理，来置返联系藏象精气神形态下的统御、主导联系，以此连续而连贯的源流变逻辑性关联，来透析生命在因缘与因果下的生灭法和唯识变现过程中现量之于大道的本质的联系，从而将藏相生命系统连接成完整且形成有机联系的整体。

从“源”到“源流”生化转换的体世界来说，有藏相动能义作用下的体世界转换流变过程，为以“乾→姤→遯→否→观→剥→坤”承载的周乾而易坤的执妄迷失图。周乾易坤执妄迷失图从宏观的阴阳盈虚变化关联来说，皆以藏相动能义呈现整体右旋堕落的形态，从乾→姤→遯→否→观→剥→坤的过程，在位域升降上为不断地下降，在生化动能形态下的能量体强度来说为不断地消耗、减弱，在精神相域与物质形态来说为不断地沉淀，不断地凝聚，乃至以色法形成具象的体型物质和世界，就如我们看到的物质世界一样。

在周乾易坤的执妄迷失图里以“否”卦所在的否世界为分界，构成了两个阶段的三阶四象结构，为乾→姤→遯→否的三阶四象过程与否→观→剥→坤的三阶四象过程。其中“乾”为大一元道元的“源”，除此根本形态的破位域源起外，均在位域升降的范畴。以否世界来划分的执妄迷失过程，就是找到了精神相域形态和一个物质形态的分界界域。乾→姤→遯→否的三阶四象过程为精神相域唯识变现并现行的实质，但尚无色法质碍的物质世界的形迹，而否→观→剥→坤的三阶四象过程为物质逐渐被沉淀、凝聚形成，且位域升降越来越低直到三维的物质形态世界。精神相域的唯识过程与物质的色法质碍过程有一个明显的分界界域，或者叫流变转换界域，它就是否世界所在的结构——“黑洞”。周乾易坤的执妄迷失过程中，以阴主大时且阴来阳消，阴主暗，随阴势长而暗大明小，故而否世界的直观形态对比十方圆明朗照来说为“黑”，“洞”在于堕落右旋之漩涡状。

高位域高动能态的精神相域世界从这里坍塌、堕落、沉淀，通过否世界并进行转换，形成低位域低动能态的物质域世界。如果把否世界黑洞比喻为界域之门的话，那么遵循色法物质域世界均在黑洞位域与动能态之内，且从否→观→剥→坤的体世界形态无一例外。

否世界黑洞不仅是界域之门，是位域下降和动能消耗减弱的通道，更是具足了生命形态的否卦体世界，它本身也是大彰视野下的体世界的一类，由于它介于精神相域和物质域形态转换与流变的分界形态上，故在精神相域和物质域两种截然不同的形态上成为界域。“黑洞”状的否世界作为高位域高动能态的世界从这里坍塌、堕落、沉淀的形态，在易学里称“否”，“大往小来”是对它进行位域下降和动能减弱的最佳描述，高位域高动能态的世界和否世界发生关联而“大往”，在经过否世界黑洞后，宇宙与生命的形态转换为色法物质域，不仅位域下降动能消耗减弱，而且色法质碍开始显现。并且在进行位域升降和动能高低的流变转换过程中，按色法沉淀与消耗聚成核的为堕入低位域态，堕落沉淀凝聚时一定会发生能量体的跃迁或逃逸，这个能量体的跃迁和逃逸就是“小来”形态与过程的描述。如果在物理学上能观测到星系从黑洞坍塌与堕落，就一定还有高能量体跃迁和逃逸出来，这是负阴阳平衡机理下的能量平衡的法则，也是光明力与无明力两种根本形态作用力的作用，而且高能量体跃迁和逃逸的动能形态为左旋，刚好和右旋堕落形成相反的飞升状态。大往小来的整体动态过程就讲述了否世界黑洞的流变转换通道的体世界形态。

根据负阴抱阳机理下的负阴阳平衡，位域升降和能量体流变转换会发生滞留能量体形态，这个滞留能量体形态就是高位域高动能态的世界“大往”后以能量体的跃迁或逃逸的“小来”形态，如果从物质域的体世界看过去，除开物质域的能量体外，跃迁或逃逸滞留能量体就构成了高位域和高能量体的“暗”能量。以此来说，未经否世界界域转换前的乾→姤→遯所在的体世界在能量体方式上均为“暗”能量的形态，实际上它不能称为暗能量，而是名副其实的以太素生命素存在的明能量，因为经过否世界界域转换的否→观→剥→坤在光明程度上均要弱于黑洞，这也是我们三维世界看宇宙虚空是黑暗的，是因为太素生命素存在的明能量既因位域远高于三维形态，又因能量体强度远高于物质域内最高的能量体形态，故无法肉眼见更无法捕获。为什么会发生位域下降和动能消耗减弱呢？那是因为无明沾染产生的无明阴妄作用力——无明力，无明力是遵照唯识变现现行牵引，呈现大彰视野上为超越动态整体右旋，以其右旋堕落的形态，在位域升降上呈现位域下降，在能量体上呈现能量体减弱，动能形态也因具相虚义的精神相域不断向物质域流变转换而减缓，随着位域升降和动能的消耗与减弱，就呈现了体世界的变化，故有从乾→姤→遯→否→观→剥→坤的执妄迷失过程，以及在此过程中的两个阶段的三阶四象结构，并形成了以否世界作为精神相域与物质域的分界。

再以分界联系两个阶段的三阶四象结构就可以目睹从精神相域到物质域的色法沉淀过程，高位域和高动能态的相虚唯识众因缘为能量体态，在执妄迷失过程中按色法沉淀与消耗并右旋聚合成核来形成物质，为物质态，是一个能量向物质的流变生化转换过程，随着物质形态的不断凝聚和沉淀，或者是质量越来越大，需要维持动能态的能量就要更大，这就是消耗的根本原因，因为物质质量的万有引力作用而消耗了能量。由于形成物质原理为能量体按色法沉淀，为无明力的牵引才形成了物质，由物质的质量形成了万有引力，故万有引力为无明力的一种形态，且是基于物质的末端形态，从唯识变现的无明力到物质的万有引力，其中还有色法形成物质的力，其实它就是运转超越动能形态的力。

以此延伸，否世界黑洞作为流变转换的界域，按色法沉淀与消耗并右旋聚成核，从精神相域的相虚状态右旋堕落而形成物质。这个动态过程为唯识主因缘依大彰视野右旋堕落沉淀，唯识主因为核，其他的助因助缘依右旋态不断地凝聚和沉淀，然后一步一步形成密度致密的物质，在此不断的凝聚和沉淀过程中，就会发生能量体的逃逸与跃迁。在乾→姤→遯→否的三阶四象过程的体世界均遵照右旋堕落。当生化因缘发展到了否世界，否世界内部的形态可以比喻成黑洞右旋加速器，诸唯识因缘依赖并借助黑洞右旋加速器，通过否世界黑洞的通道到了否→观→剥→坤所在的观世界，就呈现了物质域的物质形态。物质域的物质形态由精神相域依否世界黑洞流变转换而来，以此源流变关联，物质的源为高位域高动能态的能量体。且精神相域为相虚特性的唯识形态，故唯识形态里的任何识的因缘在能量体上都大于物质态。所以物质域的物质形态内能量最高的物质，就是物质领域的相依源。

以无明力牵引并建立在位域升降和生化动能的流变转换上的周乾易坤执妄迷失图，不仅以乾→姤→遯→否→观→剥→坤的阴阳盈虚变化承载了精气神界域流变过程，而且还以否世界为分界呈现了两个阶段的三阶四象结构，还呈现了唯识所在的精神相域形成物质域物质的动态过程与原理。从乾知大始、坤作成物，柔道牵“乾”，迷失道“坤”，以周乾易坤的执妄迷失图，呈现乾元光明世界如何堕落到坤元无明世界，且在此过程中发生了物质的形成过程，为唯识变现种子现行在生化动能作用而右旋堕落，依否世界黑洞机理，有了我们最熟知的物质世界。尤以坤世界以“坤”和“地”的特性呈现物质形成的因缘机理，形成“物”的每一丝一毫因缘皆以道生之气数原理贯穿。这是一条由无明力牵引堕落的程式，在显著的否世界黑洞界域之门的形态里，无明力作用右旋堕落形成物质，同时以负阴阳平衡机理下会出现高能量体跃迁和逃逸的左旋升华状态，这只是周乾易坤执妄迷失图堕落过程中负阴阳平衡机理，与周乾而易坤执妄迷失图堕落形成完全相反的双质纠缠程式，就是易坤周乾的“坤→复→临→泰→大壮→夬→乾”正阳进德贯穿的正坤返乾修真图，为光明力牵引的升华程式。

易坤周乾的光明力牵引升华程式要立足于人的内证体系，也就是德证图的修证程式，从坤→复→临→泰→大壮→夬→乾的正阳进德过程，为位域升降上逐渐地上升，在藏相动能义的动能形态为立足于人体运化精气转换为内证精气，从而有内证精气能量体强度不断地积累、存储，而且结合生理体征不断地升位域乃至从物质域的物质运化形态，以跃迁飞升的方式通过泰世界进入内证内景，从而摆脱物质的凝聚沉淀以及物质层面的牵引束缚，并转化种子在现行并变现过程中的诸因缘，转识成智，打破无明，入大光明境。同执妄迷失图里以“否”卦所在的否世界为分界一样，在正坤返乾修真图里以“泰”卦所在的泰世界为分界，构成两个阶段的三阶四象结构，为坤→复→临→泰三阶四象过程与泰→大壮→夬→乾的三阶四象过程。以“泰”卦所在的泰世界为分界就构成了“白洞”形态；正坤返乾过程中，以阳主大时且阳来阴息，阳主明，随阳势壮盛而明大暗小，故而泰世界的直观形态对比无明暗世界来说为“白”，“洞”在于升华左旋之漩涡状。它是低位域低动能态的物质域世界从这里进行能量体的运化存储、畜积，并改变运化精气态为内证精气态，通过不断的位域与动能的上升，逐步改变、摆脱、打破物质的凝聚沉淀以及物质层面的牵引束缚，也改变了唯识法则而有转识成智之实质，以物质域升华进入精神相域，这种进入有两种形态，一种是摆脱物质域的物质形态后通过泰世界升华间接改变，另一种为立于“人身长大独善其身”肉身与精神相域的唯识层面并存，依转识成智内证圆满后究竟涅槃飞升。一个为外景泰世界另一个为内景并结合外景合一的泰境功态。

泰世界不仅是界域之门，是位域上升动能畜积并获得续动能的通道，更是具足了生命形态的泰卦体世界和内证“泰”内景，和否世界黑洞刚好相反，白洞是升华生命以及升华位域与动能的界域。在易学里称为“泰”，“小往大来”就是对它“升华”最佳的描述，它是以凝神入静并摄受意念的“小往”，而有内证精气转换并连接先天呈现内景的“大来”，从而能收受并转化先天能量，成为改变肉身以及摄受意识的动能。从意识的形成过程和原理可知，人体中意识的位域和动能态为高于生理体征态，故摄受意识并转换意识需要更高的动能给予能量体，所以内证的意义和内容就被此赋予，它的思路和原理就是要明了人体诸系统在生化形成过程中所具足和被赋予的真实义，就能以此人体中蕴藏的天机奥秘，去运转太极器官和太极丹论，从而打开内关外窍连接先天，把精气神界域流变的过程中界域之门打开，以什么样的方式天人离一的，就通过内景产生真正的天人合一，从而降服唯识因缘的牵引并转化成智慧能量体，步入高智慧的精神域态。这就是通过泰世界来言明易坤周乾的机理所在，泰世界除了宇宙中的诸如其他体世界一样的外景世界形态以外，在“人身长大独善其身”的人体就有非同一般的泰世界结构，通过内证的方法打开人体内的泰世界结构，就能目睹诸经典中被描述的内景世界，也以此能目睹生命的内景。这就是为何要解读精气神通过界域流变过程生化形成人体以及在人体的有机联系的诸系统，不仅从精气本根的形态讲述生命的形成过程，更是以气数原理构建生命的数理形态，从至微至彰的生化关联赋予同体承载的生命观。

在诸多体世界纷繁复杂的宇宙里，否世界和泰世界构成了宇宙中非常典型而独特的双质映射与纠缠的平衡形态，黑洞肯定与白洞紧密关联，而且是外宇宙中宏观的双质映射，它构成了外宇宙中太极图式的相互通道，并且也以此说明外宇宙中黑洞与白洞的关联只是超越动能态的诸如太极图中的黑点和白点这两个点，而其他有数理关联（发生交易实质）的体宇宙，就可以镶嵌在这个模型上，从而找到一个完整的乾坤时空体模型以及各时空奇点，并可把它联系到生命内景里。

易坤周乾过程中的动能乃“素”形态，且“素”从运化精气动能形态转换形成内证精气动能形态，从运化水谷精微以及呼吸精气的运化精气，到通过内证的方法炼精化气、炼气化神等过程，实现“素”形态的逐渐转换，从精气神界域流变过程的诸精气关联，就能指向内证修证的诸阶段向高位域和高动能的精气转换原理。从“素”形态流变生化与转化升华的认知，就指向了生命形态的黑洞与白洞。生命形态的黑洞，承载着“素”形态的流变生化——三次天人离一过程的精气神界域流变过程。生命形态的白洞，承载着“素”形态的转化升华——三次天人合一过程的精气神界域升华过程。以此就把生命的形态统一在天人离一的生化形成过程与天人合一的升华转化过程中。

精气神界域流变的三次天人离一过程，形成了从先天运相界、后天藏象界、人体命象界与人体构成三界膜形态的三阶四象结构，其中精气神在先天运相界域内的源体态、分生态、运相态为先天运相界域内的三界膜，在后天藏象界域内的命门态、离转离散态、内丹田态为后天藏象界域内的三界膜，在人体命象界域内的外丹田态、胎形态、周流态为人体命象界域内的三界膜。从天地人移精变气生化内涵下的精气神界域流变的三阶四象结构，无不是从“精”形态和“气”形态交互关联来言说精气本根论的实质，无论是精神相域的唯识相虚义还是物质域的物质为实的质碍义，都是“精”形态和“气”形态的本根视野，均依赖“精”形态核心动能的“素”的变化，以及依赖“素”形态下的气的动能形态的转换。在三次天人离一移精变气生化结构中，“精”形态以“素”的核心动能变化，呈现从太素至精→太素生命素（含独特的和精和气）→五藏神魄素→光子素和水谷精微素的移精过程；围绕素形态变化的移精所发生的变气，就指向了精气神三元一体的元炁→神主气精义下的和炁→五藏神下的神意祖炁→人体精气系统中精气→人体运化氣与呼吸凡气的变气过程。

从藏相动能义的范畴来划分在精气神界域流变的三次天人离一移精变气过程的动能属性，为形成人体前的运相、藏象、命象阶段的生化动能，与形成人体后围绕生理体征的运化动能，两者共同构成移精变气动能结构。从精气神界域流变的三界膜形态的三阶四象结构来说，人体的运化动能也为生化动能的一种形态和内容，又因为人统乾坤于一身，有独特的天地人视野唯识现行形成现量的当下意义，故生化动能既立足于人体的藏象生命系统和生理生命系统，又从天地人产生着天人合一全息元象的大运相的交互联系，既让藏象生命系统以统御和主导地位运转生理生命系统，又在两者之间形成了独特的五运六气、精气经络、营卫气血等动能运转系统来连接两套系统的有机统一。从而赋予生命在唯识层面的种子与因缘现行呈现现量的巨大意义，也成为象由性显的道法自然之大象。

命体卷：天地人与精气神

卷之言：精气神生命本根

围绕大道本原“生”和生命本质“命”的“生命”为主题，立足藏象生命五系统，从大道本原和生命本质，围绕精气神生命本根，以周易易周本体论，九易法则、气数哲学精气本根、左旋而右转双螺旋动态等法则认识论，藏象五系统、三次天人离一、天地人五行之藏等结构视野论，通过循顺置返原理、负阴抱阳机理、界膜理论、动能三阶单元、时空体往象模型单元、界说位域、藏象与生理平衡等诸多方法论，将生命的命象与运相，通过道元论与藏相动能论融入生命形态，呈现广义精气神所统摄的大生命观。

之所以言说精气神生命本根，那是因为精气神之于生命，不仅是后天五生生命形态的生化转换上，从生命形态在形上道和形下器的全视野的广义内涵来说，精气神内涵皆贯穿其中。以形上道和形下器两种根本形态的位域建立认知，从乾藏界的乾天与如来藏义、坤形界坤体与用德位域下的烦恼藏义、相虚界体性与相用下的相虚特性，结合唯识的净染对待入手生命唯识因缘，大生命形态的源流变关联，皆是由精气神本质贯穿。

围绕生命的生化与发育，立足“生生→生主→生入→生成→生育”后天五生太极五生象生育过程，通过生命形态在生化发育过程中生、主、入、成、育动态过程，构成以生生、生主、生入、生成、生育的生命动态生育位域阶段，对比先天五太“太易→太初→太始→太素→太极”无极而太极过程的“无极五生象”，以此由后天五生“生生→生主→生入→生成→生育”过程呈现的太极五生象生育过程，称为“太极五生象”，形成了无极而太极与太极而胎体的生命过程，也是生命形态在形上道和形下器的全视野。

“后天五生”的每个阶段又独具内容：分后循生与分生临界的“生生”阶段，为立于太极体，真种子依种子库转换成识种子，种子与现行唯识变现天地构精和识神种子与精气媾和的运动态，呈现的哲学为太极体一，一生二，二生三，三生万物。神主气精与精气关联的“生主”阶段，为天地构精和识神种子与精气媾和的唯识变现过程呈现神主气精态。玄精入胎与命门临界的“生入”阶段，先天胎光以玄精的方式入胎成为后天人体初始胎体，伴随人体能量体三轮际出，并形成黄庭三宫统御的精气神聚合形态下的宫库田轮。藏象命门与离转离散的“生成”阶段，为生命形态依藏象命门临界态，经藏象宫库田轮能量体三库轮态结构发挥统御、离转作用，在藏象命门时空体内，形成五藏神统御系统与命象精气神生发运化系统，从藏象发育开始主导人体命象的发育。气机冲升与合而成形的“生育”阶段，为藏象内系统依窍关七门，流变转换为五藏神外丹田精气神形态，以藏象外系统主导和运转人体命象的整体发育，在人体命象空间内以人体空间体形成胎形，在胎形中以中脉为主体的三脉七轮统御的人体经络系统合而成形从胎形生长成胎体。

在后天五生过程中，根据生命形态在阶段过程中发生的流变性生化转换视野，并以此界说位域，把后天五生分为先天运相、后天藏象、人体命象、胎形胎体位域阶段，对比生命形态的流变，并以此循迹界域间的关系。在后天五生过程中，围绕生命形态在各位域阶段的生化与发育，始终有一个内核贯穿其中，后天五生的各位域阶段以及生命形态的重要生化转换，都是围绕它的形态变化，呈现不同的关于生命的内容与内涵，它就是精气神形态。生命形态流变性生化转换视野就是以精气神的流变转换为承载，为生命形态的内核，呈现精气神生命本根学说。

从形上道和形下器两种根本形态的位域，结合乾藏界的乾天与如来藏义、坤形界坤体与用德位域下的烦恼藏义、相虚界体性与相用下的相虚特性，言说藏相系统立于生化本质和生化过程下的源流变关联。从唯识的净染对待入手生命唯识因缘的相虚义出发，无论是性与命的本质“源”生化，还是升降位域下的动能流变生化，都是依赖大道“生”哲学呈现藏相动能义下的源流变动态关联。在天地人三才结构的大生命观里，以太极五生象生育系统、精气神界域流变转换系统、五藏神与阴阳五行之藏统御系统、天地人五行经络运相系统、意识三脑传导与熏习系统为藏象生命五系统，描述精气神在先天运相界域、后天藏象界域、人体命象界域的三次天人离一移精变气的流变转换过程，通过负阴抱阳机理下的命门离转与中位离散，聚焦胎光玄精与藏象命门发生的先天因缘秉受布局，以及联系五藏神内外丹田能量体转换所赋予的大脑和心脏的动能，从而构建了独特的生化与生育体系。它既呈现了藏象生命五系统主导运转生理生命原理，又赋予了生理生命通过人体经络下的位域升降以及精气源流，产生天地人五行之藏至微至彰变动不居联系的实质。围绕生命的大命象结构与大运相关联，形成以唯识和十二因缘为载体，由“天地人五行经络”全时空因素关联的生命观。

从大道本原出发，在体、性、相、用圆融一体又各层面兼顾上，构建道→母→器程式，以性→法→相统摄，以诸多方法系统，分层次、分阶段、分性质、分角度地系统性综述，既构建了哲学模型，又从方法论上提供了具体命题的解决方案。藏象生命之精气神养生本根，以精气神承载的不同内涵，在藏相系统的不同界域内容和层次，来言说“生命”的形态，并以此关联精神域、精神相域、物质域的源流变关联，以一套完整的基于本体生化的认识论和方法论，来全面指导修身养性。围绕藏相系统的道医学体系，从生化原理直指精气神的养生要旨。

章一：天地人大运相

天人合一与天人离一

精气神界域流变

天人合一与天人离一

天地人五行运相系统为从天人合一大运相再关联人体与内外时空统一而形成“天地人五行”运相系统，遵照大运相之规律且有内外历法之法度。天地人三才视野下的天人合一全息元象人体内外历法，以天、地、人三个道元位域呈现天人合一，其中“天”以天象言说辰次分野与五天五运，“地”以地形言说天象形态下的斗罡授时周天历法，“人”以藏象言说人体经络子午流注。

天地人三者以天人合一全息元象为承载，完成融合统一，形成天人合一全息元象人体内外历法，从而把生命与时空形态融合在一起，从空间体形态上形成大生命观的视野。不仅如此，以天地人三才在天人合一人体生化的秉受赋予中，发生着天人内外合一的关联，以《云笈七签·诸家气法部二·五脏论第七》论述为例：“夫生之成形也，必资之于五脏，形或有废，而脏不可阙；神之为性也，必禀于五脏，性或有异，而气不可亏。是天有五星，进退成其经纬；地有五岳，静镇安其方位；气有五行，混化弘其埏埴；人有五脏，生养处其精神。故乃心藏神，肺藏气，肝藏血，脾藏肉，肾藏志。志通内连骨体，而成身形矣。又：心者，生之本，神之处也；肺者，气之本，魄之处也；肝者，罢极之本，魂之处也；脾者，仓廪之本，荣之处也；肾者，封藏之本，精之处也。至于九窍施为，四肢动用，骨肉坚实，经脉宣行，莫不禀源于五脏，分流于百体，顺寒暑以延和，保精气而享寿。且心为诸脏之主，主明则运用宣通，有心之子，安可不悟其神之理邪？”

在“天”以天象言说辰次分野与五天五运。在辰次分野中，辰，为北辰——北极中天（俗称北极星）之称谓，辰次为围绕北极中天在天区划分出层次分布；与辰次相对应的地域谓之分野，这里指天区划分的界限；以辰次结合分野，形成以围绕正四时北极天之中形成日月星辰历象在天区的分布，称为辰次分野。在描述中国古代全天星官的最有名的著作中，最广为人熟知的是郑樵《通志·天文略》版本中《丹元子步天歌》，常称作步天歌。

步天歌最早见于南宋郑樵编撰之《通志·天文略》，也就是此《丹元子步天歌》版本，在中国古代由于星占学关乎国运与皇朝秘密，成为并不公开传阅和学习的帝王之学，郑樵在《通志·天文略》中也说“此本只传灵台，不传人间，术家秘之”，从而也造成作者和传承来源不可考究的学术疑点。步天歌以三垣二十八宿为主体，从紫微垣、太微垣与天市垣三区，加从角宿至轸宿二十八宿区，共三十一区。在《通志·天文略》中称誉步天歌有“句中有图，言下见象，或丰或约，无馀无失”的特点。自宋以后为钦天监或占星家研究引述的步天歌中，又有石氏、甘氏、巫咸氏标注的“三家星”范本，形成了石氏以黑点、甘氏以小黑圈、巫咸氏以黄点标注特点。

辰次分野之间的联系形成了五天五运，在围绕北极天之中形成的三十一区天区分布之间的联系就是五天五运，以五行之气散流于天之五方，纪于五天，因此而命名立运。五天为苍天、黄天、丹天、玄天、素天命名二十八区分布空间，五运为在五天发生一定规律的精气运动。“天分五气，地列五行。

五气分流，散于其上，经于列宿，下合方隅，则命之以为五运。”此五气所经二十八宿，与十二分位（干支分位）相临。五天五运规律在《古今医统大全·卷五·运气易览》有歌诀曰：“金素亢氐昴毕前，水玄张冀娄胃悬；木苍危室柳鬼宿，火丹牛女奎壁边；土心尾角轸度，下临（此是运位）上经天。”

丹天之气，经于牛女——奎壁四宿，下临戊癸之位，为火性之运。

黄天之气，经于心尾——角轸四宿，下临甲己之位，为土性之运。

素天之气，经于亢氐——昴毕四宿，下临乙庚之位，为金性之运。

玄天之气，经于张翼——娄胃四宿，下临丙辛之位，为水性之运。

苍天之气，经于危室——柳鬼四宿，下临丁壬之位，为木性之运。

五天五运气在辰次分野之间的五行之藏运动规律，正是以“天象”形态存在的移精变气形态，此精与气为和精和气态，它是先天运相阶段独特的天象视野，和精和气态以天象形态运动的移精变气正是负阴阳平衡原理中的能量体转换滞留的存在，从而也赋予了它高道元位域能量体方式。从执着时空中的联系和非执着时空中的联系原理分析，在执着时空中的联系里，五天五运气参与了人体生命形态的生化，一个完整的人体肉身生命过程要依赖精气神历经三大界域过程，在精气神形态历经的三大界域过程中，从先天运相视野来说，正是列星气轮义层面上的和精和气态的移精变气，它在唯识变现现行现量的生命形态中，通过执着时空联系，成为唯识中的外在环境因缘和能量体结构，从而参与了生命的形成。

在生命形成的精气神流变转换过程里，有和精和气层面的太素生命素能量体方式，在人体立于“地形”义层面，从后天环境出发与外宇宙空间有天人合一全息元象实质时，和精和气层面的太素生命素充斥在宇宙空间里，成为一切生命之源，它在能量体方式上要远远高于光子素，由于它不是光子素的能光热形态。故我们目前还无法认知与捕捉，认识到它就能明了内证玄关一窍打开的就是能量体方式的通道，也就能寻迹到唯识层面的人脑意识传导的能量体方式。

五天五运气从人体视野上看是日月星辰的变化，如《管子·内业》说："凡物之精，此则为生，下生五谷，上为列星，流行于天地之间……是故此气，杲乎如登于天，杳乎如入于渊。"从生命形态天人合一的视野来说是移精变气内外空间联系，如《素问·五运行大论》说："虚者，所以列应天之精气也。"从唯识因缘的本质上看是相由性显的好生之德，如《素问·天元纪大论》所说："在天为气，在地成形，形气相感而化生万物矣。"所以这里讲述的五天五运规律要比传统天文学和医学精深得多，它既关乎外宇宙与生命形态相联系的秘密，又立于天人合一以全息元象把人体内外空间联系在唯识因缘的生灭层面，认识颠倒妄想的本来面目，从而破除我执而开悟。

辰次分野五天五运是以"天象"来言说人体外宇宙空间以及空间之间的联系，其中辰次分野围绕北极中天把外宇宙空间分成了三十一天区，五天五运以移精变气运动言说相互之间的往来与联系。我们说天地人三才视野下，在"地"以地形言说天象形态下的斗罡授时周天历法，为何说"地"以地形来言说天象形态呢？那是因为天象与地形只是空间体视野不同的划分，把天象也当成地形的范畴就能突破目光只局限在地球视野下，就能从外宇宙空间的三十一天区宏观地对待地形的规律，既然又以地形来言说，则是以我们人类的视野和尺度来作为计量，既形成了哲学观又诞生了应用学。

天象与地形结合呈现的规律与法度，就是斗罡授时周天度数，承载斗罡授时周天度数的就是中国古代周天历法，它既是一套关于认知宇宙形态的哲学系统，又是一套可以精密计量而能产生多层次内容的应用学系统。

斗建，为以北斗运枢随斗杓所指而建十二月。在古代的天文与天象学上，有浑天说，也以"昼参日影，夜考极星"为代表的天文历法方式方法，也有北斗运枢法说，《冠子·环流篇》：“斗柄东指，天下皆春；斗柄南指，天下皆夏；斗柄西指，天下皆秋；斗柄北指，天下皆冬。”《史记·天官书》：“斗为帝车，运于中央，临制四乡。分阴阳，建四时，均五行，移节度，定诸纪，皆系于斗。”北极星（又称太一、天心）为轴心，北斗七星为枢机，随斗柄方位的不断迁移，有“太一移宫”，从而有了“立端于始，表正于中，推余于终，而天度毕矣”，从而可以演睹周天度数，若真揭开古代天象历法的真相，都是令人叹为观止的。在浑天说中，朱子曰：“天包地外，地处天中，故天之形半覆地上，半绕地下，而左旋不息，其枢纽不动之处为南北极。今按周天三百六十度分为十二宫，地周亦三百六十度。而在天一度者，在地二百里，以定北极出地之高下，日出入之后先，节气时刻之早晚，则天诚浑圆，地亦浑圆也。”《洪范》曰：“四五纪：一曰岁、二曰月、三曰日、四曰星辰、五曰历数。”“岁者，日与天会也，日一日行一度三百六十五日有奇，而匝天一周，复与天会，是为一岁。而春、夏、秋、冬统于其间矣。月者，日与月会也，日一日行一度月一日行十三度有奇，二十七日有奇而匝天一周，又二日有奇而与日会，是为一月，而晦朔弦望统于其间矣。日出地而为昼，入地而为夜，以右行论之，则为东行一度，若以左旋论之，特不及天之一度耳，亦一周也。故合昼夜以为日，而晓午昏暮统于其间矣。星者，森列之名；辰者，躔次之舍。垣宿则附天而行，五星则迟速不一。天分十二辰，辰有三十度，迭运循环，周而复始。是故一寒一暑以为岁，一盈一缺以为月，一明一昧以为日，一经一纬以为星。岁月日星纪于辰，合岁月日星辰而为历数，以调四时之气，以正晦朔之期，以定晨昏之节，推步以稽其运，行观候以窥其躔舍，所以成岁功，而齐七政者，莫大于，此故以历数终焉。” 围绕斗建的运枢法说和二十八星宿的分区的距星与距度，产生的周行不殆的法度呈现在时空体上，尤其是对相对时间的计量，就构成了斗罡授时。

二十八星宿以“四象”分见于四方，其四象的二十八宿所主之不同区域，把地分亦划为二十四向（壬、子、癸、丑、艮、寅、甲、卯、乙、辰、巽、巳、丙、午、丁、未、坤、申、庚、酉、辛、戌、乾、亥），对应关系为以五天五运所代表的“五气经天”。五气，即丹天、黄天、苍天、素天、玄天五气，亦即红、黄、青、白、黑五色云气，分应火、土、木、金、水五行类属。在二十八宿中，从每宿中选定一颗星作为测量坐标称为宿距星，下宿距星和本宿距星之间的赤经差为距度。二十八宿距星的选取，汉以前的距星称为古距星，而汉以后的距星称为今距星。

干支，天干地支简称为干支。甲、乙、丙、丁、戊、己、庚、辛、壬、癸称为十天干；子、丑、寅、卯、辰、巳、午、未、申、酉、戌、亥称为十二地支。天干地支组成形成了古代纪年历法。通过十干和十二支按固定的顺序依次相配，组成六十个基本单位，从而用于干支纪年、干支纪月、干支纪日、干支纪时的干支历法。干支历法是什么？干支历法是从天干的天道法则与地支的地道法则交合集合，呈现在两种道元位域相结合一体的哲学逻辑模型。干支历法就是最深邃的表达“在天成象，在地成形，在人成运”的数学计算模型，由天干和地支两种道元位域形成的六十甲子，就是天地人三才的时空体表达，它是《周易》象数另一种形式的精确表达。天地道元位域定位，干支结合以定时空，六十甲子构成具体的时空体标准，既是宇宙中时间的计量法则又是空间体的计量法则。同时以时间轴和空间体构成了与人相结合的关联义，形成了广泛而广义的天干地支时空轴、六十甲子时空体的天地人三才视野和哲学逻辑模型。

天地人三才视野下，在“人”以藏象言说人体经络子午流注。人体经络子午流注为在天辰次分野、五天五运与在地斗罡授时周天历法，以天人合一大运相产生与人体的交互联系，形成人体内历法时空，以人体经络子午流注为主要内容。人体外宇宙历法时空与人体内历法时空发生大运相联系，在人体运气系统的结合，就是五运六气，五运六气是内外时空大运相联系的结合视野，既依外时空历法的规律又将自然六气在人体中结合，发生与脏腑经络的关联。其中以十天干的甲己配为土运，乙庚配为金运，丙辛配为水运，丁壬配为木运，戊癸配为火运，统称五运，以十二地支的巳亥配为厥阴风木，子午配为少阴君火，寅申配为少阳相火，丑未配为太阴湿土，卯酉配为阳明燥金，辰戌配为太阳寒水，叫作六气。在五运六气的内容结构下，按风木、君火、相火、湿土、燥金、寒水顺序，分主于一年的二十四节气，是谓主气。又按风木、君火、湿土、相火、燥金、寒水的顺序，分为司天、在泉、左右四间气六步，是谓客气。主气分主一年四季，年年不变，客气则以每年的年支推算。如年支逢辰逢戌，总为寒水司天，湿土在泉；逢卯逢酉，总为燥金司天，君火在泉。司天管上半年，在泉管下半年，依此类推。年干推算五运，从年支推算六气，并从运与气之间，观察其生治与承制的关系，从五运六气的生克制化运动规律，联系五脏六腑，以判断该年气候的变化与疾病的发生机理。

五运六气学说中，同五天五运的五行之藏运动规律一样，外时空历法中的季节变化、六气的属性、脏腑运转机理等方面，均按照木、火、土、金、水五行之气的根本规律以五行之藏统纳，从而做到归类以及发生毫无紊乱的生克关联，而木、火、土、金、水五行之气的根本属性，就构成了木运性、火运性、土运性、金运性、水运性的五行之藏，称为藏象范畴的本质，故能在诸多外象上显用，并有自然规律的平衡。《素问·天元纪大论》说："甲己之岁，土运统之；乙庚之岁，金运统之；丙辛之岁，水运统之；丁壬之岁，木运统之；戊癸之岁，火运统之。"凡逢甲己年则为土运所统，乙庚年为金运所统，丙辛年为水运所统，丁壬年为木运所统，戊癸年为火运所统。六气即风、寒、暑、湿、燥、火各见五行特征。由于暑和火基本属于一类，所以一般不列暑与火，而把火分为君火和相火两种。同时以三阴三阳来概括为厥阴风木、少阴君火、少阳相火、太阴湿土、阳明燥金、太阳寒水。《素问·五运行大论》曰："气有余，则制已所胜而侮所不胜；其不及，则已所不胜侮而乘之，已所胜轻而侮之。侮反受邪，侮而受邪，寡于畏也。"为五运六气的过及盛衰、生克制化联系，从而发生的五行之藏内外时空的天人合一大运相联系。

五运中又有大运、主运和客运的不同。大运是主管每年全年气候变化的岁运，又叫中运、岁运。大运有太过与不及。太过即主岁的岁运旺盛而有余；不及即主岁的岁运衰少而不足。主运是分别主治一年中五个季节时令的正常气候的岁气。全年分作五步运行 ，每运主一时，从木运开始，依火运、土运、金运、水运顺序运行，每运主七三 日零五刻（一昼夜共一 00 刻）。每年木运的起运都开始于大寒日，岁岁如此。各运的特点与五行的特征一致，在各运主事时，其气候变化和人体脏腑的变化也就表现出与它相关的五行属性。客运是每个运季中的特殊变化，每年的客运也分为木运、火运、土运、金运、水运。它以每年的大运为初运；当年的值年大运确定后，循着五行相生的次序，分五步运行。客运是与主运相对而言的，因为主运的初运为木、二运为火、三运为土、四运为金、五运为水，年年不变。而客运则以每年的值年大运为初运，客运随着大运而年年变化。五运之气有盛衰及平气变化。盛，即五运之气太过而有余。衰，即五运之气不及而衰少。若五运之气既非太过，又非不及，为平气之年。平气是由运太过而被抑制，或运不及而得资助所形成的。

六气中分为主气、客气和客主加临三种情况。主气是主司一年的正常气候变化，也就是每年各个季节气候的常规变化。主气一年分六步，分主于春、夏、秋、冬二十四个节气，一步主四个节气，每一步为六十天又八十刻。每年从大寒日开始，初之气厥阴风木，二之气少阴君火，三之气少阳相火，四之气太阴湿土，五之气阳明燥金，六之气太阳寒水，年年不变。客气是各年气候上的异常变化。客气每年也分风木、君火、相火、湿土、燥金、寒水六步，每步也是六十天又八十七刻，和主气不同的是，主气只管每年的各个节序，而客气除了主管每年的各个节序外，还可概括全年。其中主管每年上半年和全年的客气叫司天之气，为三之气；主管每年下半年的客气叫在泉之气，为六之气。客气除司天和在泉之外，其余四气统称间气。将每年轮值的客气，加在年年不变的主气之上，称为客主加临。加临的方法，是将司天之气加于主气的三之气上，在泉加于主气的终之气上，其余四个间气依次相加。客主加临是把主气和客气放在一起加以比较、分析，推测该年四时气候变化的正常与否。客主之气彼此是相生的，便相得而安；如果彼此是相克的，便不相得而为病。

在五运六气里我们讲少阴君火和少阳相火，而在意识三脑系统中又有神意相火和心神君火。神意相火和心神君火是从心性和妄识的角度讲述唯识层面的诸多形态，有真如心性→诸妄识→六识传导程式。而少阴君火和少阳相火为意识三脑系统统御下的人体脏腑五运六气层面在五行之藏的关联。虽然也以相火和君火来比喻，但非同一道元位域下的内容含义。“君”对“相”，为体和用的关系，以及主体和客体的联系。

从人体的视野出发，其在天的天象与在地的地形构成了天人合一的“天”含义，以此“天”就有了“天”的辰次分野、五天五运、斗罡授时周天历法的集合内容以及内涵，将人身以天人感应的方式与全宇宙全息交易联系在一起，即天人合一全息元象学说。宇宙万物统一在四象五行法则下进行的取象和比类，对藏象生命与生理生命共同作用的人身来讲，所体现的全息元象正是天人合一全息元象。

天人合一全息元象，体现在天地同律、人天同构、人天同类、人天同象、人天同数，宇宙与生命的相互收受、通应，共同遵循“四象五行”的对待协调、生克制化的法则。从人身往外来说的三垣、四象二十八宿、七政按照“大运相”规律与人体的五脏、经络、气血、精气乃至情志等方方面面的律动产生同步和联系沟通，从外来说的大运相有五天五运，那么人体内部也就有着与五天五运同步的运相，这就是人体经络子午流注图。如果把外部运相与人体内部的经络精气联系起来，就有了斗罡授时与人体经络的全息图，这是一个无比庞大但十分精妙的系统，也是通过人体而了解宇宙与生命本质的一个通道，从斗罡授时与人体经络全息图来说，世间百物不废，任何一物，无论是宏观之大或微观之小都与外界深入交易联系，以全息元象交易相互，而惧以终始，其要无咎。

人体经络子午流注，是把十二条经脉与五脏六腑相配，依气血在十二个时辰中的盛衰规律构成的人体五行之藏的内时空动态。它是藏象生命系统统御和主导生理生命系统的传导纽带，更是人体内时空动态整体观必不可少的内容体系。它既是关于呈现生命形态以及以整体观来联系人体的视野，又是基于子午流注学说形成一套用于养生治病针灸法。所以不能直接把子午流注认知成针灸取穴疗法，它首先是一套哲学认识系统，在人体经络子午流注的认识论基础上，才有关于养生治病针灸法的应用学。其子午流注法，血气应时而至为盛，血气过时而去为衰，逢时而开，过时为阖，泄则乘其盛，即经所谓刺实者刺其来，补者随其去，即经所谓刺虚者刺其去，刺其来迎而夺之，刺其去随而济之。

《针灸大成·论子午流注》：“子午流注者，谓刚柔相配，阴阳相合，气血循环，时穴开阖也。何以子午言之？曰：子时一刻，乃一阳之生；至午时一刻，乃一阴之生，故以子午分之而得乎中也。流者，往也。注者，住也。

天干有十，经有十二：甲胆、乙肝、丙小肠、丁心、戊胃、己脾、庚大肠、辛肺、壬膀胱、癸肾，余两经，三焦、包络也。三焦乃阳气之父，包络乃阴血之母，此二经虽寄于壬癸，亦分派于十干，每经之中，有井、荥、俞、经、合，以配金、水、木、火、土，是故阴井木而阳井金，阴荥火而阳荥水，阴俞土而阳俞木，阴经金而阳经火，阴合水而阳合土。经中有返本还元者，乃十二经出入之门也。阳经有原，遇俞穴并过之，阴经无原，以俞穴即代之。是以甲出丘墟，以太冲之例。又按《千金》云：六阴经亦有原穴，乙中都，丁通里，己公孙，辛列缺，癸水泉，包络内关是也。故阳日气先行，而血后随也。阴日血先行，而气后随也。得时为之开，失时为之阖，阳干注腑，甲、丙、戊、庚、壬而重见者气纳于三焦；阴干注脏，乙、丁、己、辛癸而重见者，血纳包络。如甲日甲戌时，以开胆井，至戊寅时正当胃俞，而又并过胆原，重见甲申时，气纳三焦，荥穴属水，甲属木，是以水生木，谓甲合还元化本。又如乙日乙酉时，以开肝井，至己丑时当脾之俞，并过肝原，重见乙未时，血纳包络荥穴属火，乙属木，是以木生火也。余仿此。俱以子午相生，阴阳相济也。阳日无阴时，阴日无阳时，故甲与己合，乙与庚合，丙与辛合，丁与壬合，戊与癸合也。何谓甲与己合？曰：中央戊己属土，畏东方甲乙之木所克，戊乃阳为兄，己属阴为妹，戊兄遂将己妹，嫁与木家，与甲为妻，庶得阴阳和合，而不相伤，所以甲与己合。余皆然。子午之法，尽于此矣。”

人体经络子午流注，是天地人内外时空体融合最佳载体，并且依天地人三才在人体形成独特的藏象生命形态和生理生命系统，从而能统御和主导着生命的生理体征。在人体经络子午流注的概念中，“人体经络”构成了以人体为承载的经络系统，它是人体内空间在经络层面的整体视野，构成了人体经络空间，“子午”是干支历法中的干支纪时，从子时到亥时一日十二个时辰，而在十二时辰中，子时一刻，乃一阳之生；至午时一刻，乃一阴之生，故以子午分之而得乎中也，同时，子午也是后天八卦九宫中的坎一离九宫相对应的坎一子、离九午联系，在时间含义中蕴含空间含义，结合人体经络空间，形成了人体时空体的视野。“流注”为气血遵藏相动能义的循经动能在人体经络中的流行灌注，流为依循经动能而往，注为气血灌注经络和穴位太极器官及太极能量场满后的住，满住；以此流往和满住构成了阴阳盛衰、营卫运行，经脉流注，时穴开阖的内动态法则，从而依藏相动能和内外时空法则次序呈现生命的动态。何为内外时空法则次序呢？例如在干支纪时中子时到亥时一日十二个时辰的次序，在人体中从胆经到三焦经的次序等，都是自然法则呈现的有一定的数理逻辑的内外时空法则次序，其天地人三才含义下的五行之藏生克制化的法度规律，皆是如此。

从人体经络子午流注所在的藏象生命系统，再从藏象生命系统延伸天地人五行之藏的生克制化整体观，就能明晰生理机能中的脏器功能有条不紊，不仅在内外时空体有天人合一全息元象的密切联系，而且在生理生命系统的脏腑本身还有首脑主司在主导和统一制调。藏象生命系统统御并主导生理生命系统而有人体诸生理体征，在脏腑层面就是十二官相使，或称为十二脏之相使，十二脏指肝、心、脾、肺、肾、膻中、胆、胃、大肠、小肠、膀胱、三焦等十二个组织器官，官者，主司、掌控、功能之义，十二官为基于十二个组织器官的相使功能。为何把这十二个组织器官称为十二脏呢？张介宾《类经·藏象类》注：“脏，藏也。六脏六腑总为十二，分言之，则阳为腑，阴为脏；合言之，则皆可称脏。”所以这个“脏”并非五脏六腑之脏腑分别，而是主司官职，是高于脏腑组织器官生理形态的首脑形态。《素问·灵兰秘典论》：“黄帝问曰：愿闻十二脏之相使，贵贱何如？岐伯对曰：悉乎哉问也！请遂言之。心者，君主之官也，神明出焉。肺者，相傅之官，治节出焉。肝者，将军之官，谋虑出焉。胆者，中正之官，决断出焉。膻中者，臣使之官，喜乐出焉。脾胃者，仓廪之官，五味出焉。大肠者，传道之官，变化出焉。小肠者，受盛之官，化物出焉。肾者，作强之官，伎巧出焉。三焦者，决渎之官，水道出焉。膀胱者，州都之官，津液藏焉，气化则能出矣。凡此十二官者，不得相失也，故主明则下安，以此养生则寿，没世不殆，以为天下则大昌；主不明则十二官危，使道闭塞而不通，形乃大伤，以此养生则殃，以为天下者，其宗大危。戒之戒之！至道在微，变化无穷，孰知其原？窘乎哉！消者瞿瞿，孰知其要？闵闵之当，孰者为良？恍惚之数，生于毫厘，毫厘之数，起于度量，千之万之，可以益大，推之大之，其形乃制。” 有首脑主司在主导和统一制调的脏腑十二官，在人体经络子午流注下建立了关系，从而构成了藏象生命系统与生理生命系统的无缝联合和转换。

依赖人体经络子午流注，从人体内部的时空体视野把天地外时空体融合起来，从而形成完整的人体内外历法，把人的生命律动法则与自然大道融在一起，破除人生命形态的执着，一切就都如如来去，反之从人体联系天地人内外，以天人合一全息元象就能找到生命的秘密。那么能让天地人融合大道法则下的天人合一全息元象数理法度又是什么呢？是以《周易》承载的以八卦取象比类法则。《周易》以八卦的取象比类将宇宙万物有机联系起来，不仅是以人的角度，而是以万变不离其宗的属性来概括包括人身在内的宇宙万物性质。以此统一既有法则属性又有外象，法则属性与外象之间是藏相法则的关系，而这个外象恰恰又是经过统一综述后的表现。故卦象、爻象非直接能懂，因为它已经统一了外象而连接起了法则属性的缘由。

天人合一全息元象学说，可谓以色尘人身为用，在与人身相密切关联并能作用与影响到人身的自然、社会、宇宙等色尘上入手，以外象直入其法则属性，再到运转法则属性的根本便是大道德性，也就是大道真性上，而透彻其宇宙与生命的本质。从象入手，体察“一”则洞察“万”，从而入全息元象，通过象之言，象与象之间的联系，进入卦的圣人之道即察言、观变、制器或卜占，从而知其所有，能够做到体察一象则洞察万情。体察一（象与数）与洞察万（类比而产生的法则属性）之间的联系既是至微至彰全时空显达性，又是内藏、内相、外象三者实则一体的关系，无处不见性，无处不圆融。

《易·系辞》曰："在天成象，在地成形，变化见矣。"其"天"与"地"究竟经过了什么样的变化能让天和地以象、以形联系起来，而"天"又是什么天？"地"又是什么地呢？这就是由天人离一呈现的天地之间移精变气的生化联系，以及由天人合一呈现的天地人五行之藏的大运相关联。

在天人离一呈现的天地之间移精变气的生化联系中，生命形态的精气神界域流变过程呈现了先天运相离一、后天藏象离一、人体命象离一的三次天人离一内涵。正是由三次天人离一的作用，精气神经过先天运相、后天藏象、人体命象界域流变的过程，在胎体乃至人体构成以人身长大联系天地，形成天地人三才合一视野。天与地经过了"太极五生象"后天五生生育过程，使精气神融合在人体而把天地含义联系并统一起来，这个统一就是天地人三才道统学。天地人融合与联系的载体就是精气神，精气神通过在先天运相界域、后天藏象界域、人体命象界域的流变转换过程，呈现了以精气神为内容形态的，以三次天人离一为转换动态的天地人移精变气的生化联系。

天地人移精变气的生化联系以天为起点，以地为动态过程，以人为统一融合，建立在精气神形态生化转换的大生命形态视野。其中"天"为道→母→器程式中，形上道范畴的乾天圣的真天，为真如心性，也为如来清净藏，此真天以"天"来联系"乾"与"圣"的特性，以真如体如来义呈现乾元亨利贞周行的圣德性。以天为形上道乾天圣的范畴，地则为形下器坤地凡的范畴，天和地在属性范畴上归类划分的界说位域。产生天与地的联系，建立在生化视野下就形成了真天→相天→地形变化过程与天象→地形含义转换。其中真天为形上道乾天圣的精神域，相天为形下器精神相域，地形为形下器物质域。所以除了真天为乾天含义下的天外，其他相天、天象、地形均为坤地凡范畴下的“地”含义，它构成了民间世俗对“天”含义狭义的认知。从天到地的真天→相天→地形变化过程中，其道元位域从大一元论转换为广三元论，从道元位域的转换来对应，乾天圣真天指向了大一元论范畴，坤地凡相天与地形指向了广三元论范畴。

联系“太极五生象”后天五生过程，真天虽然为道体四域中道大与天大的集合称谓，但可以把它看成“太极体一”以真如性为万物凡的发端源，而相天为先天运相界域、后天藏象界域、人体命象界域整个流变转换过程唯识变现的相虚义，既然提到了相虚义就一定为立于人的视野以地形的可见来说相虚义，则地形为人视野形态下的色尘环境，构成了狭义物质域范畴的“地”的含义。相天的坤体世界含义下的“地”视野与地形所在的人视野形态下的色尘环境“地”视野，共同构成了与真天心性真如来相对的天象。为何说以真天心性真如来相对呢？因为真天的心性真如从道相层面来说，为如来义，既是非象也是非非象，更是心性妙显妙化下的实相，当从“象”来解析，就只能从“地”的视野来联系象，更由于相天的坤体世界含义下的“地”具足相虚义，所以世间称为天象，这个天象由于无明烦恼染浊义之神意相火之妄，为妄象，天对比真天来说为相天。天象既然是形下器坤“地”范畴的相虚义，以神意相火的相虚义结合“地”应该叫地象，怎么就结合了“天”来称谓呢？那是因为从真天心性真如层面来说，一切皆相由性显，为诸法实相，故称为天象。由此也构成了天象与地形在不同位域对待下的源流变关联。

“在天成象，在地成形”以天象与地形的含义集合，呈现唯识中从种子变现现行到形成现量过程，以及在这个过程中历经精气神流变转换的三个位域阶段。且以形下器“地”范畴人的视野来说形成了先天因素——天象，又因形下器“地”范畴的天象在成住坏空时空生灭的形态上常恒久于人体生命的生灭，故又以此形成了后天环境——地形。所以天象和地形均为形下器物质域在“地”含义总体格局下，在不同时空形态上具体含义所指，尤其体现在当“地”含义以坤体世界神主天地构精的列星气轮义作为主要内容时，既有天象的含义所指，又构成了狭义相“天”含义下的地形。由于真如心性的真天为形上道层面，通常把唯识变现的相虚义看作天象，把与人现世生命生灭单元在时间轴上相关联的看作地形，形成总体在形下器层面的转换联系。

在真天→相天→地形变化过程与天象→地形的含义关联中，就赋予基于道→母→器程式格局的形上道与形下器所划分的位域，有了具体的内容形态。这些内容围绕生命视野，就形成了由天地联系在一起的天地人大生命形态，而贯穿这种联系的正是天地人移精变气的生化联系，生化联系的过程就是“太极五生象”后天五生生育过程。

天地人移精变气的实质就是在界域流变的过程中呈现出的不同的精气神内容与形态。它们以真如性“太极体一”真天为万物凡的发端源，历经广义坤“地”含义下的先天运相界域、后天藏象界域、人体命象界域的相天过程，最终与人体形成统一融合。故真天→相天→地形变化过程就是以人的视野来言说移精变气动态过程，这个动态过程以三次天人离一内涵为承载。

三次天人离一为后天五生生育过程历经先天运相界域、后天藏象界域、人体命象界域以精气神的流变转换发生的天人运相离一、天人藏象离一、天人命象离一。同时三次天人离一也构成了生命形态移精变气动态过程。

天人运相离一，为元态“库”离，精气嫞和“轮”位出，伴随神主气精呈现生命能量体的列星气轮义之和精和气库轮态。“离”是从源体态的“元”态万物凡发端之源起，来说生而分的原理，有内容形态离、能量体离、运动形态离三层含义。天人藏象离一， 为先天神主气精能量体的库轮义离，后天藏象的“宫库田轮”出，形成黄庭三宫统御的精气神聚合形态下的宫库田轮能量体结构，并生化转换五藏神。天人藏象离一跟天人运相离一以“离”为主体不同，天人藏象离一以“出”为主体，形成了藏象空间体出、能量体离转形态出、五藏神内容生化出，这三种围绕生命形态生化转换“出”的含义，开始成为生命形态中实质性变化。天人命象离一，为后天藏象内外丹田精气神能量体离，以中脉为主体三脉七轮统御人体经络系统命象精气神的能量体出。对比天人运相离一以“离”为主体以及天人藏象离一以“出”为主体的不同，天人命象离一为以“变”为主体，它形成七门窍和十二结节变、胎形自人体命象空间合而成形变、天脉与中脉关联气机冲升生命象的变，这三种言说藏象与命象转换实质的“变”，开始成为生命形态中最具决定性的禀受布局变化。

精气神在三次天人离一过程的动态流变转换便是天地人移精变气的实质。何为移精变气呢？它有两个道元位域的含义，第一个道元位域为后天五生生育过程中移精变气，为精气神三态在不同的位域阶段呈现的“精”形态和“气”形态的流变转换实质，体现为构成“精”形态核心动能的“素”的变化，以及依赖“素”形态下气的动能形态的转换。第二个道元位域为人体生理体征形成后，基于人的视野来说与天地之间的联系，呈现为在天象辰次分野与五天五运以及在地形斗罡授时周天历法统一融合在人体，形成五运六气人体藏象大运相精气系统。移精变气在后天五生生育过程中呈现为移精变气天人离一含义，而在五运六气人体藏象精气系统呈现的为天人离一内容体系下的移精变气天人合一含义。

移精变气的天人离一含义中，构成“精”形态核心动能的“素”的变化为移精变气的主体内容。它为从太素至精在天人运相离一过程中“离”出太素生命素，太素生命素在天人藏象离一过程中“出”五藏神魄素，五藏神魄素在天人命象离一过程中“变”光子素和水谷精微素。其中伴随三次天人离一发生的离→出→变程式为移精变气的动态过程，它是生命形态能量体方式中核心动能的流变转换程式。在精气神诸形态中，“素”构成了能量体方式中的核心动能，素不同则在广三元道元位域下的位域动能不同，就是不同的生命形态，为“移精”义。那么围绕核心动能的“素”的变化就构成了“气”形态的变化，这个“气”形态的变化就是变气，也就是能量体方式中的核心动能改变了，气的形态就发生了变化。从精以气动与气动必是精用的精气关联上，素形态变化的移精会有气变，而气变必有素形态改变后同道元位域的精与之相应，不会出现精形态与气形态发生不同位域的精气关联对应。

在三次天人离一中，“精”形态以“素”的核心动能变化，呈现从太素至精→太素生命素→五藏神魄素→光子素和水谷精微素的移精过程。围绕素形态变化的移精所发生的变气，就指向了精气神三元一体的元炁→神主气精义下的和炁→五藏神下的神意祖炁→人体精气系统中的运化氣与呼吸凡气的变气过程。从“气”形态关于炁、氣、气的不同称谓对待来说，从人体生理体征视野出发，以“炁”来言说的都指向了先天，含先天运相界域、后天藏象界域、人体命象界域的精气神流变过程；以“氣”来言说的都指向了后天，强调通过生理运化机能对光子素和水谷精微素的运化，被运化后的光子素和水谷精微素以能、光、热态的运转就是氣的形态；以“气”来言说的就指向了通过鼻呼吸的凡气和人的大气层生活环境。移精与变气的变化，发生在先天运相界域、后天藏象界域、人体命象界域的三大界域转换过程，又被三次天人离一过程承载。综述生命形态的精气神流变转换和移精变气的内容与内涵，都以三次天人离一过程中的离→出→变程式承载。

三次天人离一过程的离→出→变程式中，“离”为从源体态的“元”态万物凡发端之源起，来说生而分的原理，有内容形态离、能量体离、运动形态离三层内容；“出”从宫库田轮能量体结构发生实质性变化的五藏神出，有藏象空间体出、能量体离转形态出、五藏神内容生化出三层内容；“变”为通过禀受布局发生藏象与命象转换的变和胎形与胎体的变，有七门窍和十二结节变、胎形自人体命象空间合而成形变、天脉与中脉关联气机冲升生命象的变三层内容。由此可知，三次天人离一的精气神形态移精变气而发生生命形态流变转换，均由三界域离→出→变程式承载，三界域离→出→变程式构成了先天视野下的藏象生命系统主体过程。

移精变气的天人合一含义中，五运六气人体藏象精气系统融合“地形”义斗罡授时周天历法，来统一天和地的联系，形成天和地为相天和地形的集合义。其中强调天人离一内容体系下的五运六气人体藏象精气系统，其实是循顺置返原理的具体表达，从天人合一的“合”就能循顺置返生命形态从人体往源头上去寻迹整个源流变过程，生命各形态的源流变过程就是天人离一的内容体系，从而我们也就知道在人体与天和地的联系中跟什么去合，合什么内容，天人合一的原理以及“天”的含义指向。以人的视野从天人合一立场，其先天因素的天象与后天环境的地形，在时空体的形态上有融合交叉的部分，如坤体世界神主天地构精的列星气轮义所指向的列星气轮空间。

广义“地”含义下的坤体世界（三维视野下宇宙形态）为何要强调列星气轮义呢？那是因为它们纵然为坤体世界，且在成住坏空时空生灭的形态上常恒久于人体生命的生灭，但它涵盖着生命唯识变现现行现量的集合，也就是所谓的当下的共业。坤体世界列星气轮义的实质是什么呢？是精气关联的精气为用。无论坤体世界呈现的是先天因素的天象还是后天环境的地形，皆是精气为用的本质，构成由三界域离→出→变程式承载的三大界域移精变气的过程。在《云笈七签·卷七·三洞经教部·本文·符字》有云：“一切万物，莫不以精气为用。故二仪三景，皆以精气行乎其中。万物既有，亦以精气行乎其中也。是则五行六物，莫不有精气者也。以道之精气布之简墨，会物之精气以却邪伪，辅助正真；召会群灵，制御生死；保持劫运，安镇五方。然此符本于结空太真，仰写天文，分置方位，区别图象符书之异。符者，通取云物星辰之势；书者，别析音句铨量之旨；图者，画取灵变之状。然符中有书，参似图象；书中有图，形声并用。故有八体六文，更相发显。”其“一切万物，莫不以精气为用”指出了万物随精气神形态移精变气而发生生命形态流变转换的本质；“万物既有，亦以精气行乎其中也。是则五行六物，莫不有精气者也”已经形成的万物与地形含义下的体世界，皆是精气行乎其中，更是言明了执着时空中的联系和非执着时空中的联系的唯识形态。从精气为用而行精气的实质，更是言明万物无时无刻都在恒常变迁。

以精气为用而行精气的实质，就是以移精变气含义来呈现唯识变现现行形成现量的藏相动能形态，既是唯识因缘的被业力牵引而产生现行的动能本质，又是唯识变现现行运动的物质内容。如何作为动能本质呢？种子和种子因缘现行为无明业力牵引，而无明业力就表现在精气为用而行精气的动能本质上。关于唯识变现现行运动的物质内容，为唯识变现的精神相域以相虚义具足了精和气的物质内容形态，以精气为用而行精气为精以气动与气动必是精用的精气关联义，并且精气关联形态具足“素”的核心动能。这个问题可以把世间两种哲学立场唯物主义论与唯心主义论统一起来，在唯识中，可以把一切现象都是心识所变现心外无独立的客观存在看作唯心主义观，而以精气为用而行精气，以“素”的核心动能发生移精变气实质又是唯物主义观。

解析天人合一与天人离一的联系，要特别注意执着时空中的联系和非执着时空中的联系两种形态。何为执着时空中的联系呢？为人与天地处于同一时空格局下的联系，人从出生到死亡的生灭过程中，呈现以生命生灭单位与天地合一，也就是每一个当下都有和天地相联通的时空环境，它们发生着无比密切的关联。它在时间轴上串起了空间，在人的现世意识上形成执着，因为天地人以时间轴串联的空间中的任何内容，都是唯识变现现行的现量，都通过了第七识的恒审思量。非执着时空中的联系就是打破当下，把过去与未来的空间融合统一在一起，构成最宏观上的因缘关联。举例而言，与人相联系的当下的地形义环境中，天和地在成住坏空时空生灭的形态上常恒久于人体的生命的生灭，也就是说不产生人的我执，天和地都在唯识的因缘环境中，这个环境就是大道，生命形态就融入了大道，无所不在。如果真的透彻理解了非执着时空中的联系，对于打破我执见性得实相来说意义非凡。

执着时空中的联系和非执着时空中的联系在天人合一“合”的原理上有一个可以依托的内容，就是负阴阳平衡原理中的能量体转换滞留。何为负阴阳平衡原理中的能量体转换滞留呢？为界域流变发生在道元位域转换下的负阴阳平衡作用而隔离的能量体。它的原理过程参考阴阳平衡生而分隔离成阳性仪和阴性仪。每一次界域流变发生道元位域变化，就会产生在下一个界域体视野下的，上一个界域体的能量体转换滞留。从天象和地形的角度而言，在成住坏空时空生灭形态上常恒久于人体生命生灭的后天环境，在非执着时空义上以大道的形态存在。如何理解呢？简言之，一个人的个体单元生灭后，唯识变现的坤地尘并没有一起消失，只是伴随生命的“我”消失了，除去“我”，后天环境还有一定量的成住坏空时空生灭的形态，它就是大道的形态。这是认知唯识本质的极难之点，一定要去理解唯识变现中的识根尘随生命的“我”消失，以我见离开了后天环境，没有肉体色身也没有后天环境，但实际上后天环境还存在，长辈去世了，后辈还在地球上生活，长辈并没有依唯识变现带走地球，但长辈又以生命生灭的死亡形态离开了，这就构成基于“我”的执着与非执着义，既依唯识变现发生现量时空下的执着时空中的联系，又在实相境地中以大道法则呈现非执着时空中的联系。

转换滞留能量体依大道实相非执着时空义，通过三大界域转换，就产生了和精和气层面的列星气轮空间，构成了天象与地形集合含义，这些空间发生时空上的相互联系，便是三垣二十八宿所指的五天五运规律。它们在成住坏空时空生灭的形态上要常恒久于人体生命的生灭，故我们称为后天环境。后天环境义就是人的执着时空中的联系，为每一个当下都和天地相联通的时空环境发生着无比密切的关联。同时，后天环境又以天象的形态存在，也就是人死了，后天环境并没有消失，它构成了非执着义，成为大道实相。所以，转换滞留能量体形成的天象与地形后天环境，是天人合一与天人离一相联系的主体。既能立足于当下与人体发生关联，形成执着时空中的联系，又能立于大道从大道实相层面，形成非执着时空中的联系。为何要讲大道实相呢？那是因为从执着义和非执着义来讲，会形成执我而有，非执则空的误区，实际上为执我而有，执我也非的有无与色空义；非执则空，非执不空的有无真如义，以真如照见非执，则是非执为性显，同样执我也为性显。执与非执皆为真如性显，则为大道实相。

负阴阳平衡原理中的转换滞留能量体构成了天人合一在天人离一的内容体系下的“合”原理，更形成了如何以时间轴下的时空关联义，去理解我执以及破我执的内容凭借。这就是为何要从“在天成象，在地成形，变化见矣”的天象与地形入手天人离一的变化，以及天人离一含义下的天人合一，天象与地形集合义下的时空体变化，就蕴含着不可思议的大道真机。

在移精变气的天人合一含义中，立于人的视野把天地含义联系并统一起来，形成天地人三才。天地人三才视野下最主要的内容便是由天人合一呈现的天地人五行之藏的大运相关联，构成了在天象以辰次分野与五天五运相联系，在地形以斗罡授时周天历法相联系，天象与地形结合构成了人体外时空的大运相周天度数。统一在人体形成五运六气下的人体经络子午流注，构成人体内时空的全息元象内历法，人体外时空的大运相周天度数与人体内时空的全息元象内历法，以天人合一全息元象为承载。以此综述，故又称为天人合一全息元象人体内外历法。

精气神界域流变

精气神形态或精气神在表述生命形态与内容时，常以约定俗成的习惯用语用于各种形态所指，但在精气神综述下关于三者描述具体内容特指时，经常会以用词的变化突出内容属性，尤其是在描述“气”形态时，有炁、氣、气的不同对待，但通常均以“气”来统称。总之以“精气神”的约定俗成称谓来描述生命形态和内容时，无论是在先天运相阶段、后天藏象阶段，还是在人体命象阶段，乃至胎体人身阶段，都是以“精气神”名词来统一，而且也不以精、气、神三者的内容与形态表述重点，而有“气精神”“神气精”来强调，例如在生而分的元神、元精、元炁三者中根据阴阳二义对三的转换，在称谓上用“元”就要转换为先天，为先天神（已熏的为识神）、先天精、先天炁，因为生而分后的三者在太极五生象生育系统中已经走向了生命的形态，从生生位域阶段流变为生主阶段，这在称谓上就有了“元”与“先天”之分，还有先天态转换到藏象命门视野后，又形成藏象系统中的“后天”与人体精气神状态，通过名称上以元、先天、后天、人体精气神等界定，就是要将位域流变产生的变化赋予不同的精、气、神名词来区分，更重要的是可以通过不同的名词来界说精气神的不同形态。那么对于“气”的用法又是如何区分呢？一般在元态和先天态，用“炁”，在人体运化态用“氣”，而在人体精气神态统称或约定俗成描述时用“气”，一般在先天态也用元气或阴阳二气，并没有把“气”转换为“炁”，那是因为约定俗成的习惯，但在非约定俗成而要特指元态或先天态的气时，要用“炁”，以强调特指属性。

先天运相界域的精气神形态。分为太极生而未分万物凡源的精气神三元一体源体态，染浊义后分后循生临界与分生态，神主气精与精气关联的运相态，或简称为源体态、分生态、运相态。其中源体态中的精气神三元一体为元神元炁元精三元一体，是太极浑沦相中的“太极体一”视野，为万物凡立于太极体一的发端“源”。此源是形上道和形下器为界域来言说万物凡的源，在此源上，开展了道元位域的分化，形上道三元一体的真如义是道一元论，而形下器生而分有元神、元精、元炁三者的道元三元论，从此展开关于道元位域广三元之总纲，世界中一切变化均在道元位域广三元之总纲中演绎，而演绎的法则为循顺置返哲学中的一七九变。从精气神三者一体到元神、元精、元炁三者的分而生，我们可以把太极体一在形上道真如义的形态除了以三元一体外，跟中国传统哲学相应可称为梵炁一元论，主要是突出形上道的总体视野为“道为炁说”，把无极而太极过程在此处看作一个整体。

源体态的三元一体，就必然从元神元炁元精这三“元”指向了生而未分的太极体一的“一”体，这是一个关于精气神最基本内容的认知，而从元神元炁元精三元一体的认知，就要发挥精气神在源体态具足的藏相动能义，必须要以道元位域视野去解析精气神在形下器各位域阶段的变化。而这种变化的本质必遵循道元位域的法则和规律，而其他的任何形态以及阶段内容都只是它们在藏相法则下的藏象义，为显象。元神元炁元精三元一体在道元位域视野上为器三元道一体，或者称为命三元性一体。器三元道一体是性质综述，形上道的无极而太极乾天圣为道，为道为炁说界域整体视野下的梵炁一元，此一元为本质元，除此以外无其他。万物凡均从此出，此道一元的本质为大一元论，广大悉备无所不包。由于我们是围绕万物凡，尤其是立足于人来研究生命和生命的形态，故围绕“命”，从源体态含义指向命从性生，也是道→母→器程式呈现的源流变关系，此命为器命、生命，包含狭义的人命。器命与生命正构成了人命的形成过程，虽然最终指向了人体的人命，但通过器命与生命的描述，让我们真正了解到人命的形成过程、内容、原理、本质，从而丰富对“命”形态的认知。从命三元性一体的源体态始，对“命”形态的认知就要跟精气神各位域阶段的形态紧密相连，因为精气神就是命根，精气神在各位域阶段生化、流变、转换，故“命”形态也紧密变化。命三元就是精气神三者之元，为精、气、神三者各自的形态域，而运化精气神三元命根的为阴阳两仪。为什么没有二元之说呢？那是因为阴阳两仪为道元位域生化转换的法则，只要具足阴阳属性的事物，就必然从一元体生化转换至三元论，那么对于不具足阴阳属性的事物呢？世间万物没有不具足阴阳属性的事物，而且在“负阴而抱阳”原理下，就算孤立的孤阴孤阳都能“冲气以为和”生阴阳而求阴阳，达到两仪平衡，从而转换出三元，所以说这是事物变化的本质规律和模型。有了道元位域三元论的出现，就一定要注意“一”的运用和所指，因为三元论里也有“一”，一元论一体里也有“一”，怎样划分道元位域差异呢？并且一个是形上道“性”范畴的一元论，一个为形下器“命”范畴的三元论中的“一”，这就要从名称定义上去区分道元位域以此拉开视野，否则会造成理解与学习上的灾难。我们可以把形上道“性”范畴的一元论称为大一元道元论，把命三元性一体中的命三元论称为广三元道元论。

源体态生而未分的三元一体为不再以大一元道元论为范畴讨论生命的形态，而是从广三元命器格局里言说万物凡的生化转换，立于三元一体的“源”

言说阴阳属性的分化源头。从生分态来说，就要立足于精气神染浊义言说阴阳分化。如果说源体态下的精气神阴阳属性为道一元视野下的阴阳平衡，那么染浊义下分生临界态以及生而分后，就是阴性为主体，阳性为从阴体中阴体动态生阳而求阴阳的过程，呈现为“负阴而抱阳”与“冲气以为和”阴阳平衡机理。所以说除开大一元论视野中真正的阴阳平衡外，其他阴阳平衡机理下以“负阴而抱阳”与“冲气以为和”原理求的阴阳平衡，为负阴阳平衡。但要明了生而分后的阴阳属性是以阴性为主体，称为阴体，原因为无明染浊。阴性能量体强度随着阴阳平衡机理下负阴阳不断地求平衡，造成了能量体强度的减弱，呈现为右旋堕落，从而形成生命的形体，比如肉身，这也是为何生命形态除开肉身命象以外，还有形成这肉身命象形态的诸多过程，都是以大一元广三元与广三元内的三界膜的生化变化，都是生命的形态。

本来是从精气神在源体态与分生态的内容形态言说精气神的变化过程，却深入到道元位域与藏相动能论视野下解析精气神的道元位域与藏相动能本质，就是要从哲学本质上贯穿对精气神的认识论，并形成一系列关于精气神生化转换流变过程中的规律，就能以此贯之，以精气神各界域的形态变化带领大家走入对生命的广域认知。从大一元广三元角度来说，纵然在形下器万物凡域里不再言说大一元论视野，可是从太极体一的太极浑沦相就已经具足了生而分的特性，这是从广义上说关于阴阳平衡的统一视野，所以在源体态未分时却有生而分的必然，因为它已经具足了三元变化，但为什么还要分成源体态与分生态来说呢？因为这是必定的位域阶段，或者叫发展过程，也叫能量奇点，没有经过这个能量奇点就无法生化到下一个位域阶段，这就形成了广三元内的三界膜以及构成三界膜的一七九位域界膜变，依赖循顺置返方法论中长→育→成→熟→养→覆生变易过程，构成万物在道元位域视野形态下的各位域联动生化原理。

染浊义后分后循生与分生临界的精气神形态为阴性仪能量体的先天神（已熏的为识神）、先天精、先天炁三者，也是“生生”阶段独特视野。在前文说生而未分为元神元炁元精三元一体，而分后循生与分生临界为从三元一体分生出元神、元精、元炁三者，这里又给予了它们阴性仪能量体的界定，因为“阴性仪能量体”的特殊性内涵，是从道元位域大一元论的阴阳平衡视野出发言说的生而分，清净真如为真阳，烦恼染浊为真阴，故取真阴所在的能量体属性，真阴视野对比道元位域大一元论的阴阳平衡视野所在的阴阳两仪来说，为阴性仪，阳性仪生而分离了，或者说被无明阻隔了，它阻隔的过程就是先天八卦中八卦关系过程。阴性仪能量体为无明形下器坤地凡世界，在此阶段因独特的阴性仪视野而具足高能量态，此时的高能量态在道元位域大一元论的阴阳平衡视野下，与真如阳性仪在能量强度上是等同，分生态中精气神的能量体形态是什么呢？为太素至精，它和真如阳性仪能量体形态一致，此时一定要放在生而分的大一元论的阴阳平衡视野下来称量阴性仪和阳性仪。以此窥见道元位域大一元论阴性仪和阳性仪的能量总和就是一合相能量级视野，由于过于精深这里不展开论述。虽然阴性仪是放在大一元论的阴阳平衡视野下来称量和对待它的能量体强度，以及它阴性仪的属性来源，但只要视野落在生而分分生态的阴性仪上，就从大一元论转换到广三元论范畴了。为了区分分后循生与分生临界所说的元神、元精、元炁三者，以“元”的名称，故要强调无明染浊义的形下器坤地凡域，分生态的精气神形态为先天神（已熏的为识神）、先天精、先天炁三者。从“元”与“先天”的名词称谓来区分的精气神位域形态，在道元能量位域上就产生了差别，从至素至精的“元”态，生化转换为太素生命素的“先天”态。

在源体态与分生态的精气神形态中，源体态精气神形态为元神元炁元精三元一体，分生态精气神形态为在分后循生的临界态为元神、元精、元炁三者，并依染浊义，而有先天神（已熏的为识神）、先天精、先天炁三者。源体态与分后循生临界态的精气神形态中的能量体为太素至精，也正是《易·乾卦》描述的：“刚健中正，纯粹精也。”太素至精为阳性仪和阴性仪的能量体，它是道元位域大一元论的阴阳平衡视野下的对待，或者说为道→母→器程式中道域为阳性仪，器域为阴性仪，母为两者临界浑沦态。除此大一元论的阴阳平衡以外，其他在阴性仪的阴体中阴生阳而求阴阳呈现的负阴阳平衡的所有内容和对待，都不在大一元论的阴阳平衡的范畴，而是属于广三元论。为了区分真如阳性仪能量体名称和阴性仪太素至精名称的混淆，我们把形上道乾天圣的道域能量体称为太素粹精，而大道无极体的能量体形态为至素至精。关于至素至精的名词以及对能量体中“素”形态的认知，确实是古人超然智慧的体现，中国哲学源流上尤其是道家精气神哲学，在神主气精的总形态下，对精和气以及精气关联态下的能量体的动能“素”的认知，实为高明。以“太素”为例，在道藏经文典籍中有大量的出处和运用。其至素至精在《黄帝四经·道法》帛书原版选篇中有载：“故唯执道者能虚静公正……故能至素至精，悎弥无形，然后可以为天下正。”

在源体态与分后循生临界态精气神的太素至精能量体形态，就是对元神、元精、元炁三者最佳综合表述，元神所在的“种子”本质是根本，元精是太素，元炁是至精形态的气。当随着分而生阶段的出现，精气神三者的形态生化转换成先天神（已熏的为识神）、先天精、先天炁三者，这是精气神从三元一体后真正意义上的第一次“分”，分的形态上有精气神一体分为三者，分在藏相动能态上为从“元”态生化转换到“先天”态，分在能量体形态上从太素至精生化转换到太素生命素，这一次从元态到先天态的分，标志着精气神生命形态运相阶段的到来，精气神就转换到运相态上。

精气神的运相态是先天运相界域中最突出的形态，它的发生基于先天态三者在运相意义上运动，为基于唯识变现层面的种子与现行——识神“种子”的本质而发生精气媾和关联义的现行，体现为神主气精。生命运相形态的运相意义，就是识神种子与精气媾和的神主气精态。精气媾和可以看作先天态三者先天神、先天精、先天炁以运相的精气媾和发生的精气聚合现行，对比第一次的“分”，在运相态形成了精和气的聚，但还是没有完成三者以聚合态融合。原因是在种子与现行格局中，识神种子是主体，而现行是客观，也正是因为主体作用客观，才形成了运相意义上的运动，其指向就是精气媾和。精气媾和形态中，具足精气关联的藏相动能态，即精以气动与气动必是精用的精气关联义。正是因为精气关联义赋予了精气媾和在运相界域中独特的视野和形态，称精气媾和的“精”形态为和精，精气媾和的“气”形态为和气。和精和气的运相形态是精气关联义下识神运相的独特运动“行”态，这个“行”就是运相行，种子现行的运动态，它是以精气关联义共同呈现的，精以气动与气动必是精用的主体都是识神种子业力的牵引，并且依唯识法则和合集聚形成精气聚合。综述之，在运相态中的精气神形态呈现了神主气精运相运动，神为识神，气精运相运动为和精与和气精气关联义。

精气神在先天运相界域内的源体态、分生态、运相态三个阶段，为先天运相界域内的三界膜。三界膜阶段和过程呈现的就是精气神从源体态三元一体，通过运相运动让精气神生化转换到运相态的识神主和精和气之精气关联现行。梳理精气神在先天运相界域内的生化转换过程，源体态呈现元神元炁元精三元一体并含元神、元精、元炁三者；分生态呈现先天神（已熏的为识神）、先天精、先天炁三者；运相态呈现识神、和精与和气关联。作用运相运动让精气神发生生化转换的实质就是天人运相离一。天人运相离一，为元态“库”离，精气媾和“轮”位出，伴随神主气精呈现生命能量体的列星气轮义之和精和气库轮态。“离”是从源体态的“元”态万物凡发端之源起，来说生而分的原理，有内容形态离、能量体离、运动形态离三层含义。其中内容形态离为三元一体因无明染浊生而分出先天神、先天精、先天炁三者；能量体离为从大一元论道元位域视野下的阴性仪的太素至精，堕落成广三元论道元位域视野下的负阴阳平衡的太素生命素；运动形态离为先天神、先天精、先天炁三者内容形态的唯识变现各形态运动，形成了识神主和精和气之精气关联现行，发生了精气关联以下的精和气的聚合。

先天运相界域内的三界膜阶段，依天人运相离一作用发生精气神在运相界域各形态变化，这些形态变化同天人运相离一的“离”含义结合，就呈现了精气神在先天运相界域内的生化转换离，生化转换离是先天运相界观精气神变化的总体视野，也是天人运相离一的具体形态。那么天人运相离一生化转换离出现的结果是什么呢？为神主气精呈现的列星气轮义之和精和气之先天运相库轮态出，此先天运相库轮态为先天运相界域内精气神形态的临界流变形态，临界为先天运相界域与后天藏象界域临界，流变为精气神的先天运相态流变为后天藏象态。尽管即将发生临界流变形态，在先天运相界域内出现的先天运相库轮态，此库轮态的实质为识神流变为先天胎光，和精转换为太素生命素，和气转换为五天五运气，为何要以库轮态的实质来说呢？这里有界域流变转换时因负阴阳平衡，发生的道元位域转换下的能量体转换滞留，在先天运相界域与后天藏象界域转换是叫转换滞留，而在后天藏象界域向人体命象界域转换时就形成了藏匿与畜积精气的藏魄和藏精。转换滞留就是会截留一部分能量体，它是发生道元位域变化，因负阴阳平衡作用而隔离的能量体，它的原理和大一元论时阴阳平衡生而分成阳性仪和阴性仪一样。能量体转换滞留的形态是什么呢？为和精的“精”层面太素生命素以及和气的“气”层面五天五运气。以人类三维的视野来认识这个能量体转换滞留就进入了列星气轮空间，而我们所说的三垣二十八宿所指的五天五运规律就是这种形态的精气运动视野，与人体发生着天人合一大运相联系。

以负阴阳平衡原理作用（“负阴而抱阳”与“冲气以为和”原理求的阴阳平衡）而隔离的能量体为能量体转换滞留，未隔离的随识神先天胎光一起运相运动的能量体就形成了胎光玄精。而处于先天运相介于与后天藏象界域转换临界态，以运相运动层面的胎光玄精为先天运相胎光玄精。先天运相胎光玄精在精气神形态上体现为以先天胎光对和精和气的精气关联融合一体的聚合。这个聚为在分生态呈现先天神、先天精、先天炁三者之分离后的聚，胎光玄精层面的精气神形态的聚，伴随胎光玄精运相运动并临界藏象命门，就进入了后天藏象界域。

后天藏象界域精气神形态，分为胎光玄精入先天与后天之流界门临界藏象命门的命门态，后天藏象胎光玄精在藏象命门空间体发生命门离转动态升降的离转离散态，宫库田轮离转离散后五藏神分布而未有窍关七门通道的实质内丹田态，或简称为命门态、离转离散态、内丹田态。其中命门态首当其冲呈现的为胎光玄精层面的精气神形态的聚，但此时的精气神形态已然要把后天藏象胎光玄精与先天运相胎光玄精分离开来，因为命门态所强调的为胎光玄精入先天与后天之流界门，界域已经彻底流变了。后天藏象界域的命门态不仅以胎光玄精入流界门发生了界域的流变，还以此界域依先天与后天之流界门转换成界带膜，形成了后天藏象空间体，而界带膜也就成为先天运相界域和后天藏象界域的门户。在命门态的精气神形态为后天藏象胎光玄精精气神聚合一体，它是先天胎光的“神”层面、太素生命素的和精的“精”层面、五天五运气的和气的“气”层面的在后天藏象融合一体。

离转离散态，为后天藏象胎光玄精在藏象命门空间体，以藏象命门临界态发生命门离转动态升降而有命门离转，命门离转形成黄庭中位三宫，围绕命门离转黄庭中位三宫发生中位离散过程，形成了宫库田轮的精气神形态。

为命门离转形成黄庭中位精气神三库态，三库态的中界膜与结带膜之间的能量体空间又形成了中位外境的精气神三丹田轮。伴随命门离转和中位离散的“离”，又把后天藏象胎光玄精精气神聚合一体的聚分离开来形成精气神宫库田轮三库轮态。后天藏象胎光玄精发生命门离转动态升降的过程中，因道元能量位域在黄庭中宫与中位外境的能量体强弱差异，并随命门离转动态升降形成藏象天脉。

离转离散态的精气神形态分为宫库田轮三库轮态下“神”形态、“精”形态、“气”形态，其中“神”形态为上黄庭泥丸宫神库，中位外境为丹田轮神田；“精”形态为中黄庭心绛宫精库，中位外境为丹田轮精田；“气”形态为下黄庭命门宫气库，中位外境为丹田轮气田。内丹田态，为宫库田轮离转离散态后，五藏神在丹田三轮所在的中界膜与结带膜之间的时空体空间进行分布，形成未有窍关七门通道的实质内丹田态，是宫库田轮三库轮态下“神”形态、“精”形态、“气”形态以具体的五藏神之魂、神、魄、意、志五态联系人体命象的五行之藏系统，而有肝魂、心神、肺魄、脾意、肾志的五藏神综述。它按照精气神在宫库田轮三库轮态与人体命象部位的结合，向人体命象结构转换。

五藏神自生化转换而出就以五藏神统御系统形成对后天藏象能量体与人体命象形成总统御，是真正意义上围绕生命来说的具体形态。内丹田态的精气神形态中，“神”形态的内丹田为神、魂、魄、意、志五藏神中的神、魂、意（先天）、志态，并以内丹田统御“神”形态下的外丹田，为人脑三界构。“精”形态的内丹田以藏象魄精系统为主体，藏象魄精系统为五藏神中的“魄”，以及素精形态中的太素生命素精与光子精，为阳态，成为内丹田的“精”形态。“气”形态的内丹田以藏象祖气系统为主体，藏象祖气系统为藏象祖气和后天之气，为阳态，其中藏象祖气为五藏神的气态，后天之气为宇宙生命素与光子素的素气，共同成为内丹田的“气”形态。

精气神在后天藏象界域内的命门态、离转离散态、内丹田态三个阶段，为后天藏象界域内的三界膜。三界膜阶段和过程呈现的就是自先天胎光玄精入藏象命门临界态后，以后天藏象胎光玄精形态在藏象命门空间体发生生化转换的过程，从命门态的发生界域转换的实质开始，到离转离散态以命门离转和中位离散的“离”，把精气神三者在后天藏象胎光玄精形态的融合离转开，形成宫库田轮三库轮态下“神”形态、“精”形态、“气”形态，并开始以五藏神形态在丹田三轮所在的中界膜与结带膜之间的时空体空间进行分布，形成内丹田态。作用后天藏象界域三阶段发生精气神三态离转离散并生化形成五藏神的实质为天人藏象离一。天人藏象离一，为先天神主气精能量体的库轮义离，后天藏象的“宫库田轮”出，形成黄庭三宫统御的精气神聚合形态下的宫库田轮能量体结构，并生化转换五藏神。

与天人运相离一以“离”为主体不同，天人藏象离一以“出”为主体，它形成了藏象空间体出、能量体离转形态出、五藏神内容生化出，这三种围绕生命形态生化转换“出”的含义，开始成为生命形态中实质性变化。为何天人藏象离一会有“出”含义为主体的内涵？那是基于藏象空间体的流界门、离转门、窍关七门的三门作用的呈现，此三门是认识后天藏象界域结构以及结带膜的流变转换的重要内容和视野。其中藏象空间体出的意义形成了道元能量位域的轨道视野，无论是从藏象空间体所在的界带膜还是结带膜，都形成了道元位域实质性的膜结构，从而构成了道元能量位域的差异和变化，这是从性命双修内证系统讲述丹道实质非常重要的理论，因为涉及诸多玄关一窍和内景实证的根本，当达到了这个以功态实证的境界，自然就明了藏象义的奥妙。能量体离转形态出不仅是宫库田轮三库轮态下，以黄庭三宫丹田三轮离转离散生化分布成“神”形态、“精”形态、“气”形态三者，更主要的是依离转离散生化分布的精气神三态形成了三态所在的界膜形态空间，也就是说“神”形态、“精”形态、“气”形态三者根据自身分布，都在藏象空间体内形成了精气神藏象三态界膜，此三态界膜在内外丹田平衡转换，对七门窍与十二结节的胎形体形成生命结构都有非常关键的作用。从能量体离转形态出实际上离转形成了生命形态界膜区域，通过内外丹田转换以及胎形体和而成形，把人体生命特征分成各种特征和运转系统，这就是随能量体离转形态出而生化的生命形态界膜区域，在这里体现为精气神藏象三态界膜。五藏神内容生化出是藏象向命象转换的初始，也是宫库田轮三库轮态下“神”形态、“精”形态、“气”形态三者再一次进行交融的生化，前面都是讲如何分、离、聚、融合，而这里是精气神能量体三态如何交融以及交融后生化转换，就形成了五藏神的形态，这种交融从精气神藏象三态界膜层面来讲，界膜态还未形成隔膜，当随内外丹田转换的实质发生，各种生化转换毕具，精气神藏象三态界膜也会如七门窍关和十二结节结固般形成了隔膜，再也无法形成交融态，这就是为何在人体生命体征运转系统中，各系统都有着明确的分工，原因就是随着精气神藏象三态界膜的隔膜形成，在胎形体已经无法交融，只能各行其责。

根据天人藏象离一围绕生命形态生化转换以“出”为主体的内涵，以及精气神藏象三态界膜形态，先天运相界域的藏象动能机理就和后天藏象界域的藏象动能机理有了区别。先天运相界域的藏象动能机理强调精气神形态的“离”含义的生化转换，而后天藏象界域的藏象动能机理则呈现了聚→离→融的形态，其中“聚”和“离”都是藏相命门临界态发生的动态，而“融”就有了更宽泛的视野，不仅特指精气神藏象三态界膜层面的交融，其命门离转和中位离散都有“融”的含义，尤其是在天脉内的冲气升降以及阴阳平衡，无不是“融”含义下的融合、交融动态，这也就是为什么在五藏神内外丹田言说具体的五藏神内容分布时，形成了精气神三态中神以精气载、精气以神御的你中有我我中有你形态，就是秉承精气神藏象三态界膜交融格局下的融合。

后天藏象界域的藏象动能机理的聚→离→融的形态下的交融义，就形成交融后内丹田独特的藏象精气神能量体统御中宫——黄老中宫。黄老中宫的形成是在后天藏象界域内，黄庭三宫丹田三轮离转离散生化分布的完成，也是内丹田的精气神形态分布的完成。在后天藏象界域的藏象空间体依聚→离→融形态的发生，藏象空间体的道元位域为后天藏象界域平衡态，也就是说当内丹田精气神分布完成，藏象空间体的道元位域是平衡态的，之前不平衡的转态通过命门离转和中位离散，以及精气神藏象三态界膜交融，发生了新的平衡格局，这个格局就是后天藏象界域平衡态。但藏象精气神能量体统御中宫——黄老中宫的形成，由于升位域的关系，将后天藏象界域平衡态打破，形成要进行位域升降来平衡道元位域，就产生了结带膜上的七门窍开，从而形成在黄老中宫统御下的藏象内丹田精气神能量体向外丹田的生化转换，并以此形成了界域的流变，为人体命象界域随结带膜上的七门窍开，后天藏象界域平衡态寻求新平衡生化形成。

人体命象界域精气神形态，分为藏象内系统依窍关七门，流变转换为五藏神外丹田精气神形态的外丹田态，七门与十二结节通道形态下在胎形中以中脉为主体的三脉七轮的胎形态，依三脉七轮统御的人体经络系统周流人体命象空间形成合而成形以及形而成体的周流态。或简称为外丹田态、胎形态、周流态。其中外丹田态要立于藏象第一次平衡，依七门窍通道，形成五藏神在后天藏象界域向人体命象界域的生化转换，并且内外丹田在藏象第一次平衡视野下，形成了藏象精气系统的整体观，为藏象魄精系统和藏象祖气共同构成了藏象精气系统，这标志着五藏神内外丹田精气系统生化毕具，也以此完成五藏神在精气神形态上的“神”形态的集合，以此突出外丹田以及人体命象生理系统生化发育主要体现在“神”统御下的精气生化分布。

外丹田态的精气神形态中，外丹田的“神”形态为泥丸九真之人脑三界构，外丹田的“精”形态为运化精与生殖精，其中运化精为通过肺肠系统、脾胃系统运化的水谷精微与呼吸凡气中的气微精，生殖精通过身体生殖系统运化形成的精。丹田的“气”形态为人体命象之气所在的脏腑运化之气、经络之气、气血之气，为阴态；呼吸凡气，为浊阴态。

外丹田精气神形态结合内丹田精气神形态，除开“神”形态的内外丹田都在人体命象结构上为头脑部外，形成了“精”和“气”形态上内丹田与外丹田在人体命象结构上的对应关系不同格局，“精”形态的中黄庭心绛宫内丹田，在人体命象上为心肺部，则成为“气”形态的外丹田，成为内精外气的“精”道元能量位域结构；“气”形态的下黄庭命门宫内丹田，在人体命象上为腹脐部，则成为“精”形态的外丹田，成为内气外精的“气”道元能量位域结构。也同时因为结带膜上七门形体结构空间，形成了藏象内外系统之别。这个内外系统最终因为界域不同随七门窍和十二结节在藏象第一次平衡和藏象第二次平衡后，产生了界域隔离。在产生界域隔离前，从藏象精气系统整体观看，有内精外气的“精”结构与内气外精的“气”结构，也构成藏象内外丹田精气系统的全部生化内容，它既统一了藏象生命系统，又强调了七门窍作为内容生化与能量转换通道的重要性，也以此产生了精气神胎形态和周流态生化转换的根本。

胎形态，为七门窍和十二结节视野下的藏象第一次、第二次平衡后在胎形体的精气神形态，它是外丹田精气神形态分布与周流的独特形态，其中以藏象外丹田精气神三态聚合成中脉，并围绕中脉在人体空间体内形成了三脉七轮为重要特征。胎形态的精气神形态除了形成了依三脉七轮统御的人体经络系统外，还依胎形合而成形以及形而成体的胎体把周流态结合在一起。这里讲述的周流态是胎形态精气神形态如何与脏器组织结合形成五行之藏五脏系统，而具有主导和运转人体生理生命系统的实质。胎形态与周流态均立足于胎形空间体，胎形空间体的形成为中脉视野形态下七门窍关和十二结节结固以及通道临界态下的界域流变，并且伴随天脉与中脉关联态下的气机冲升动态过程形成。

胎形态和周流态的精气神形态，为天脉与中脉两个道元位域的气机同步冲升融合，以胎形体将四大融合统一，融合后五藏神统御的灵气五态（五脏五行）能量体和七液妙气按五行之藏规律，灌溉全身七万两千多条经络，形成胎形能量体，以此形成在胎形体空间，命象精气神的各种能量源和形态都是依五藏神统御的灵气五态能量体统御、主导、灌溉、生化转换形成。七万两千多条经络的灌溉以经脉和络脉为主体的人体经络系统，形成十二经脉、十二经别、奇经八脉、十五络脉、十二经筋、十二皮部六部分组成人体经络精气系统，而人体经络精气系统的能量体源不仅是五藏神统御的灵气五态（五脏五行）能量体，还要从五藏神内外丹田精气神三态在人体命象结构的分布结合来看待，是一个极其复杂的人体经络系统经络立于人体的道元位域结构。

精气神在人体命象界域内的外丹田态、胎形态、周流态三个阶段，为人体命象界域内的三界膜。三界膜阶段和过程呈现的五藏神外丹田能量体如何生化转换并分布周流，形成胎形体的能量体形态，并以此形成和而成形与形而成体的实质，真正意义上完成了由藏象生命系统的转换，并且以藏象生命系统主导和运转生理生命系统。人体命象界域的精气神形态直接构成人体经络系统并与脏器组织结合形成了五藏五行系统，从而有机地联系整个人体。作用人体命象介于三阶段精气神形态生化转换的实质为天人命象离一。天人命象离一，为后天藏象内外丹田精气神能量体离，以中脉为主体的三脉七轮统御人体经络系统命象精气神的能量体出。对比天人运相离一以“离”为主体以及天人藏象离一以“出”为主体的不同，天人命象离一为以“变”为主体，它形成七门窍和十二结节变、胎形自人体命象空间合而成形变、天脉与中脉关联气机冲升生命象的变，这三种言说藏象与命象转换实质的“变”，开始成为生命形态中最具决定性的禀受布局变化。

天人命象离一“变”含义中的七门窍和十二结节变，为在藏象内丹田和外丹田视野关于五藏神精气神内外丹田的分布，七门窍和十二结节为五藏神内容形态与能量体通道，它是通道视野。随着胎形体的形成，七门窍和十二结节却作为七门形体结构下的十二结节人体空间体结构，由通道视野变成了人体空间体结构的一部分。且在这个转换过程中，以七门窍和十二结节为通道还构成了藏象第一次和藏象第二次平衡。

天人命象离一“变”含义中的胎形自人体命象空间合而成形变，为人体命象界域空间内通过七门窍和十二结节在能量体生化转换上形成能量体向生命象布局，最终在人体命象界域空间形成了胎形，且是藏象生命系统与生理生命系统毕具以合而成形构成了胎形体，为何要强调合而成形呢？就是它具足了能量体系统与五脏系统结合形成了五行之藏有机整体系统，它就统一在胎形体并且随生化形而成体。胎形自人体命象空间合而成形变需要具足界域转换、能量体转换、空间系统转换几个条件，界域转换中从后天藏象界域转换到人体命象界域乃至生成胎形，再由胎形长成胎体；能量体转换中从五藏神外丹田能量体生化转换开始，依七门窍和十二结节的通道作用，最终转换成以中脉为主体三脉七轮统御人体经络系统命象精气神的能量体，这个转换需要经过中脉视野下的四部内容，尤其是聚合中脉的能量体分布和能量体分布后的周流，形成以十二经脉、十二经别、奇经八脉、十五络脉、十二经筋、十二皮部六部分组成的人体经络系统。

天人命象离一“变”含义中的天脉与中脉关联气机冲升生命象的变，为通过天脉与中脉气机冲升动态过程中发生四大融合统一，以禀受布局义将生命生灭单元写就构成生命象的实质，也以此将胎体界域同人体命象界域隔离开来，形成生命藏和生命象的先天因缘禀受布局关系，从而使生命的生理形态完全在藏象生命系统的主导和运转中。天脉与中脉关联气机冲升生命象的变，是所有基于生命藏象形态和命象形态的变，其中天脉与中脉关联气机冲升，就是藏象形态和命象形态发生在四大融合统一的变，同时生命象的写就把界域推向了胎体界域，使后天藏象界域与人体命象界域既立于七门窍和十二结节通道上发生关联变化，又立于七门窍关和十二结节结固上发生胎体生化成体的变化，从而完成生命象禀受布局以及诸多生化转换，把后天藏象界域与人体命象界域推向了生命藏的范畴，把生命象所在的胎体界域推向既熟知又极度陌生的人类自我视野中，生命的秘密一直被窍关结固着。

综述天人命象离一“变”的含义，就呈现了由后天藏象界域、人体命象界域、胎体界域共同参与生化形成生命象胎体人身——胎体界域的实质，并且围绕界域转换、能量体转换、空间系统转换等内容，形成了布、聚、流的诸多阶段。布为藏象第一次和第二次平衡发生的能量体生化分布，尤其是五藏神内在人体命象界域的外丹田分布和以中脉为主体三脉七轮统御人体经络系统分布。聚为中脉和中脉主轴视野，是五藏神外丹田精气神三态分布形成三者分离后的聚合态，以及立足于外三丹田主体结构并分布周流形成能量体空间的中脉主轴，并形成以此主轴联系起三丹田的精气神诸形态和人体经络系统。流为分布义和周流义，还有五藏神藏匿与畜积精气中的藏魄和藏精过程的“流”义。

生命的形态，经过先天运相界域的天人运相离一，后天藏象界域的天人藏象离一以及人体命象界域的天人命象离一的生化转换流变，形成了胎体界域中人体肉身的实质。联系生命形态的生化转换过程，同时也赋予了在胎体界域视野中藏象生命系统统御并主导的生理生命系统的必然联系，既然有生理生命系统关于人体的生命体征，就有主导和运转它的藏象生命系统相联系，而且每一点滴的生命体征的内容以及围绕生命体征运转的藏象系统和因缘系统，在它们的背后都存在着一个巨大且紧密联系的哲学系统。

在胎体界域视野里，围绕藏象生命系统与生理生命系统而言说藏象与命体的结合，这个结合非单独两套系统言说而结合，而是先融合，就如天脉与中脉气机冲升下的四大融合一样，藏象生命系统无不是与生理生命系统完美地融合在一起，且从精气神来言说生命形态的本质，精气神藏象形态最显著的特征就是围绕“藏”，也正是因藏义才有人身肉体乃至生理生命的象，从而从生命形态的生化转换的过程，来赋予生命藏与生命象在基于藏相法则的深刻关系。精气神形态在生命形态视野里的本质为能量体形态，所以结合生理生命系统，从能量体转换与运行机理上，还有“神”形态统御精气所在人脑三界构与意识传导三脑系统，藏象能量体在道元位域上动能结构与人体经络系统运行机理的关系，阴阳五行之藏脏腑统御十二官等内容。

章二：藏象生命

太极五生系统

五藏神统御系统

意识传导系统

经络源流系统

藏象平衡原理

太极五生系统

何为藏象生命？为依赖藏相系统生化本质和生化联系，以太极五生系统、精气神界域流变转换系统、五藏神与阴阳五行之藏统御系统、天地人五行经络运相系统、意识三脑（大脑、心络脑、肺肠脑）传导与熏习系统为藏象生命五系统，在藏象五系统中围绕与人体相关联的藏象生命（含生理生命）的命象与运相，以及生命形态的源、流、变，形成以十二因缘为载体的天地人经络全时空整体，形成多位域多视野总览的大生命观，并以此描述“生命”。藏象生命为在藏象生命系统中立足于生育、流变转换、统御、大运相、意识传导与熏习，认识从生命唯识生化发端起，到微观生育过程以及胎体合而成形生育后，人体藏象生命系统（藏象五系统）主导并运转生命命象与运相的机理，并在藏象生命动态中认识意识传导原理，尤其是后天意识如何在生命动态与环境（思想、行为、生活）中形成唯识种子因缘以及因果统一场认识，形成本质生命观下的广义生命内涵。

藏象生命所依赖的藏相系统为乾藏界、相虚界、坤形界大道体性系统，生化本质为大道〇道生德蓄本原，生化联系为大道生化原理与生化过程呈现的恒顺生势定律。在藏相三界域大系统中围绕与人体与生命相关联，有太极五生系统、精气神界域流变转换系统、五藏神与阴阳五行之藏统御系统、天地人五行经络运相系统、意识三脑（大脑、心络脑、肺肠脑）传导与熏习系统藏象生命五系统。其中太极五生系统为由“生生→生主→生入→生成→生育”后天五生太极五生系统。精气神流变转换系统为围绕精气神和五藏神的各位域内容与形态，研究人体藏相动能流变转换和经络（奇经八脉）精气动能源流转换系统。阴阳五行之藏统御系统为立足于阴阳五行之藏统御藏象内五系统（肝心脾肺肾五系统）中的脏腑、经络、气血的命象与运相的统御系统。天地人五行经络运相系统为从天人合一大运相再关联人体与外时空统一的内外历法全运相形成“天地人五行经络”运相系统。意识三脑（大脑、心络脑、肺肠脑）传导与熏习系统为从先天意识与后天意识在唯识过程中，如何形成与人的生活心理情志相关联的识种子在人体里传导和熏习系统，并言说控制与反应机理。

在藏象生命系统里说藏象生命，在构建的藏象生命五系统中又依赖藏相系统生化本质和生化联系，这便是从生化上建立了藏象生命系统到藏相系统上的联系，从而以现象联系本质。在道→母→器程式视野下的大道体系统里，立于大道生化本质而有生化过程，有立于藏象生命来看待道→母→器程式视野下生化联系。之所以要立于藏象生命来看，那是因为道、母、器各域的生化内容不仅宏大无比且无以言说，前文也只是从域界具足的特性上给予总结归纳，而围绕生命来探讨“生”的联系以及“命”的命象与运相，就能把道域生化的先天五太过程与器域生化的后天五生过程，联系在“生命”内容上。

藏相与藏象的联系与区别。首先，藏相是描述大道生化原理与生化联系的系统，而藏象是从描述人体脏腑形象化象征并以象征义言说主导并运转生理系统的支配与运化系统；其次，藏相里的“相”为道→母→器程式中道对应性相、母对应法相、器对应用相的整体观，而藏象的“象”立足并依附人体肉身的外象，以及取外象形象化的象征义。再次，相与象构成藏相法则中的法则属性，藏象为藏相的独特形式与内容。一般来说，在用法上凡言说大道体性系统的常用“藏相”，而言说生命内容与形态的常用“藏象”。

在大道体域内容上（简称内容体），乾藏界承载的道域有太易→太初→太始→太素→太极先天五太无极而太极过程，为“无极五生象”。坤形界承载的器域有生生→生主→生入→生成→生育后天五生太极而生育过程，为“太极五生象”。相虚界承载的母域有独特的太极浑沦相呈现太极识种子与现行唯识变现过程，为道域生化内容跟器域生化内容的临界转换点，并发端器域生化形态，在说大道体域内容上，通常把太极浑沦相作为内容体，当说到这个临界状态转换时，以太极代称太极浑沦相，“太极”阶段落在先天五太过程为在圣道域对待，落在后天五生过程为在凡器域对待。立于道→母→器程式，太极不是大道生化起点，它是生育万物的起点和发端，是大道生化呈现万物生育的转折点。

在藏象五系统讨论藏象生命，生育万物的起点和发端为“太极”，是从“太极”说生育，是从太极生而未分临界态时为后天五生的“生生”。太极生而未分临界态为立于在凡坤地器域视野，为识种子的如来藏识对待，为气形质毕具、元神元炁元精三元一体临界生而未分与分后循生流变起势。

在大道性域内容上（简称作用体或能量体），乾藏界道域圣德乾元亨利贞作用先天五太无极而太极过程，有元神元气元精三元一体的能量体态。坤形界器域用德体坤元亨利牝马之贞作用后天五生太极而生育过程，有神主气精和人身精气神能量体态。立于太极体生化转换，元神元气元精三元一体的能量体态流变转成神主气精和人身精气神能量体态，从而形成道→母→器程式视野下能量生化流变形态，道域为元态，器域从神主气精与人身精气神的差别而有先天和后天之分，成为围绕“精气神”为内容的元→先天→后天能量流变过程。人身精气神态为“器”的当下状态，为后天。神主气精态的太极“母”为生化人身精气神过程的来源，为器物唯识变现的先天，先天与后天的源头为道域的元神元气元精三元一体的元态。

藏象生命五系统，是立于道→母→器程式下母域生化万物发端，在坤地器域范畴研究生命的系统，故后天五生过程的“太极五生象”以太极而生育过程以及藏象五系统（肝心脾肺肾五系统）的命象与运相为内容体，以神主气精与人身精气神的能量体态为能量体。为了方便综述内容体和作用体（或能量体），把先天阶段的神主气精过程与后天五生的太极而生育过程统称为先天生育阶段，把后天阶段的人体精气神过程和生理命象与运相统称为后天生理阶段。在先天生育阶段中，生育体域为生生→生主→生入→生成→生育后天五生太极而生育过程，生育性域为神主气精态；在后天生理阶段中，生理体域为藏象五系统（肝心脾肺肾五系统）中的脏腑、经络、气血的命象与运相，生理性域为人体精气神态。在先天神主气精与后天人体精气神的联系中，又形成了库轮形态下的内外丹田联系，在围绕精气神（先天神主气精与后天人体精气神的统称）库轮形态下的内外丹田能量联系的形态下，运转在人体藏象内肝心脾肺肾五系统，并通过人体经络系统密切关联的命象与运相。

立于坤地器域，以神主气精与人体精气神作用的先天生育和后天生理过程中，按照生育、流变转换、统御、大运相、意识传导与熏习视野，有太极五生系统、精气神界域流变转换系统、五藏神与阴阳五行之藏统御系统、天地人五行经络运相系统、意识三脑（大脑、心络脑、肺肠脑）传导与熏习系统的藏象生命五系统。其中，太极五生系统研究人体生化发育过程，以“生生→生主→生入→生成→生育”后天五生内容过程成为先天生育内容体。精气神界域流变转换系统研究作用体（能量体）如何以先天神主气精与后天人体精气神的源流变关系过程，以魂、神、魄、意、志五藏神为内容体。五藏神与阴阳五行之藏统御系统研究人体统一在阴阳五行主导与运转脏腑命象的机理，以藏象肝、心、脾、肺、肾内五系统为内容体。天地人五行经络运相系统研究外时空与人体以及内脏腑宏观视野下的必然联系，以天人合一全息元象与内外历法为内容体。意识三脑（大脑、心络脑、肺肠脑）传导与熏习系统研究藏象生命先天因缘秉受布局，并通过人体命象与运相控制和反应机理，以先天与后天意识以及三脑传导机理为内容体。

太极五生系统为藏象生命五系统中研究人体生化发育过程以及动能流变转换并融入人体机理的系统。它以后天五生称谓的“生生→生主→生入→生成→生育”生化发育过程为宏观阶段，又以神主气精藏象命门成为生命内在动能运转机理为独特视野。后天五生生育过程，不仅全面解构了能量体从元神元气元精三元一体之元炁态经过三大界域流转之过程，并呈现了能量体流变本质下的藏象系统主导并运转生理生命的机理。

“后天五生”以“生生→生主→生入→生成→生育”为生化发育过程。生生为太极浑沦相生而未分与分后循生的天下万物生化发育发端，生主为识种子唯识变现天地构精和识神种子与精气媾和的运动态，生入为神主气精玄精入胎形成独特的天人离一视野下的藏象命门，生成为能量体通过三次天人离一后在藏象命门里通过胞胎孕育合而成形，生育为合而成形的生命初始发育成生理生命。

以生、主、入、成、育来界说的先天生育位域阶段，是胚胎受孕发育成胎儿前的微观生育过程，是描述生命如何连接先天因缘并以先天的动能流变呈现后天生命形态的机理过程。在命体生化发育过程中我们既从生、主、入、成、育阶段来分位域界说，把视野聚焦在神主气精藏象命门成为后天五生生化发育过程的独特视野，尤其是要解构先天能量体如何经过三次天人离一在命体形成过程中产生动能流变，能量体在天人离一形态下流变过程以及存在形态，并以天人离一为视野，进入精气神与五藏神能量体流变转换系统。

对比藏象生命五系统来说，太极五生系统是其他四系统的宏观架构，其他的流变转换、统御、大运相、意识传导与熏习视野下的诸系统是在太极五生系统的宏观时空过程里孕育和变化，其他四系统都要在生生→生主→生入→生成→生育过程阶段里被描述。这就构成了宏观时空阶段下的诸微观形态，太极五生系统所说的宏观时空过程虽然描述的都是微观形态，但它立足于其他四系统的形成过程与机理有明显的可以界说的位域阶段，为以生、主、入、成、育来界说的先天生育位域阶段。

太极五生系统中的“生育”为生化与发育，生化与发育就是要立足并依赖“生”的哲学，从而在生、主、入、成、育过程为系统里来说发育，形成恒顺“生”而有生生→生主→生入→生成→生育过程阶段为生化发育系统。“生”为大道恒顺生势道生之定律下的生，以生化本质、生化原理、生化过程呈现。其生化本质为道生德蓄大道生生之健本原，因大道本原才有因本原而“生”源，这个生源记为无极体源起，故无极体源起只是生化本质中道生德蓄本原所生的内容和所显的形态，道生德蓄本原又是什么呢？为大道○无极体与玄德性合相同体承载彰显无为而无不为大道真性，以此无为而无不为真性的道生德蓄本原为大道生化本质。在大道本原生化本质下的“生”源起，经过生生之健呈现的长→育→成→熟→养→覆生变易过程而生成的往象道生之单元，“生”源→生变易（长→育→成→熟→养→覆）→往象过程呈现了往象之于道生之的生化原理，一切至微与至彰的生皆是此生化原理，它是由大道生化本原作用下妙有的“生生”。由大道生化本质和生化原理共同作用而彰显的大道生生之健为大道恒顺生势道生之定律，也叫恒顺生势定律。在大道恒顺生势定律生化基础上，由道生之往象呈现一切大道体性的内容，无论是宏观还是位域阶段，以及位域界说域内的阶段变化，都依往象而生。

太极五生系统中的生生为立足于太极浑沦相的在凡视野，为坤地凡器域的对待，属烦恼藏范畴。太极浑沦相在太极识形态下为染义承载的如来藏识，以种子唯识变现的“识”义而在种子库两种视野对待里转换了真种子的如来“藏”义，其根本为无明染浊。故，太极浑沦相临界态为太极五生系统的发端，这个发端“源”为在凡万物的生化源，以太极称谓，具万物生化的“生生”态。万物凡在太极的发端“源”不是大道的总源头，万物只是大道道→母→器程式域界中器域对待的内容，这个万物凡在太极的发端“源”与以无极体“源”起是不在同一体性道元位域上的，但它们构成了生化联系，以万物凡在太极的发端“源”循迹生化本质下的起源或本源，则为无极体“源”起，它是大道生化可以强说来言说的“生”的总源起。如果说万物凡在太极的发端“源”记为“有”，而大道在道→母→器程式道域域界中的体性内容记为真空实有的“无”，那么太极浑沦相就是无→有转换的体性动能枢纽，从而也形成凡态的道元位域。

在圣化凡视野下的太极浑沦相具足生化临界态特征，在太极浑沦相的在凡视野，万物凡在太极的发端“源”上，以“生而未分与分后循生”的临界态全部转换成了在凡生而分。故万物凡在太极发端“源”的生生，为坤地凡器体性内容以及坤道在凡视野；在种子对待上为真种子依种子库转换成识种子；净染视野为无明染浊呈现烦恼藏的如来藏识态；在生化内容与能量转换视野上，为后天五生从生生源起发端与元神元炁元精三元一体流变成神主气精态；从视听搏视野上伴随后天五生生育系统的生化发育，其夷希微的恍惚态逐渐流变为有型可肉眼见的具生命体征的人体。

太极五生系统为由“生生→生主→生入→生成→生育”程式呈现的后天五生太极五生系统。太极五生系统为藏象生命五系统中研究人体生化发育过程以及动能流变转换并融入人体机理的系统。生生，为立于太极体，真种子依种子库转换成识种子，种子与现行唯识变现天地构精和识神种子与精气媾和的生化运动态，呈现为太极体一，一生二，二生三，三生万物。首先，立于太极体，太极浑沦相毕具且元神元炁元精三元一体，故太极为一。真种子对待的真如义为乾道乾天圣，为天，为阳，识种子对待的烦恼义为坤道坤地凡，为地，为阴，此为阴阳的二。天地构精的阴阳因无明染浊，且唯识变现的法则，呈现生而分的识神种子与精态气态的精气神的三。“生化运动态”为临界体因生化被阴阳平衡打破，阴性牵引的作用产生生而分的本质，“分”的状态描述，就是生化运动态。太极体生而分的阴阳之“二”。说二，是阴和阳的二。太极体“一”生阴阳二，阴阳二生精、气、神三，此为太极体一，一生二，二生三，三生万物的内容，万物的形态本质都为精、气、神的能量体态，包括色法物质也是能量体态属性下的物质形态。从太极三元一体的“一”生阴阳二，这个“生”就是分后循生义下的“分”承载的生——分生，为化万物已分，已经脱离了太极临界态了，生而分下的阴阳二就要研究脱离临界态的“分生”的状态。

生主，天地构精和识神种子与精气媾和的唯识变现过程呈现神主气精态。在对生主的描述中，有三个层次的内涵，第一个层次为“天地构精”所指的坤道域坤地诸“体”世界生化变现完成，要以坤地“体”世界的位域空间完成生命“生”的时空条件，也就是说在生命形成之初始要有一个有利于生命“生”化形成的外部时空条件，这个就是天地构精层面的坤地诸体世界所指。坤地诸体世界从宏观上取类比象归类来说，可大致以六十四卦反映的六十四个卦体世界作为坤地“体”世界的综合描述。

以“天地构精”所指的坤地诸体世界的形成原理中，它“构精”的法则是什么呢？是唯识变现中色法和合集聚为色蕴的事物现象，为四大及四大所造色。什么是色法呢？为一切有形的物质在形成中所遵循的规律与法则，通常把有形的物质特指为有型与象的重物质，即可肉眼见，为形质互相起障碍之质碍。

天地构精的“精”是什么呢？是藏相动能态下能量体的形式，为道元位域下的能量形态，而精气关联就构成动能态。道元位域不同，精气动能态下“精”能量体的形式则不同，但依藏相动能论，“精”的形态都是呈运动态。“精”在能量体的形式差异就是时空环境中形成诸坤体世界差异的本质，坤体世界为五大元素依色法和合集聚，五大元素中的“精”在能量体的形式不同，则一切皆在“精”能量体形式下产生巨大差异。“精”能量体形式差异，是道元位域下能量形态中元素能量体的源流变不同，呈现为“精”层面的性质不同，从而造成了时空环境差异的本质。就如同样是水，水里面的“精”在时空环境中的不同故水态是不同的。

在天地构精的含义所指中，其藏相动能态下的能量体形式如何理解呢？它是对精和气的本质再一次深入透析。“精”层面的本质，在藏相动能态下，就是一切神、精、气的状态都是“精”的能量体态，或者是都要以“精”的能量体态呈现，包括色法属性上所有的坤地体世界（包含所有重物质）都是精的能量态，这是藏相动能的视野，一切神、精、气能囊括的皆是能量态，为精。以藏相动能视野下的“精”义，精在不同位域阶段有不同的形态含义，如在大道无极体为至素至精，在道域的无极而太极过程中为太素，在母域相虚界为太素生命素（宇宙生命素），在器域的物质界为光子素，在五藏神为魄，在人体运化层面为水谷精微素。

先讲“气”层面的本质，为一切“精”的能量体呈运动态则为气，太极浑沦相生生后（太极识）种子与现行唯识变现的一切都是运动态的，无论是从宏观上（已经按色法形成的坤地体世界）还是微观上（识因缘的积聚）都呈现了“精”能量体视野下的气态。从至微层面讲，一切都是运动态的，一切恒常变化，呈生生之健。

生主含义下，“天地构精和识神种子与精气媾和的唯识变现过程呈现神主气精态”的第二个层次为识神种子与精气媾和。从“精”层面的藏相动能视野下能量体态，到“气”层面的能量体运动态，呈现的就是精气媾和的综合藏相动能态，也就是精和气在“生主”层面立于先天的关系。所以天地构精是一个宏大的哲学指向，它是坤道中坤地诸“体”世界生化变现综述，天地构精的坤地诸“体”世界生化变现不是“精”义独用，而是精和气在藏相动能态中互为形态，何为互为形态呢？就是在藏相动能态中精以气动，而气动必是精用，精气关系的视野必然以另一面来相依托，精的能量体运动则为气，而气的运动态必然是能量体——精的作用，所以这就是立于精和气义而有的精气媾和。精气媾和是什么呢？精气媾和是坤体世界的动态观，也构成藏相动能态的一种形态。一般来说，当说坤体世界时，视野在认知坤体世界时会把体世界描述为相对静止的状态，而实际上它是精气媾和的动态观。精气媾和是一切坤体世界空间物理形态的根本原理，坤体世界因道元位域不同，其“精”层面的能量体形式不同，故“气”态层面的运动也差异很大，如光子的运动中，光子素为能量体，而光子素运动呈现的光速就是气态，光速与空气中空气诸分子的速度相比，就是因为光子素的能量体态远远大于空气分子的能量体态，所以就从物理形态上显现出速度（气态）的差异。那么精气媾和的藏相动能态是什么在起作用呢？如何让精以气动、而气动必是精用的精气关联发挥出来呢？就是识神种子要与精气作用。关于坤体世界空间物理形态的根本原理，在藏相动能论中再来论述精气媾和的实质。

生主含义下，“天地构精和识神种子与精气媾和的唯识变现过程呈现神主气精态”的第三个层次为神主气精态。识神种子起用精气媾和的藏相动能态就是神主气精态。神主气精的含义从天地构精的坤地坤体世界形成原理，到从天地构精中解析“精”层面与“气”层面的含义，从天地构精与精气媾和的诸多哲学认识上，呈现神主气精的“生主”内涵。神主气精中的“神”为识神种子，从“生生”位域阶段的种子库中种子出发，在坤地无明的染义下，呈现唯识染义的识种子，而“神”是因为真种子对待在如来藏缘起义上具足的真如体如来义的净义真如，唯一心性，它不生不灭，无论净义还是染义，其“神”的真如性具足，不增不减，故有识神种子。识神种子与精气媾和为生命运相形态的初现，它是太极五生象生育系统在“生主”位域阶段独特的生命初始形态。

生命运相形态，为识神种子与精气媾和的神主气精态。生命运相形态在太极五生象生育系统中的发展，就会由运相逐渐转换流变呈现具象的生命命象，是生入、生成、生育的过程阶段呈现。从神主气精的“主”的含义上说，识神种子为内在，而精气媾和呈现的坤体世界为外在。是否就从生命运相形态上说，这个外在精气媾和下的坤体世界，就跟内在的识神种子产生了巨大差异呢？这就又有可能陷入隔离神与气精相联系的圈套，外在的精气媾和呈现的坤体世界为从“生生”位域阶段按照生而分以及唯识变现法则产生的，它也是识神种子唯识变现中识、根、尘境，直截了当地说外在也是识神种子因缘感召和唯识所现的现量。它在初始生命形态中，内外是一致形成的。现在说返熏义的识神种子，故就有了内在与外在，尤其是先天态下识神与气精和返熏后以人的视野来说的内在与外在的形态是不一样的，在道元位域下的体世界不同，呈现的识神与气精是不一样的，在三维世界别说识神态无法明晰，就连坤地体世界呈现的气精态也是难以理解，就如太阳光子素的光速运动就是三维世界精形态呈气态运动，更高位域的如太素等又是另外的形态。在人的轮转中，通常会形成神主气精的内在和外在是分离的错觉，实际上外在的世界是识神种子的一部分，是善恶法所依的福德相层面的一种形态，所以要真正深入理解唯识变现的心王法与心所法。

识神种子的内在与精气媾和的外在之间的关联，就是神主气精与生主的“主”的含义。在“生生”阶段所说的先天神、先天精、先天炁三者形态下，“主”就是以识神的识种子主导先天精、先天炁的流变以及先天精与先天炁形成坤地体世界的规律与法则。我们说藏相动能视野下能量体态的“精”与能量体运动态层面下的“气”，在藏相动能态中精以气动与气动必是精用的精气关联，呈现天地构精以及精气媾和的动态视野。那么它所联动起来的就是识神种子的内在与精气媾和的外在联系，为神主气精态。在神主气精态下说内在与外在就是要强调识神种子的主导作用，唯识变现中唯的哪个识？就是真如体如来义下的元神从 “生生”阶段生的先天神，生而分后染义下的识神。识神如何能主导精气媾和的动态呢？主要是识神种子里有诸多种子因缘，种子因缘经过和合集聚呈现在“生主”态后，诸多种子因缘就会各自起用，每一个因缘起用变现出来的因果动态，就是精气媾和的集合态。这就是识神能“主”天地构精和精气媾和的主要原因，也就是唯识变现体现在十二因缘中的“无明缘行，行缘识，识缘名色”的现行生起过程。如果把无明缘行和行缘识中的“行”看作是天地构精与精气媾和状态的话，那么无明与识就是先天神经过生生与生主过程后，流变转换为识神的形态。

如果把十二因缘无明→行→识过程中的“无明”看作“生生”阶段的先天神，把“识”看作“生主”阶段的识神，那么“行”则是由先天神向识神流变转换过程同步的天地构精与精气媾和态。而先天神与识神的“源”则是“无明”所指的太极识，并且在太极识的真如净义与烦恼染义的两种对待中，“源”指向了太极识的真如义，并由此真如义下的缘起性空无所明了启动了唯识变现的种子与现行生起的世界，这个世界的初始形态就是能量体态的“精”与能量体运动态层面下的“气”，所形成的天地构精与精气媾和坤地体世界形态，那么它们的关系就是依赖无明→行→识过程中“行”承载的无明与识阶段的“神”的作用（由先天神向识神流变转换过程），也就呈现了神主气精的本质，或者说神如何主气精的规律与法则，它是由唯识中的十二因缘过程的内在与外在的关联。

这个内在与外在如何关联以及呈现什么样的含义呢？首先，是真如义下缘起性空无所明了的太极识无明种子库中种子的作用，也就是太极浑沦相阶段三元一体太极识种子库中的种子，向“生生”阶段先天神的流变过程，这构成第一个层次的内在。这个层次的内在指向了种子因缘的属性，为种子因缘的真如义，这是一个本质的内在，因这个元神（法身）层面本质的内在，才能依种子因缘对“生生”阶段三元生而分成三者的其他两者（先天精和先天炁）起用。

其次，在“生生”阶段，三元一体的太极浑沦相生而分为先天神、先天精、先天炁三者，这三者流变到“生主”过程后，先天精和先天炁因精以气动与气动必是精用的藏相动能下的精气关联，形成天地构精和精气媾和的“行”态，在这里就可以对十二因缘中“行”的内容和状态给予描述——为藏相动能义下形成天地构精和精气媾和的精气关联之动态变化，此行态为作用行态，因一个内在的作用而产生的行态。而这种动态变化，为精和气的藏相动能态视野下的“行”态，是因为种子因缘的作用。种子因缘的作用根据第一个层次的含义，作为内在作用在先，故藏相动能视野下的天地构精和精气媾和的“行”态为外在。

再次，当天地构精与精气媾和呈现藏相动能视野下的坤地体世界“行”的形态时，其起源于真如义的先天神也完成了由无明→行→识过程，且是“生生”阶段的先天神流变转换为“生主”阶段的识神的过程。那么就有了藏相动能义下的精与气的“行”态，与先天神（无明）流变转换到识神（识）的同步起用，相互作用。此含义下的“行”态既包含了精气关联之动态变化又包含了神的动态变化（先天神→识神），成为同步行态。

综述之，依据唯识中十二因缘无明→行→识过程，围绕“行”的精气关联视野，循“行”态的因，为有内在的因作用，而产生精与气外在的作用行态，作用行态的结果就呈现了天地构精和精气媾和的坤地体世界形态（藏相动能视野下）。同时，作用行态发生时，同步形态也同步具足了，同步形态的结果就呈现了识神种子与精气媾和。两种行态两种结果，呈现了两种视野，作用行态下的结果呈现了内在与外在作用关系的视野，是一个内外分离的视野，而同步行态的结果呈现了内在与外在产生作用关系的同时还在同步起用，成为内在与外在结合且同步融合的视野。依据两种行态下的“行”义，就有了两种不同的“主”义，因作用行指向的“主”为作用主，为内在对外在起主导支配作用的“主”，也就是识神作为内在主导精气的关联（天地构精和精气媾和的关联），也是神的内在与精气的外在分离的“主”。因同步行所指向的“主”为同步主，为内在与外在随因缘同步起用，构成的含义指向就是识神种子与精气媾和的唯识变现过程。

根据“行”义（作用行与同步行）与“主”义（作用主与同步主）就呈现了无明→行→识不同的道元位域视野，也解构了神主气精在两种“行”义与“主”义下的唯识变现法则。这也是为何要先从说先天神与识神作用主的内在，以及精气关联的作用行的外在，再从内在与外在的关联关系，指向在作用主主导并作用其作用行的基础上，而有同步主与同步行的时空同步义，成为太极五生象生育系统“生主”阶段“神主气精”中“主”的内涵。在“生主”阶段说神主气精，为何是神主气精不是神主精气呢？气在前精在后，那是因为气形态为宏观层面的视野，而精为气态的内在能量体动力，从状态描述上为先见气，气中存精。从能量位域上说，识神也是以精气形态承载，尤其是生入阶段的胎光玄精，识神入胎若无精，识神不足以形成库形态的高位域能量，无气，不足以精气关联且唯识变现现行运动而呈现藏相动能态。

在唯识的种子唯识所变现的立论中，种子所变现生起的现行的“行”中，其神主气精在“主”含义下的作用行态与同步行态的“行”，就是唯识“行”的具体内容，或者说是唯识法则下的具体形态。谈唯识的种子与现行的“行”首先要明确“主”，即为根本种子所主，也就是太极识缘起，在唯识变现的过程中，依无明染义的染浊程度而流变转换为作用主和同步主义。在“主”中谈行，视野就能放在根本种子所在的种子库——太极浑沦相形态的太极识。那么现在的“行”是从太极浑沦相形态的太极识产生了流变过程，有了“生生”阶段，也有了“生主”阶段。太极浑沦相形态下的太极识为三元一体，“神”的内在与“精气”的外在一体，既然唯识变现了，发生了种子变现生起了现行的“行”，自然唯识法则下的具体形态也产生了变化，所产生的变化的对待就是神主气精的具体内容。所以，从作用主与作用行上，既有识神层面的“神”的行又有“精气”的行，其中“神”行的过程为“生生”阶段的先天神转换流变为“生主”阶段的识神，精气的行为“生生”阶段先天精和先天炁流变转换为“生主”阶段的天地构精与精气媾和。

无论是从神主气精下的“行”义与“主”义，还是以唯识所变现的立论中种子所变现生起的现行的“行”，其“主”和“行”的过程，呈现了先天生命运相形态。先天生命运相形态就是“生主”阶段以天地构精和识神种子与精气媾和的唯识变现过程，诸多内涵以神主气精承载“生主”的精髓要义。“生主”所指的神主气精之所以独具形态并且能成为太极五生象生育系统中的位域阶段，就是神主气精在生命初始呈现的生命运相形态。

生命运相形态，有三大含义指向，天地构精所指的坤体世界生化形成的色法态、“精”层面与“气”层面的精气媾和态、识神种子与精气媾和的神主气精态。这三大含义的指向为先天生命在运相形态上的初识态，这个生命的初始态，立于先天，以神主气精的运相，呈现了第一次天人离一。

天人离一，为在人的生命命象形成过程中，伴随每一次神与气精形态的改变，以精和气形态在位域阶段的流变转换实质，呈现的命象——人体与先天状态——“天”的人天分离。这一次是以运相形态存在。我们说人的生命形成，从运相阶段到命象阶段，中间还有藏象阶段，为三次天人离一，也就形成了天人运相离一，天人藏象离一，天人命象离一的三个界域阶段。

“行”义（作用行与同步行）与“主”义同步后，就又要分。这时的分，就呈现了内在与外在的差异。外在通常有成住坏空的周期性，而内在的识神，为福德相做主。内在识神与外在精气媾和的坤地无明体世界的结合，就是生命在成住坏空坤地无明域里依福德相轮回轮转。同步后又要分以及太极浑沦相的生而分，其中“分”的本质是什么？就是无明阴妄的沾染，“分”就是随着无明阴妄的增多而体现逐渐堕落的过程，阴妄盈则能量体虚，就会出现作用体与能量体的流变转换，这个流变和转换的内容、形态、性质组成一个认知生命的系统，就是太极五生象生育系统。无明阴妄盈与能量体虚而体现逐渐堕落的过程就是生生→生主→生入→生成→生育后天五生阶段。既然在后天五生里谈论“分”和堕落，那它们就有具体的内容和形态呈现并与人体生命结合在一起。“分”和堕落具体的流变转换视野，就是在生生→生主→生入→生成→生育后天五生阶段的三次天人离一。

天人离一的三个阶段，就是从神主气精的“生主”开始描述识神、藏相动能视野下能量体态的“精”与能量体运动态层面下的“气”，构成生命在先天态下的不同时空视野的真面目和答案。为何要如此深入地解构先天态下的神主气精以及在“生生”阶段的先天神、先天精、先天炁三者呢？就是要从人体生命命象形成过程，明了生命在不同阶段和道元位域视野下的不同形态。换句话说，在三维世界的生命呈现人体生命命象，有个具象的人体，而在“生主”阶段就是神主气精态，且在“生主”阶段坤地体世界的精气形态同三维世界的体世界又有很大差异。如何去明了这种差异呢？从坤地凡视野下的气、形、质三者来说，坤地体世界所呈现出来的状态和三维呈现的重形态是不同的，所谓的重形态就是因质量差异而被引力支配的物质形态，就像与人体的质量相比地球有巨大质量的球体，而人被地球引力束缚的重形态。所以天人离一的三个阶段就是从神、气、精三者在不同的生育阶段，对人体命象形成过程如何产生作用以及变化的综述，而天人离一又是在后天五生阶段独特的视野形态，并构成太极五生象生育系统中后天五生生育论重要内容。

在“生主”的先天态的神主气精义下，又有三个内容层次，首先，是“生主”阶段先天态的精气关联。为能量体态的“精”与能量体运动态层面下的“气”，在“生主”阶段形成天地构精与精气媾和态，并且在“精”和“气”层面下，要清晰藏相动能态中精以气动与气动必是精用的精气关联。其次，为精气关联下的神主气精义。指向了神主气精下的“行”义与“主”义，以及通过“行”义的作用行与同步行与“主”义的作用主与同步主解构十二因缘过程中的无明→行→识不同的道元位域视野。再次，为神主气精义下的天人运相离一。天人运相离一的实质为“生生”阶段基于神主气精态在太极五生象生育系统中的发展，也就是说天人运相离一是神主气精态的动态指向，神主气精态结合前两个层次呈现的就是先天态的生命大运相，以“主”和“行”义呈现了运相，那么先天态的生命运相在神主气精态形成的流变结果就是天人运相离一。天人运相离一指向了先天态的运相生命恒顺太极五生象生育过程向命象转换，或者说经过天人运相离一后，太极五生象生育过程的“生主”阶段就流变转换为“生入”阶段，但在“生入”阶段之前，必然要有天人运相离一形态的转换，可以把天人运相离一看作“生主”和“生入”阶段的临界转换形态。

作为“生主”和“生入”阶段的临界转换形态的天人运相离一，我们通过“生主”阶段神主气精态呈现的精气关联、精气关联下的神主气精义、天人运相离一这三个层次的内涵明晰了先天态的“运相”含义，也从太极五生象生育过程的整体过程，明了从太极源起的“天”，恒顺后天五生的生育过程，从“生生”到“生育”的人体命象形成的“人”。那么在“生主”阶段如何呈现太极五生象生育过程中的天人运相离一呢？天人运相离一，为元态“库”离，精气媾和“轮”位出，伴随神主气精呈现生命能量体的库轮态。何为元态“库”离呢？元态为“太极体一”中的元神元炁元精三元一体，从太极浑沦相形态的太极识义为种子库。从“库”的指向上说，为种子与种子因缘库和“生生”阶段的元神、元精、元炁三者的能量体库。换句话说为元态（三元一体和元神、元精、元炁三者都是“元”态）的能量体“库”态流变为“轮”态。何为“轮”态呢？为天地构精与精气媾和视野下的坤地体世界形态，在藏相动能视野下，精以气动与气动必是精用的精气关联中，“精”层面为能量体态，“气”层面为能量体运动态，所以天地构精和精气媾和形成的坤地体世界形态就是藏相动能视野下以气态运动的能量体。由于天地构精和精气媾和为识神同步行所主，故依识神种子因缘所主的天地构精和精气媾和形成的坤地体世界，为以六十四个卦体世界来综述和描述的无以计算和形容的时空体世界。那么在藏相动能视野下坤地体世界的时空体则为能量体“精”态，且呈现时空体世界依能量体有气态的运动态，由天地构精和精气媾和所形成的各个独立时空体，指向了“轮”的含义。如何理解由精气关联义所说的坤地体世界的独立时空体为轮呢？举一个三维眼界里星云图像为例，如银河系般有明显运动旋涡形状的星云图，它就是精气关联义下的藏相动能视野下的精气能量体轮。

三维眼界里如银河系般的星云图多到无以计量，但总体来说可以用六十四个卦体世界来综述和描述其共有属性。

从“库”和“轮”的含义，我们知道在“生主”阶段的神主气精态，构成了从先天精气关联态下的能量体视野宏观看待坤地体世界的本质。从坤地体世界（精气关联义下）被能量体库（识神库）所主来看，精气关联义能量体的运动态就是库轮含义，只是在叙述精气关联义的坤地体世界时，忽略了能量体库的所主（神主气精义下的作用主和同步主），但“主”的层面具足存在，只是存而不表。故说“轮”义的精气关联的坤地体世界时，其实是库轮义具足的。天人运相离一就是描述神主气精呈现生命能量体的库轮形态。由于库轮是以精气能量体来关联的，故每一个精气能量体轮，和它并存的一定有一个识神库，而且识神库的道元位域要高于精气能量体轮，这也指向了识神在库层面的道元位域和精气在轮层面的道元位域，共同构成藏相动能库轮视野。既然谈到了藏相动能库轮视野和神主气精的库轮形态，还可以在“生生”的先天态阶段去深入探究，或者说是目睹法报化三身的对应含义。

天人运相离一的库轮形态主要是从“库”和“轮”在神主气精义的各层面内容含义下，围绕生命在太极五生象生育过程中如何呈现天人运相离一“离”。“库”离“轮”出其实也是神主气精形态的真实写照，但“库”的能量体库虽说是离了，并非完全地隔离，只是以流变转换来说“离”，与其说离的隔离隔绝，还不如说是建立在流变转换上的联系。从能量体流变差异来说库和轮离的形成，它们之间构成了界带，这个界带为生命先天孕育与后天发育的界，而带就是最终形成在人体的能量轮的指向。天人运相离一虽然言说“离”了，却还以界带形成联系。这个界带视野既是认识生命的藏相动能视野内容，又是在修真证道的实证中非常重要的关窍，它是炼神还虚阶段重要的玄关。所以“离”义下的库和轮结合神主气精动态观，就是神与气精中“主”和“行”的大运相，它是生命在先天态“生主”阶段的大运相。库轮形态从人体能量体流变转换来说是至关重要的，它的指向就是人体精气神的根本。

生入，先天胎光以玄精的方式入胎成为后天人体初始胎体，伴随人体能量体三轮际出，并形成黄庭三宫统御的精气神聚合形态下的宫库田轮。在“生入”阶段因胎光玄精入胎而有人体初始胎体，故以胎光玄精入胎为标志来界说生命过程的先天与后天。以此，从先天界与后天界就有了关于生命过程的先天与后天视野。从运相、藏象、命象三义上理解，把先天视野看作生命运相孕育形态，主要有后天五生中的生生和生主阶段；把后天视野看作生命的藏象生育形态，主要有后天五生中的生入、生成阶段；把人体视野看作生命的命象发育形态，有后天五生中的生育阶段。

以此界说，可以把后天五生过程分为生命运相孕育、生命藏象生育、生命命象发育三个阶段，从而有生命先天运相孕育、生命后天藏象生育、生命人体命象发育的界说。为何要在这里来界说生命过程的先天与后天视野呢？因为在“生入”阶段先天胎光以玄精的方式入胎，而有胎光玄精的人体初始胎体，故出现了运相孕育与藏象生育的流变转折点。

我们说在太极五生象生育系统的后天五生过程中界说先天和后天，不是已经有先天五太的“先天”和后天五生的“后天”么？所以要弄清楚这两个先天和后天的区别。先天五太和后天五生是立于道→母→器程式而宏观总览大道生化过程，从生化性质上，据道域和器域在净染义上分先天和后天，真如净义承载的道域为先天，有太易→太初→太始→太素→太极先天五太无极而太极过程，为“无极五生象”；而烦恼染义承载的器域为后天，有生生→生主→生入→生成→生育后天五生太极而生育过程，为“太极五生象”。而太极五生象生育系统也以生命运相孕育、生命藏象生育、生命命象发育三个阶段来分先天和后天，这是在器域烦恼染浊的坤地凡，围绕生命形态的变化，从运相孕育、藏象生育、命象发育三个阶段过程，从胎光玄精入胎界说先天视野和后天视野，从藏象命门界说后天视野与人体视野。综述之，先天五太与后天五生的先天与后天，为藏相系统视野中道与器的总范畴；而后天五生中的“后天”视野为立足于器域的藏象生命过程。

立于“生入”阶段为视野，把胎光玄精入胎前的“胎光”和“玄精”看作从“生主”阶段的先天态。而立于“生主”阶段可知，入胎前的“胎光”为识神种子，“玄精”为精气媾和态，这两者经过天人运相离一后，识神种子的“胎光”和精气媾和态的“玄精”发生了以围绕“生命”的紧密关联，在“生入”阶段形成胎光玄精，并且以此入胎成为后天人体初始胎体，从而有了先天与后天的界说。

在“生主”阶段，识神种子以“生入”来看就是胎光义，精气媾和态以“生入”来看就是玄精义，共同呈现胎光玄精。我们说识神以精气形态承载，识神若无精则不足于形成库形态的高位域能量，故识神具足“精”层面的能量体；识神若无气则不足于以精气关联的轮且唯识变现现行运动而呈现藏相动能态，故识神具足“气”层面的运动态。并且“精”与“气”又同时具足藏相动能态中精以气动与气动必是精用的精气关联。在这三方面的关系中，识神种子具足精的能量体且以气的运动态呈现，它依生命生化过程的因缘，生命种子入胎运动则是胎光，它具足的精气关联义的高位域能量则是玄精。所以识神种子以精气媾和的库轮形态，在“生入”阶段就必然与生命发育融为一体而形成胎光玄精，成为后天藏象生育的起点。

识神种子具足精气关联的精气形态，并要依生命生化因缘而在“生入”阶段入胎，从“生主”阶段库轮形态运动流变、转换到“生入”阶段的人体初始胎体形态，故视野落在“胎”上，联系“胎”义。精气关联中的精气态以“气”视野来看藏相运动态，则也是光态，气在太素生命素的能量体作用下，是胎光态运动，因为气动必是精用，此胎光态的气运动，就是识神种子具足的太素生命素为能量体“精”形态在作用。从识神种子具足的精气关联的精气形态在生命转化状态的胎光义，指向了玄精义，识神种子具足的精气关联的精气形态就是“精”形态，只不过是识神种子的“精”形态。识神种子的“精”形态具足藏相动能态中精以气动与气动必是精用的精气关联，识神种子以“精”形态（太素生命素形态）运动，则是胎光，太素生命素形态中又具足生命种子的因缘义和精气的藏相动能义，故“玄”。识神种子以太素生命素的“精”形态的胎光气态运动入胎，这就是胎光玄精的含义。

从“生主”阶段的库轮义上可以看出，识神种子的库义和精气关联的精气形态的轮义，伴随天人运相离一，就以胎光和玄精的方式流变转换到了“生入”阶段。以此流变转换，就有了“生主”阶段生命运相孕育先天和“生入”阶段生命藏象生育后天之界说。在“生主”阶段的天人运相离一就指向了神主气精从“生主”阶段流变转换到胎光玄精的“生入”阶段。天人运相离一的指向，就是先天态的运相孕育生命恒顺太极五生象生育过程向后天藏象生育转换，并依赖生命后天藏象生育让生命随人体初始胎体发育成命象生命。或者说经过天人运相离一后，太极五生象生育过程的“生主”阶段就流变转换为“生入”阶段，但在“生入”阶段之前，必然要有天人运相离一形态的转换，可以把天人运相离一看作“生主”和“生入”阶段的临界转换状态，也是生命先天运相孕育和生命后天藏象生育的临界转换形态，这也是为何要在后天五生过程里，并结合先天运相孕育、后天藏象生育、人体命象发育三个阶段来说天人离一。

再从天人运相离一说说胎光玄精。《管子·心术下》说：“一气能变曰精。”从气视野来说，气的运动态必须是精用，如果在先天“生主”库轮阶段，就是胎光态的气运动，而胎光态的气运动必须是太素生命素为能量体“精”形态在作用。从精的视野来说，精作为能量体的“精”形态是以精气关联的气态运动，故精的外在形态为气的运动态，运动则呈现变化，故说气能变。气为何能变呢？从宏观来说，外在气的运动态是精的内在作用而有内外关联。从精和气来说，精以气动与气动必是精用的精气关联义，气运动态为变，而变的能动作用的能量体为精；又因“精”的能量体作用，故气必然为运动态。所以“一气能变曰精”呈现的是精和气相互关联与转换的内核，它是多个阶段的精和气关联的直接写照，无论是天地构精还是精气媾和，以及父母构精，都呈现了“一气能变曰精”的精和气的多重视野关联。

从精气关联的胎光玄精视野就指向了太素生命素（宇宙生命素），它是凡物“生”的根本。故《管子·内业》说：“凡物之精，此则为生，下生五谷，上为列星，流于天地之间……是故民此气，杲乎如登于天，杳乎如入于渊。”从“凡物之精”的“精”与“是故民气”的“气”可见描述能生五谷并上为列星的指向就是精气关联的太素生命素，凡物与五谷皆从太素生命素“精”的能量体而生，而且太素生命素往物质形态的转换就是光子素所在的可见光。“上为列星”何意呢？就是天地构精形成的坤地体世界在宏观上的轮态，如列星星云旋涡的轮一般，它是以精气关联的藏相动能态。以此藏相动能态的精以气动与气动必是精用的精气关联义，从三维的眼界来看，为列星；列星的实质却是库轮义下的精气关联义所说的坤地体世界的独立时空体。在列星的坤地体世界的独立时空体轮义下，对列星轮“气”态的运动如此描述为“杲乎如登于天，杳乎如入于渊”，说列星的轮义如登于天和如入于渊。何意呢？如登于天是从列星轮义在三维眼界来看，如站在地球上通常认为银河系为天，有仰望的意思，为“登”；而如入于渊是从列星轮义的旋涡轮义的整体观来说，其旋涡的旋转运动并跟随旋涡的旋转运动像入深渊，有俯视的意思，为“入”。

在描述列星的轮义如登于天和如入于渊时，用了“杲”乎如登于天与“杳”乎如入于渊，以“杲”与“杳”呈现了列星轮义的藏相动能视野，为列星气轮义的旋涡动态内容。从如登于天仰望的“杲”义，指向了上升旋涡，为左旋；从如入于渊俯视的“杳”义，指向了堕落旋涡，为右旋。从“杲”与“杳”的内涵承载，构成了列星气轮义在藏相动能视野下的旋涡螺旋动态。

从列星气轮义在藏相动能视野下的旋涡螺旋动态，实际上从三维的眼界视野去描述精气关联的库轮义以及胎光玄精层面的太素生命素，它为凡物之精，可下生五谷。如何“下生”呢？就是此种太素生命素层面的“精”形态，游行于天地之间，充斥在宇宙任何一个角落。它如何游行呢？按五天五运规则和运动规律。如何理解这个“下生”与“游行”呢？以地球上的凡物与五谷来说，它们依赖太阳的光子素能量，太阳光照就是下生义，太阳光在太阳系空间和凡物与五谷根据自身形态吸收太阳能为游行义，如植物的光合作用，游行于植物经络来转换能量。在藏相动能视野下，形成太阳光子素能量的来源材料就是太素生命素，也就是说太阳能的能量来源为太素生命素。《黄帝内经·素问·五运行大论》说：“虚者，所以列应天之精气也。”描述“虚者”如何列应天之精气，也就是说如何与天——指五天五运的精气运动形成沟通往来的渠道。在太极五生象生育系统的后天五生过程里，从三元一体到元神、元精、元炁三者，以及神主气精和胎光玄精，它们之间的流变转换过程都有一个必然的联系。其实天人运相、天人藏象、天人命象描述的就是列应天之精气在人体的流变转换过程。这样就不难理解在《黄帝内经·素问·天元纪大论》说：“太虚寥廓，肇基化元，万物资始。”以肇基化元指向了万物资始的根本和源流。

从“神”层面来讲，识神流变转换为先天胎光（胎光玄精入胎前的形态）。从“精”层面，太素生命素的“精”形态称为和精，从“气”层面，列星气轮义下的五天五运气的“气”形态称为和气。此处的和精与和气之称，就是取神主气精关联的精气态，它是五天五运气在先天运相界域发生五行之运周天交融态，尤其是以二十八星宿所在的辰次分野，是对列星气轮义与五天五运动态交融的精气态的综述，而且此综述的特征就是“和”。“和”除了五天五运之运气交融特征以外，还有阴阳交合之义，五天五运是五行属性的“天”气按照一定的规律交融，同时具备五行属性的天气也有一定的阴阳属性，故又是阴阳交合态。

从天人运相离一的胎光玄精视野和胎光玄精后天人藏象离一，就要明了“生入”阶段最重要的库轮界带下内关外窍。也就是从先天运相→后天藏象→人体命象藏相动能视野下的胎光玄精能量流变原理，只有透析胎光玄精的能量流变原理，才能在胎光玄精态下来说人体能量体的三轮际出以及形成的三宫统御内关外窍。那么就要立于胎光玄精的后天人体初始胎体讲述胎光玄精入胎的内容与形态。

胎光玄精入胎要经过天地构精以及以天地构精义下的父母构精。《黄帝内经·灵枢·经脉》说：“人始生，先成精。”通过前文关于“精”形态和“气”形态以及精气关联诸多义，就能明了先成精的“精”的精妙含义。既然是胎光玄精入胎，为何不直接说父母构精而要先说天地构精呢？那是因为天地构精为坤地体世界动态观，而父母构精为人体体世界动态观，人体体世界寄托于坤地体世界，坤地体世界必然要先于人体体世界形成。这是什么原因呢？从后天五生的位域阶段来说，坤地体世界构精形成为“生主”阶段天地构精和精气媾和，而人体体世界构精形成为“生入”阶段胎光玄精入胎后，从坤地域的时空观上，就有时间先后的迟缓。从库轮小格局来说，列星星云气轮观为人体体世界的库，人体的体世界必然要寄托于坤地体世界。

天地构精义下的父母构精是胎光玄精入胎的外在要素。《黄帝内经·灵枢·决气》说："两神相搏，合而成形，常先身生是谓精。"这句话从三个阶段描述了胎光玄精突出的视野——"两神相搏"描述了"生入"阶段胎光玄精入胎的父母构精的外在因缘要素；"合而成形"描述了入胎"合"后，在"生成"阶段的藏象命门往人体命象的"形"体发展；"常先身生"描述了在两神相搏父母构精的胎光玄精入胎前，"生主"阶段后识神种子具足精气关联的精气胎光形态。"两神相搏"中的"相搏"就是胎光玄精以胎光气态运动入胎的描述，那为何把父母构精以"两神"来描述呢？我们都知道天地为乾坤义，在乾坤义中取类比象乾为父，坤为母，把父母构精的形态以"两神"来喻，就是为了区别天地构精，用"神"要突出表达有情从而去区别天地构精的无情。从唯识来讲，用"神"的有情为心王法，而用天地构精的无情为心所法或者纯粹强调色法。所以在独特的胎光玄精视野下，认识神、气、精在后天五生过程的流变转换形态，也就是从先天运相→后天藏象→人体命象过程，去呈现藏相动能视野下的胎光玄精动能流变原理。

藏相动能视野下的胎光玄精动能流变原理为：在"生生→生主→生入→生成→生育"后天五生太极而生育过程中，从万物凡在太极的发端"源"立场上，在"太极体一"生而未分与分后循生，有元神元炁元精三元一体。伴随太极体一、一生二、二生三、三生万物生化发育哲学的"生"，三元一体的元神元炁元精从太极体生而分有元神、元精、元炁三者。在"生生"阶段流变转换，有先天神、先天精、先天炁三者，以及结合气、形、质三者，形成三三九万物凡生化。在"生主"阶段以神主气精形态，先天神流变为识神，先天精和先天炁以精气媾和形态共同呈现，称精气媾和的"精"形态为和精，称精气媾和的"气"形态为和气。其"生生"和"生主"阶段因独特的天人运相离一，形成生命先天运相孕育之界域。经过生命先天运相孕育阶段后，在"生入"阶段以天人运相离一临界转换的库轮形态，识神流变为先天胎光，和精转换为太素生命素，和气转换为五天五运气。

什么是胎光玄精动能流变原理呢？就是在随胎光玄精入胎，先天胎光之“神”、太素生命素的和精之“精”、五天五运气的和气之“气”，随先天运相到后天藏象的转换中，神、精、气融合一体成为胎光玄精。

胎光玄精入胎临界藏象命门，形成“宫库田轮”的黄庭三宫丹田三轮的人体藏象能量体结构。天人藏象离一过程中，其胎光玄精与太素生命素和五天五运气通过人体初始胎体的“宫库田轮”能量体结构重新统一在人体，形成人体藏象能量体结构。从而在“生成”阶段，流变转换成黄庭三宫丹田三轮“宫库田轮”统御下的内关外窍人体能量系统，并伴随人体天人命象离一，形成神魂魄意志五藏神，并以五藏神按五行之藏统御五藏精气能量，发育成人体经络系统。其“生入”阶段因独特的天人藏象离一和“生成”阶段的独特的天人命相离一，形成生命后天藏象生育之界域。经过生命后天藏象发育阶段后，在“生育”阶段为生命人体命象发育之界域。“宫库田轮”统御下的内关外窍人体能量系统和五藏神共同起用人体命象，发育成全身经络系统，“神”系统由“宫库田轮”转换为“三脑”（大脑、心络脑、肺肠脑）命象意识传导系统，“精”系统由宇宙生命素结合光子素由空气和食物经肺与脾胃运化，“气”系统由经络系统的营卫气血和呼吸凡气构成。

从胎光玄精和胎光玄精在藏相动能下的能量流变原理，我们要认识胎光玄精入胎形成人体初始胎体，以及以人体初始胎体临界的藏象命门。人体初始胎体的含义为胎光玄精与和精以及和气结合，伴随入父母构精的胎的过程发生天人藏象离一，形成胎光玄精与和精以及和气融合在藏象命门临界态上。形成真正意义上的“虚”态胎体，是能量体呈现的精气速度和时空空间的变化，描述了生命形态在无明染浊下从无形到有形的彻底堕落和被束缚的动态过程。这个人体初始胎体随胎光玄精形成的动态过程，我们通过以下几个视野层次解析。

从能量体形态上，有能量体呈现的精气时空空间的变化。能量体的精气时空空间变化是指什么呢？我们先看胎光玄精入胎前精气时空空间，在胎光玄精入胎前，“精”层面为太素生命素的和精，“气”层面为五天五运气的和气，这个和精与和气的时空空间是如何的呢？以列星气轮义并五天五运来说为太素生命素充斥在宇宙列星的任何空间，为列星旋涡所在的坤地体世界所有空间都是和精和气的形态，五天五运气的和气在宇宙间按照五天五运的规律，把四象二十八星宿联动起来，构成大宇宙的时空精气通道。以这样在和精与和气层面上的列星轮义上说时空空间，就是对整个宇宙的坤地体世界集合义上说，可谓大而无外，又因以列星星云为单位说太素生命素，故小而无内。以和精与和气层面来说时空空间，就是以列星气轮义为基本单位，对外说以五天五运气联系全宇宙的坤地体世界，对内以太素生命素下生游行来说充斥的列星内部空间。

在胎光玄精临界藏象命门，随着天人藏象离一，和精与和气层面的大而无外小而无内的广袤无垠，随界带而关闭了列星气轮义的精气层面的库轮。为在天人藏象离一的前后，藏象命门的界带隔离了入胎前的大时空空间，引来了基于人体初始胎体的小时空空间。藏象命门是胎光玄精入胎成人体初始胎体的临界门户，由藏象命门对外为入胎前的和精与和气层面的列星气轮义，对内为入胎后人体初始胎体，故藏象命门形成了列星气轮空间和人体初始胎体空间的界带。这个界带随天人藏象离一而关闭。随胎光玄精入胎的动态过程，尚未入藏象命门的界带前，被父母构精小时空空间所限。对比列星气轮义的大空间来说，父母构精的精子与卵子形成的受精卵空间有限，故构成了人体初始胎体在藏象命门界带前后的时空空间变化。所以就形成了有能量体呈现的精气时空空间的变化。

从能量体呈现的精气时空空间变化上说，胎光玄精入胎为识神种子具足精气关联的精气形态，故这是形成人体生命的主因，而父母构精为胎光玄精入胎并形成人体生命的外缘，从主因外缘在大小时空空间和合集聚因缘齐备时，人的生命通过胎生出现。这里就引发一个问题，生命到底如何被生，是否为父母所生？从人体生命胎生过程的主因和外缘上讲，人非为父母所生却又被父母所生。何意呢？父母构精在胎生过程中仅为外缘，而主因是识神种子具足精气关联的精气形态要在入胎的时空点而生，这个主因和父母的外缘是什么关系呢？为构成主缘的业因，为业力牵引而产生关系。生命种子的主因、父母的外缘因及业因的主缘，形成主因、主缘、外缘具备而产生生命“生”的时空环境。从这三者来说，父母构精的“生”仅为外缘，并未构成主因和主缘，故非为父母所生，但生命“生”的时空环境里，主缘业力所在必须要和父母发生因果联系，父母必定是胎生时空环境因素里重要的业力显现的因素，故生命又被父母所生。这个“被”就是业力因缘关系早已注定，父母先于生命存在于坤地体世界的小空间里，因业力牵引而有构精后的后入，从这个角度来说，业因的注定会形成亲缘关系。故生命非为父母所生却又被父母所生。

从生命胎生的时空因缘条件中，生命识神种子的主因、业因的主缘、父母的外缘在“生”的动态联系中，以胎光玄精入胎临界藏象命门时，其生命种子的主因、业因的主缘和父母的外缘要通过时空空间和道元位域的多种变化完成时空上的集合、并因缘和合集聚在一起，形成关于“生”的同步时空性。时空空间和道元位域的变化就是天人藏象离一要呈现的内容，伴随胎光玄精天人藏象离一，生命种子的主因、业因的主缘和父母的外缘多种内在与外在完成同步时空性。

从能量体呈现的精气时空空间的变化视野看待人体初始胎体，既要从生命“生”的宏观因缘条件上明了生命种子的主因、业因的主缘和父母的外缘同步时空性具足，也就是一切“生”的因缘要具足；又要从生命“生”的动态过程明了时空空间变化产生的能量体流变转换，而这个时空空间变化产生的能量体流变转换就是以胎光玄精入胎临界藏象命门，从而伴随天人藏象离一发生能量体流变转换的动态过程。

从生命体形态上，有先天运相无形生灭流变转换为后天藏象有形生命。我们说人体初始胎体，虽然言明了“体”，但体为虚体，非如人体命象的实体，为有形并非有体。是“形”的概念，也是“生成”阶段从藏象命门言说的和而成形的“形”，那么这里的视野就是在还未“合”之前的胎光玄精临界藏象命门。此时，胎光玄精入藏相命门临界的动态过程中，生命的识神种子具足的列星气轮的精气义已经在天人藏象离一过程中，通过界带关闭了，而胎光以及和精与和气层面的先天运相已经流变转换为胎光玄精，先天运相的无形（识神种子具足的精气关联义）流变转换为后天藏象有形，称为生命体形态上的流变转换视野。

此时说后天藏象有形生命体，并非是命象体那般的型体，而是虚体，是形的一种概念，为形体，之所以称为形体，那是因为胎光玄精入胎临界藏象命门是时空时间态上，诸多关于生命的时空空间都具足因缘，坤地体的时空空间体、父母构精的受精卵时空空间体以及天人藏象离一能量体流变形成的“宫库田轮”时空体，都构成了人体初始胎体的“生命”形体的框架和轮廓。实际上，在“生成”阶段从藏象命门言说的和而成形的“形”里，人体命象里的一切脏器、骨骼、经络、皮肤、血肉等可构成生命体的物质元素都已经由因缘写就。

生命体形态从先天运相无形向后天藏象有形流变转换，是建立在能量体形态呈现的精气时空空间的变化上，尤其要明晰人体初始胎体在藏象命门界带前后的时空空间变化，是生命体形态的转折，在这里可以看作时空空间跟能量体形成了对应关系。这种时空空间与能量体对应的根本原因是什么呢？就是无明染浊而导致的堕落的业力牵引，它是各位域空间产生变化联系和流变转换的根本因素，它就是万有引力的根本，物质域的物质形态产生的万有引力只是业力显象的一种形式。无明染浊而导致的堕落业力牵引，也是生命非为父母所生却又被父母所生中重要的主缘，这就是为何要固守清净，不要无知躁动攀缘附会，它只会给自己滚一个巨大的业因雪球。无明业消不了，就永远随它的业力牵引下去。

在藏象命门临界态的“虚”态胎体中，有精气神的聚合视野。立足于能量体形态呈现的精气时空空间的变化以及生命体形态从先天运相无形向后天藏象有形流变转换两大视野，就要指向胎光玄精临界藏象命门，产生“虚”态胎体的界带前后，通过天人藏象离一发生了精气神的聚合视野。藏象命门的界带前后的虚态胎体，在界带的转换功能下，产生了精气神的聚合视野。为何是藏象命门的界带前后的虚态胎体呢？那是因为藏象命门临界前为无形的虚态，而临界藏象当还未发育成形体时，也是虚态。

藏象命门临界态中，藏象命门形成了列星气轮空间和人体初始胎体空间的界带，由界带形成了先天运相外空间和后天藏象内空间。在界带转换的临界态上，发生了精气神的聚合视野。藏象动能视野下的胎光玄精动能流变原理以及过程中，在随胎光玄精入胎，先天胎光的“神”层面、太素生命素的和精的“精”层面、五天五运气的和气的“气”层面，随先天运相到后天藏象的转换中，神、精、气融合一体成为胎光玄精。通过这一次融合后，后天藏象内空间产生了由精气神聚合后形成的“宫库田轮”人体初始胎体能量体空间。由此，以天人藏象离一，伴随人体能量体三轮际出，并形成黄庭三宫统御的内关外窍形态的宫库田轮。所以，藏象命门临界态的界带完成了精气神动能位域的升降转变，这种转变是右旋堕落流变。

综述之，以能量体呈现的精气时空空间变化视野、生命体形态从先天运相无形向后天藏象有形流变转换视野、藏象命门临界态的“虚”态胎体中有精气神的聚合视野来共同认识人体初始胎体，以及胎光玄精临界藏象命门的动态过程。在“生入”阶段生命从先天向后天转换，这个转换的界域就形成了以胎光玄精对精气神各层面的融合，以胎光玄精自身具足的生命识神种子的胎光、以及玄精义下的精气，成为入胎临界藏象命门前的人体初始胎体的精气神结构。经藏象命门入胎后，其父母构精的两神相搏形成的受精卵就是构建人体初始胎体的人体外在时空环境，在这里就叫人体命象精气，是外在的，在这个受精卵外在时空环境里，其藏象命门界带对内的“宫库田轮”人体初始胎体能量体逐渐经过流变转换后，形成命象的形体后，才采用受精卵和母亲胞胎里的能量（营养），就构成外在命象精气了。

所以胎光玄精具足的胎光生命种子的层面与太素生命素的和精的“精”层面、五天五运气的和气的“气”层面，三者能量体的集合是人体初始胎体以及人体命象体的最主要因素，虽然经过了天人藏象离一和天人命象离一的流变转换，但是同步于生命时空空间的变化而产生的能量体流变原理，只有把这个过程解析并呈现清楚，才能目睹无明业呈现在能量体以及生命体形态上的面目，从能量体的堕落流变衰变转换，生命体形态从无形到有形以及到命象的发展，认识什么是无明业，什么是染浊以及伴随染浊体现在生命上的堕落方式。

我们说先天运相与后天藏象界域的转换，把运相孕育的结尾阶段放在胎光玄精入胎前后，故只要胎光玄精与父母构精的两神相搏结合到一起，生命的孕育就叫怀孕。为何叫运相孕育的结尾阶段呢？因为在胎光玄精后第二次天人藏象离一后，天人运相离一就从母腹隔离了，藏象命门临界态的界带对内为入胎后人体初始胎体，界带随天人藏象离一而关闭，天人运相离一的库轮能量体流变为黄庭三宫丹田三轮的“宫库田轮”形态。

什么是天人藏象离一呢？天人藏象离一，为先天神主气精能量体的库轮义离，先天态运相结束而后天藏象的“宫库田轮”出，以藏象命门临界态的界带，形成黄庭三宫统御的精气神聚合形态下的宫库田轮能量体结构，并生化转换五藏神，形成藏象内丹田。

从先天运相说起，在“生主”阶段神主气精态呈现的精气关联、精气关联下的神主气精义、天人运相离一这三个层次的内涵明晰了先天态的“运相”含义，并且在“生主”和“生入”阶段的临界转换形态的天人运相离一的作用下，神主气精态完成了“生入”胎光玄精入胎前的转换。从“神”层面来讲，有识神流变转换为先天胎光，从“精”的太素生命素的和精层面，以及从“气”的层面五天五运气，具足了其精气关联下的列星气轮义，成为先天运相向后天藏象的形态转换。故先天胎光、和精（太素生命素）与和气（五天五运气）只是神主气精下的精气关联义的独特形态，是属于先天范畴的，在“生入”阶段的胎光玄精入胎前的先天胎光、和精与和气状态，只是“生主”阶段神主气精态的发展，它们中间有天人运相离一的转换过程。所以要把先天运相的诸多层次、“生主”与“主入”阶段各具的形态识别清楚，为何先天运相在神主气精态下具足了诸多层次与形态呢？原因就是它们是基于生命形态的动态过程，在“生主”阶段有具体的形态和内容，同时它又在以天人运相离一在作用和运动，故在“生主”与“生入”阶段转换，会有多种交接转换发生，也必将出现诸多形态与内容的变化。

从先天运相说起的神主气精诸多形态以库轮义呈现，而随胎光玄精入胎临界在藏象命门临界态上时，先天运相库轮义随天人藏象离一完成了转换。胎光玄精临界藏象命门作为精气神的聚合状态，步入了后天藏象界域。我们把独特的藏象命门临界态的界带看作界说先天运相生命和后天藏象生命的界膜，成为先天运相界域和后天藏象界域的界说。有此界带之位域界说，就能以藏象命门临界态之界带，循界带先天之外，和胎光玄精入胎后天之内。就有了先天之外的神主气精库轮义离，在临界状态中，先天运相形态下的识神具足的精气关联义的神气精融合一体成为胎光玄精，这是临界态的胎光玄精的聚，在离与聚之义后，伴随胎光玄精入藏象命门，就有了后天藏象形态下的黄庭三宫统御的精气神聚合形态下的宫库田轮，而有“宫库田轮”态，在胎光玄精入胎藏象命门临界态的同时，先天运相在界带功能下关闭，先天神主气精库轮义随界带隔离，从而生命步入后天藏象界。

胎光玄精视野中的聚与入胎，描述的是临界藏象命门的动态过程，它对神气精融合一体的“聚”义恰好承载了先天运相界中先天神主气精库轮义的“离”，胎光玄精的“聚”义和先天运相的“离”义所指向的就是胎光玄精入藏象命门，而藏象命门就是先天运相层面的列星气轮空间和人体初始胎体空间的界带。从藏象命门时空空间的临界态来说，先天之外为精气神聚合的胎光玄精态，而后天之内为胎光玄精转换后的宫库田轮态。既然有关于藏象命门界带视野的先天之外与后天之内，为了避免把藏象命门界带视野理解成像门一样的开关出入义，所以这里就要说说藏象命门的先天与后天之流界门、胎光玄精与宫库田轮之离转门、窍关七门三门含义，以这三门含义说明藏象命门也是一个时空空间体，只有立足于这个独特时空空间体，围绕藏象命门界带时空体以及集合藏象命门的先天之外与后天之内，才能更好地呈现天人藏象离一内涵。

藏象命门的先天与后天之流界门，为在胎光玄精视野下，随胎光玄精入胎的先天与后天界域的临界门户。流界门的“流”就是以动态过程描述随胎光玄精入胎的运动发生的时空空间的变化。从先天运相来说，和精与和气层面的大而无外小而无内的广袤无垠大时空空间，当经过了藏象命门的先天与后天之流界门，就进入了基于人体初始胎体来说的小时空空间，而这个流界门的开关，就指向了随界带而关闭了列星气轮义的精气层面的库轮，所以这个流界门的“门”是一个动态的逐渐变化的界门。

藏象命门的胎光玄精与宫库田轮之离转门，为随先天与后天之流界门的时空空间的变化，藏象命门界带的后天藏象之内的临界态中而发生的能量体的形态离转。为胎光玄精形态离转成宫库田轮形态。为何要说藏象命门界带的后天藏象之内的临界态呢？那是因为胎光玄精本来就是先天运相中先天胎光的“神”层面、太素生命素的和精的“精”层面、五天五运气的和气的“气”层面的神精气融合一体，伴随入胎在藏象命门的临界，已经为后天藏象之内的范畴，也就是胎光玄精在藏象命门的视野，以此而有能量体形态上的离转门。离转门的“离”就是指先天运相层面先天神主气精能量体的库轮义随流界门而离。在先天运相随界门而离的前提下，天人藏象离一就是要解析在离转门下的胎光玄精与宫库田轮之间的转换。在离转门下的胎光玄精与宫库田轮之间的转换的实质就是人体初始胎体在藏象命门下能量体的形态，有了黄庭三宫统御的精气神聚合形态转换后的宫库田轮，就形成了在后天藏象界域内的能量体结构，抛开与先天能量体的联系不谈，在后天藏象界域内的宫库田轮能量体结构就是人体命象的总能量源。

藏象命门的窍关七门，为胎光玄精离转成宫库田轮能量体形态后，在宫库田轮基础上形成窍关七门的内关外窍形态，开始从后天藏象范畴步入人身范畴，为“生成”阶段基于藏象命门人体初始胎体言说人身虚体的视野。从先天与后天之流界门、胎光玄精与宫库田轮之离转门、窍关七门三门含义的胎光玄精视野与藏象命门临界态内涵，以三门义共同构成了界带内涵并承载了对人体初始胎体的认知。

生成，为生命形态依藏象命门临界态，经藏象宫库田轮能量体三库轮态结构发挥统御、离转作用，在藏象命门时空体内，形成五藏神统御系统与命象精气神生发运化系统，从藏象发育开始主导人体命象的发育。“生成”阶段就是要围绕藏象命门临界态，去看待在人体命象结构发育前的藏象精气神能量体如何从藏象命门三门与界带的作用，从宫库田轮结构形成主导并运转生理生命的诸系统。藏象命门临界态离转三大原理，为先天与后天生命域界流界离转、精气神随胎光玄精形态离转、藏象能量体向命象系统离转三大离转构成。其中先天与后天生命域界流界离转，为从先天态的神主气精运相，在天人运相离一作用下，随胎光玄精临界藏象命门，先天运相时空空间流转为后天藏象时空空间。以藏象命门时空体中的先天与后天之流界门（界带）成为先天运相生命形态域与后天藏象生命形态域的域界，从而形成生命的先天与后天之界，形成在藏象命门临界态的先天与后天生命域界流界离转。

生育，为藏象内系统依窍关七门，流变转换为五藏神外丹田精气神形态，以藏象外系统主导和运转人体命象的整体发育，在人体命象空间内以人体空间体形成胎形，在胎形中以中脉为主体的三脉七轮统御人体经络系统合而成形生长成胎体。藏象内系统和外系统共同构成藏象生命系统，统御并生化人体命象生理生命的整体发育。“生育”阶段主要是从作用和运转生理生命的本质形态出发，言说各种层面能量体的关窍、结节、轮脉、精气营卫脉络的发育，从而形成基于命象外在的生理特征而指向内在的藏象生命系统。

五藏神统御系统

五藏神与阴阳五行之藏统御系统为围绕五藏神为内容核心，立足于阴阳五行之藏统御藏象内五系统（肝心脾肺肾五系统）中的脏腑、经络、气血的命象与运相的统御系统。五藏神为具生化属性的宫库田轮三库轮态（黄庭义）能量体结构转换而出，是后天藏象域从生命形态来说极其重要的转折，五藏神自生化转换而出就以五藏神统御系统形成对后天藏象能量体与人体命象的总统御，是真正意义上围绕生命来说的具体形态。五藏神作为宫库田轮能量体结构中藏象系统内容，既以此统御藏象系统，又以总统御主导和运转人体命象系统。从五藏神转换视野来说，转换五藏神的能量体为宫库田轮三库轮态能量体结构，生化转换的空间为丹田三轮所在的中界膜与结带膜之间的时空体空间，材料为宫库田轮三库轮态能量体结构所承载的上黄庭泥丸宫神库与上丹田泥丸神田中的“神”形态、中黄庭心绛宫精库与中丹田心绛精田中的“精”形态、下黄庭命门宫气库与下丹田命门气田中的“气”形态。

从五藏神生化转换形成空间指向来看，在丹田三轮所在的中界膜与结带膜之间的时空体空间为宫库田轮能量体三库轮态下的内丹田，由此可以看出，五藏神为内丹田视野下独特的内容形态。所以就要梳理内丹田系统并结合五藏神生化转换的内容形态来说藏象时空体如何围绕生命进行生化转换。“神”形态的宫库田轮三库轮态，中位为上黄庭泥丸宫神库，中位外境为丹田轮神田，“神”形态的内丹田为神、魂、魄、意、志五藏神中的神、魂、意（先天）、志态，并以内丹田统御“神”形态下的外丹田，为人脑三界构。“精”形态的宫库田轮三库轮态，中位为中黄庭心绛宫精库，中位外境为丹田轮精田，“精”形态的内丹田为五藏神精态（具足精的能量形态）与魄系统，并以内丹田统御“精”形态下的外丹田，为人体命象的运化精系统与生殖精系统。“气”形态的宫库田轮三库轮态，中位为下黄庭命门宫气库，中位外境为丹田轮气田，“气”形态的内丹田为祖气系统，以及五藏神气态（具足气的运动形态），并以内丹田统御“气”形态下的外丹田，为人体命象的命象之气和呼吸凡气。

从“神”形态、“精”形态、“气”形态三者的内丹田系统可知，五藏神既依宫库田轮三库轮态能量体形态生化转换而成，又以具体的神、魂、魄、意、志构成生命内容。所以五藏神为精气神三者离散形态皆具，就如同在宫库田轮三库轮态能量体结构原本已经离转成的精气神三态，又以五藏神重新聚合在一起一般。其实就是这种形态，宫库田轮三库轮态为精气神三态分离，但五藏神中又都有精气神三者的形态内容，具备了五藏神重新聚合被离转的精气神三态，只不过这种聚合并非全部能量体的聚合，而是“神”形态、“精”形态、“气”形态三者的部分能量体与内容以五藏神的融合，因为内丹田系统中还有除五藏神外的其他内容形态出现。从五藏神融合“神”形态、“精”形态、“气”形态三者的部分能量体与内容来看，五藏神可以构成精气神三态离转分散形态下的统御体，尤其是精气神三态离转分散后体现在对人体命象系统的主导与运转，五藏神具统御功能。

五藏神的“藏”又有哪些具体内涵呢？首先，直指人体命象中肝、心、脾、肺、肾五脏以及能统一在五脏里的六腑，以此脏腑含义来言说主导和运转的“藏”义。其次，结合人体命象五脏与藏义运转系统而言说藏象义，藏象义是“藏”义更深一层的指向，为联系五脏系统来说统御、主导和运转五脏系统的本质规律，为五脏系统和“藏”义主导运转系统两者构成，且有藏相法则中的五脏为外象系统，“藏”义系统为内相系统，为五藏神的藏象本义。

五藏神的“神”之所以神，是因为五藏神生化转换为依宫库田轮三库轮态能量体，且在“神”形态、“精”形态、“气”形态三者的后天藏象视野，对比人体命象五脏系统来说，其道元位域要高好几个层次，故此“神”可以理解为精气神三者高能量态的生化转换，一切人体命象系统统御、主导、运转的发生，都是精气神系统以能量传导来实现，这个能量传导的本质就是以“神”所寓意的精气运动态，是内丹田层面的“神”的写照。以此“神”义对比人体命象五脏系统和“藏”义运转系统来说，它为藏在藏象义规律下且在高道元位域下的交互体用相义，是构成五藏神所有层面的能量“源”，且这个能量源依宫库田轮三库轮态能量体指向了后天藏象胎光玄精聚合态，以此聚合态联系先天和后天，有机联系了界带膜外的先天域界。

综述之，五藏神的“藏”义，为人体命象五脏系统以及基于五脏的藏义系统，前者构成外象与后者构成外象之内相，共同呈现藏象义，五藏神对人体命象诸系统的主导、运转乃至组织器官、经络气血的生化具统御功能和作用。从五藏神的“神”义来说“藏”，以统御功能呈现藏象原理的能量“源”。

从五藏神言说统御功能和作用，除五藏神在内丹田的能量形态外，在外丹田与人体命象层面为以五行之藏规律来统纳运转。五藏神依五行之藏形成藏象与人体命象之间的联系，且在藏象系统中起统御的功能和作用。在五藏神含义解析里说人体命象的五脏系统（传统藏象学说系统）在藏象义下构成外象系统，而联系人体命象五脏的藏义系统在藏象义下构成内相系统。此外象与内相以藏相法则联系，形成内藏外象形态。

五行之藏为以木、火、土、金、水“五行”来归类和统纳藏象生命系统的法则，具藏义，且藏在藏象与人体命象诸多系统之中。其五行之藏，是运用五行学说对五脏六腑的特性以及脏腑间的关系加以说明与解释，一方面把五脏归属于五行，另一方面用五行的生克规律说明脏腑间的生化制约，使之处于平衡的运动状态，这就使藏象学说更为系统化、理论化。五行之藏除了人体的脏腑、经络、气血按照“五行”的生克规律来运转外，人体外的宇宙与自然也统一在五行之藏里，形成人与自然相互感应的天人感应系统。这个系统是自如循环调节的严密系统，也是大宇宙与生命观的生命之轮。

在《黄帝内经》关于五行之藏对神志活动的分类为，肝属木藏魂，心属火藏神，脾属土藏意，肺属金藏魄，肾属水藏志。其魂、神、意、魄、志称为藏象五神，或五藏神。五藏神按照五行生克规律联系，五藏神又总统于心神，《类经·疾病类》：“心为五脏六腑之大主，而总统魂魄，兼该志意，故忧动于心则肺应，思动于心则脾应，怒动于心则肝应，恐动于心则肾应。”五行之藏的藏象系统，以五行的相生相克发生关系；同时，五藏间有经络系统相互作用，十二经脉在体内与脏腑相连属，其中阴经属脏络脏，阳经属腑络腑，一脏配一腑，一阴配一阳，形成了脏腑阴阳表里属络关系。即手太阴肺经与手阳明大肠经相表里，手厥阴心包经与手少阳三焦经相表里，手少阴心经与手太阳小肠经相表里，足太阴脾经与足阳明胃经相表里，足厥阴肝经与足少阳胆经相表里，足少阴肾经与足太阳膀胱经相表里。互为表里的经脉在生理上密切联系，在病理上相互影响，在治疗时相互为用，构成一个闭合循环的系统。《灵枢·本输》：“凡刺之道，必通十二经络之所终始。”五藏神是藏象生命的重要特征，也是《黄帝内经》言藏象生命的精髓所在。

关于五藏神，在《黄庭经·内景经·心神章第八》："心神丹元字守灵，肺神皓华字虚成，肝神龙烟字含明，翳郁道烟主浊清，肾神玄冥字育婴，脾神常在字魂停，胆神龙曜字威明。六腑五藏神体精，皆在心内运天经，昼夜存之自长生。"以"心神"之称谓综述五藏神，无不是从五藏神的源头——后天藏象胎光玄精之识神来称谓，也是五藏神之所以"神"在依宫库田轮三库轮态能量体生化转换形态上，言说胎光玄精之先天识神（神主气精态）的本质。唐代女道医见素子胡愔曰："夫天主阳，食人以五气；地主阴，食人以无味。气味相感，结为五脏。五脏之气散为四肢、十六部、三百六十关节；引为经脉、津液、血髓；蕴成六腑、三焦、十二经；通为九窍。故五脏者为人形之主。一脏损则病生，五脏损则神灭。故五脏者，神明、魂、魄、志、意之所居也，每脏各有所主，是以心主神，肝主魂，肺主魄，脾主意，肾主志。发于外则，上应五星，下应五岳，皆模范天地，禀象日月，触类而取，不可胜言。"

五藏神与五脏相配，有肝魂、心神、肺魄、脾意、肾志之藏象系统称谓，实则是以五藏神道元位域能量体的统御功能和作用，并以此统御完成对人体五脏系统的主导和运转。既然在后天藏象空间来言说五藏神，尤其是依宫库田轮三库轮态能量体形态生化转换而成，强调宫库田轮三库轮态所在的内丹田的道元能量位域，故先要立足于五藏神在道元能量位域上的统御功能和作用，再以此统御言说对藏象系统与人体命象系统的主导和运转，才有结合人体五脏与其相配，而有五藏神与五脏相配的藏象系统称谓的视野。

五藏神之魂，肝藏魂。《黄庭经·内景经·肝部章第十一》云："肝部之宫翠重里，下有青童神公子。主诸关镜聪明始，青锦披裳佩玉铃。和制魂魄津液平，外应眼目日月清。百疴所锺存无英，同用七日自充盈。垂绝念神死复生，摄魂还魄永无倾。"肝神"龙烟"，字"含明"。夫肝者，震之气，木之精，其象青，其象如悬匏，其神形如青龙。肝主魂，化为二玉童，一青衣、一黄衣，各长九寸，持玉浆出于肝脏，一云：“肝有三童子，六玉女守之。”其神好仁，仁惠盖发于肝脏，故安其魂而延其治者，则当泽者被刍棘恩草。夫肝处三宫，主仁，使人凝肃慈惠及物，则魂安而形全也。

“肝部之宫翠重里，下有青童神公子”，东方青色入通于肝，开窍于目。肝部之宫为“木”宫，为东方震木也。“宫翠重里”肝脉出于大敦，肝色青翠，重里为大小相重之象也。肝，居东方木位，主青，其神形如青龙。肝色青，木，肝色也，如翠羽者生，如草滋者死也。味酸，其性收，食先走筋，筋病勿多食，则皮槁而毛落。其性仁，肝气主仁，其性喜木，好生而主喜。肝之东岳，上通岁星之精，春三月存岁星在肝中，亦作青气存也。

“主诸关镜聪明始”，肝开窍于目，左目甲，右目乙，在形为眼。“和制魂魄津液平，外应眼目日月清”，肝者罢极之本，魂之处也。左目为日，为王父；右目为月，为王母，为泪为阴之精也。罢极之本、魂之处谓之“聪”；左目甲、右目乙、在形为眼谓之“明”，左目为日，右目为月，在外形为眼。主筋，故人之肝虚则筋急，人之皮枯者肝中热，人之肌肉斑黯者肝风也，人之色青者肝盛也，人之好食酸物者肝不足也，人之发枯肝伤也，人之手足多汗者无疾，肺邪入肝则多呼。夫肝主筋，肝之有疾当用嘘。嘘者肝之气，其气仁，能除毁痛，皆自然之理也，不以为嘘者哉，此至理通玄之道也。肝号“大尚书”，亦号“大夫天”，为清冷宫。肝生于左，肝为之语也。风气通于肝，于液为泪，泪者，肝之液。肾邪入肝，则多泪也。六腑胆为肝之府，胆与肝合；五官眼为肝之官，肝气通则分五色，肝实则目赤黄也。肝合于筋，其荣爪也。肝之合也筋，缓而不能自持者，肝先死也。

《太微灵书》云：每月三日、十三日、二十三日夕，三魂弃身游外。摄之者，常仰眠、去枕、伸足、交手心上，瞑目闭气三息，叩齿三通毕，存心中有赤气，如鸡子从内出于咽中，赤气转大，覆身，变成火，以烧身，使匝，觉体少热，呼三魂名曰“爽灵、胎光、幽精”。即微咒曰：“太微玄宫，中黄始青，内炼三魂，胎光安宁，神宝玉室，与我俱生。不得妄动，鉴者太灵。若欲飞行，唯诣上清；若有饥渴，得饮玄水玉精。”又每月朔望晦光魄盛总交通，存思精炼返还之法。当此，乃仰眠伸足，掌心掩两耳，令指根绕于项上，闭息七遍，叩齿七通；心存鼻端白气，如小豆大，须臾渐大，冠身上下九重气，忽变成两青龙，在两目中，白虎在两鼻孔中，朱雀在心上，苍龟在左足下，螣蛇在右足下，两玉女著锦衣，手把火光当两耳门。毕，咽液七过，呼七魄名“尸狗、伏矢、雀阴、吞贼、非毒、除秽、臭肺”。即咒曰：素气九还，制魂邪奸，天狩守门，娇女执关，炼魄和柔，与我相安。不得妄动，看察形源，若有饥渴，听饮月黄日丹。

肝藏魂，常以肝魂称之。肝中有三魂，名曰：爽灵、胎光、幽精，目为之官，左目为甲，右目为乙。三魂“胎光、爽灵、幽精”，也称之为“主魂、觉魂、生魂”或“天魂、识魂、人魂”等。肝开窍于目，天干为阳甲与阴乙。其命门在目，关于命门宫中如何生双眼以“其形在眼”在“生育”阶段的合而成形内容再解析，所谓“在母腹中未有此身光有此穴，因有此穴，始生此身左为玄阳，右为牝阴，中穴实，通上下二眼”。在人体命象系统中，“魂”被现代医学认为是能伴随心神活动或梦幻活动的思维意识活动。《灵枢·本神》：“随神往来者谓之魂。”《类经·脏象类》：“魂之为言，如梦寐恍惚，变幻游行之境，皆是也。”把魂归入为意识传导系统，那是因为“魂”的生化转换源为库田轮三库轮态下“神”形态，“神”形态的道元能量位域不仅生化转换了魂，还有和意识传导有关联的魄、意（先天）、志态，而且在人体命象上的意识传导，不仅有外丹田的人脑三界构，还有三脑（大脑、心络脑、肺肠脑）参与，其实三脑意识传导系统所谓的意识传导的能量位域，是不能跟五藏神相提并论，这就要从它生化转换的“源”——库田轮三库轮态下“神”形态寻迹根本。

五藏神之神，心藏神。《黄庭经·内景经·心部章第十》云：“心部之宫莲含华，下有童子丹元家。主适寒热荣卫和，丹锦飞裳披玉罗。金铃朱带坐婆裟，调血理命身不枯，外应口舌吐五华。临绝呼之亦登苏，久久行之飞太霞。”心神“丹元”，字“守灵”。心，火宫也。居肺下、肝上，对鸠尾下一寸，色如缟映绛，形如莲花未开之状。凡丈夫至六十心气衰，言多错忘也，重十二两。心象离火。丹锦衣裳，外阳也。披玉罗，内阴也。所谓离中空是也。

心者，生之本，神之处也。且心为诸脏之主，明运用生，是以心藏神，亦君主之官也。神明出焉，监饮四方，亦号“五神君”，亦号“太尉公”。心为帝王，正居中央，亦号曰“灵台”。六腑小肠为心之府，小肠与心合，为受盛之府。五官舌为心之官。心气通，则舌知五味；心病，则舌焦卷而短，不知五味矣。心合于脉，其荣色也，心之合也血脉，虚少而不能荣于脏腑者，心先死也。其心者，色赤，火，心色如火也，如雄鸡心色者生，黑色者死。味苦，其性坚，食之先走骨，骨病勿多食，多食而爪枯也。其具焦，心邪自然积恶焦也。其性礼，心气主其性乐，火性乐而主燥。心之外应南岳，通荧惑之精。夏三月存荧惑在心中，亦作赤气存之者。

“主适寒热荣卫和”，为荣卫气血之总论，是故“卫行脉外，荣行脉中”也。心主荣，肺主卫；脾主阴血，肾主阴精；脾与肾之主精血，皆缘于肝脑之元阴元阳生发与节制。人体一气分气血，气血再分为荣、为卫、为阴血、为阴精。“寒热，阴阳静燥之义也。人常和适，以荣卫其身。气分阴阳，阳者为卫气，阴者为阴精；血分阴阳，阳者为荣气，阴者为阴血。气行于经，则卫行于经；血行于脉，则荣行于脉。”心安体和，则无病矣。

“外应口舌吐五华”， 南方赤色入通于心，开窍于舌，在形为脉，出于中冲。心主口舌，吐纳五脏之津，识五行之味，故言外应五味也。心热者，色赤而脉溢，颜先赤。心病者，口生疮、腐烂，心胸、肩胁、两肋、背、两臂皆痛，或夜梦赤衣人持赤刀、仗火来怖之。人心虚则胸腹腰相引而痛。又云：心病欲濡，急食盐以濡之，用苦以补之，甘以泻之。禁湿衣、热食，心恶热及水。心病证，当脐上有动气，按之牢若痛，苦烦心，病手足心热。

心藏神，常以心神称之，在此内容体系里，一是将“心”所指的概念从后天藏象与人体命象层面指向识神，而不是指真如心性；二是将“神”所指的五藏神中的神，区别于精气神的“神”，虽然它们在不同层面上有相互包含的含义，但从五藏神的生化转换之源宫库田轮三库轮态能量体来说，为区分“神”形态所广义统御的神系统，此神系统包含心神含义与内容。而在人体命象精气神层面，心神是通常指心以君主之官统领和主宰精神、意识、思维、情志等活动。魂、魄、意、志四神以及喜、怒、思、忧、恐五志，均属心神所主。《类经·脏象类》曰：“意志思虑之类皆神也。”“神之为德，如光明爽朗，聪慧灵通之类皆是也。”“是以心正则万神俱正，心邪则万神俱邪。”

五藏神之魄，肺藏魄。《黄庭经·内景经·肺部章第九》云：“肺部之宫似华盖，下有童子坐玉阙。七元之子主调气，外应中岳鼻齐位。素锦衣裳黄云带，喘息呼吸体不快。急存白元和六气，神仙久视无灾害。用之不已形不滞。”肺神“皓华”，字“虚成”。夫肺者，兑之气，金之精，其色白，其象如悬磬，其神形如白兽。肺生魄，化为玉童，长七寸，素衣持兵杖往来于肺腑也。一云：肺有七童子，十四玉女守之。其神多怒，人之怒者，盖发于肺脏。肺，金宫也，为五脏之华盖，本一居上，对胸有六叶，色如缟映红。凡丈夫至八十，肺气衰，魄离散也。重三斤三两。

“七元之子主调气，外应中岳鼻齐位”，西方白色入通于肺，开窍于鼻。亦云：“左孔为庚，右孔为辛。”在形为皮毛。中岳者，鼻也。又为齐，齐为昆仑。鼻为七窍之门户，位犹主也。肺脉出于少商，肺者，诸脏之长，气之本也，是以诸气属之。久卧伤气，天气圆于肺。盖呼吸之津，传送之官，又为魄门，亦为玉堂官。肺者，相傅之官也。治节出焉。于液为涕。涕者，肺之液。肾邪入肺，则多涕也。肺生于右，肺为之嗽。六腑大肠为肺之府。大肠与肺合，为传泻行导之府也。五官鼻为肺之官，肺气通则鼻知香臭，肺病则鼻不知香臭。肺合于皮，其荣毛也。皮聚而毛落者，肺先死也。元阳子曰：七元之君，负甲持符，辟除凶邪而布气七窍，主耳目聪明。七元，七窍之元气根本来源也。饮食营养液、血液、肌肉、脂肪、骨骼、骨髓、精液七种为基础七元，而从这基础七元又清浊分泌而生化出的津液称为正津。七液，指人的心液、肝液、脾液、肺液、肾液、气液、血液。

“急存白元和六气”，肺也，色白金。《大洞经》云：“白元君居洞房之右是也。”肺色如象，音生色也，枯音死者也。味辛，其性散，食之先走气，气疾勿多食，则皮肤其臭腥。心邪入肺，则恶腥也。其性义，肺气之义其性怒，金性刚而主怒。肺之中，亦作白气存也。“风、寒、暑、湿、燥、火，此内经所谓六气也。天有六气，地有五行，六气者五行之气也，水气寒，火气热，金气凉，木气温，土气非寒非热，不温不凉，遇火则燥，遇水则湿。寒、热、温、凉、湿、燥，是为六气。风乃六气往来之动象，可寒可热，可温可凉，可湿可燥，乃六气之动，非气本身也。”夫肺主商也，肺之疾当用呬。呬者，肺之气也，其气义，能抽肺之疾。所以人之有怒填塞胸臆者，则长呬而泄之，盖自然之理也。向若不呬，必致伤败，赖呬而获全乎。故肺疾当用呬泻之。夫人之无苦而呬者，不祥也。夫肺处七宫，主信，使人方正好直，习先忠则魄安形全也。且肺者，秋之用事三月，此为容平，天气以急，地气以明，雀卧鸡起，使志安宁，以缓秋咧，收敛神气，使气和平，无外其志，使肺气清，养生之则。伤则咳嗽鼽嘘也。

肺藏魄，肺中有七魄，一魄天冲，二魄灵慧，三魄为气，四魄为力，五魄中枢，六魄为精，七魄为英。又名曰：尸狗、伏矢、雀阴、吞贼、非毒、除秽、臭肺。在《云笈七签·卷五十四魂神部·说魂魄》中有关于说魂魄与拘三魂制七魄法以及诸魂精魂魄法等内容。《灵枢·本神》："并精而出入者谓之魄。"《素问·六节脏象论》："肺者，气之本，魄之处也。"《灵枢·本神》："肺藏气，气舍魄。"《类经·脏象类》曰："魄之为用，能动能作，痛痒由之而觉也。"肺为呼吸之根，上通炁至脑，下通炁至脾中，是以诸炁属肺，肾中白气与上肺连之为玉阙者。这里言说的"炁"就是五藏神所说的"精"形态的魄系统和精系统，"精"形态有内丹田和外丹田之分。

肺藏魄所指的肺魄为五藏神所在的"精"形态的内丹田，在人体命象上为肺部，成为"气"形态的外丹田。从这两个形态就是解析肺为"魄之处"与"气之本"的根本。从黄庭三宫的藏象能量体统御层面，中黄庭心绛宫即为心神与肺魄所在的时空体空间，从"精"形态的内丹田上以及藏象系统属性上讲，为魂魄之宫库田轮。对比宫库田轮形态下先天精，还有藏象能量体结构流变形态的藏象魄精，它为库田轮形态下心绛宫外境丹田轮层面的离转流变形态，在人体藏象系统的藏象能量体结构中形成"魄"精系统，构成魄系统（魄之处，魄精的生发之源）的为藏象魄精——为五藏神中的"魄"，以及素精形态中的太素生命素精与光子精。先天精和魄系统精一起组成内丹田"精"形态，为阳态。在人体命象上的肺部，为"气"形态的外丹田，这就是肺为何为"气之本"，以此气之本，人体命象形成后由五藏神统御命象系统并运人体命象系统的运转动力之气。由后天之气离转而成的人体命象之气，为脏腑运化之气、经络之气、气血之气，为阴态。在人体命象结构中通过心肺呼吸的气为呼吸凡气，为浊阴态。肺为"魄之处"与"气之本"的根本只有从精气神生化转换的源流变视野上才能说到根本。

其魂魄如何作用人体命象系统呢？首先，第一个层次为五藏神的魂魄生化转换在内丹田后，发挥对藏象系统和命象系统起统御性的主导与运转作用；其次，为魂魄所承载的五藏神能量位域的精气神能量体，随着生命的生育过程，要藏在藏象系统和人体命象，从而构成人体的能量系统，也就是五藏神的藏魄藏精能量方式。再次，魂魄全面参与人体命象的生理机能。“魂昼寓目，魄夜舍肝。寓目能见，舍肝能梦。梦多者，魄制魂；觉多者，魂胜魄。”魂在白天在目，双目有神是指魂在起作用，在目，就能见；魄在夜就舍肝，而作用于做梦，梦多的，是魄制约于魂，梦是什么，梦就是梦幻颠倒。相对于梦，就是觉，觉悟与觉醒，觉就是魂。欲安其魄，而存其形者，当收思敛欲，合仁育义，不怒其怒，不声息其金，而后全其生，则合乎太和也。肺合于大肠，上主于鼻，故人肺风，则鼻塞。人之容色枯者，肺干也；人之鼻痒，肺有虫也；人之多怖者，肺中魄离于外也；人之体黧黯者，肺气微也；人之多声者，肺之盛也；人之不耐寒暑，肺劳也；人之好食辛味者，肺气不足也；人之肠鸣者，肺壅也；人之颜色鲜白者，肺无病也。肺邪，其人则好哭。

五藏神之意，脾藏意。《黄庭经·内景经·脾部章第十三》云：“脾部之宫属戊己，中有明童黄裳里。消谷散气摄牙齿，是为太仓两明童。坐在金台城九重，方圆一寸命门中。主调百谷五味香，辟却虚羸无病伤。外应尺宅气色芳，光华所生以表明。黄锦玉衣带虎章，注念三老子轻翔，长生高仙远死殃。”脾神“常在”，字“魂停”。脾，土宫也，揜太仓在脐上三寸，色如缟映黄，凡丈夫至七十，脾气虚而皮肤枯瘦矣。重二斤三两，中央黄色，入通于脾，开窍为口，在形为颊。脾者，肉之本，意之处也。脾为黄庭，亦为中主，为黄龙君也。亦为谏议大夫，亦为仓廪之宫，化物出焉，号为中黄宫。夫脾者，坤之气，土之精，其色黄，其象如覆盖，其神形如凤。脾主意，化为一玉女，长七寸，循环于脾脏也。其神烈，嫉妒人，人妒者，盖起于脾脏，土无正形，故无准也。

“消谷散气摄牙齿”，脾脉出于隐白，脾为五脏之枢也。脾主于中，脾为之合，谷气通于脾。于液为涎。肾邪入脾则多涎。六腑胃为脾之府，胃与脾合，为五谷之府，五官口为脾之官。脾气通则口知五味，脾病则口干不能食，不知五味好恶。脾合于肉，其荣唇也。夫肌肉消瘦者，脾先死也。脾磨食消，生气，乃至齿为罗千，故摄牙齿。

“主调百谷五味香，辟却虚羸无病伤”，脾连于胃，上主于口，消谷府也。如磨转也，化其生而入于熟也。食不消者，脾不转也。食坚物者，脾磨不尽化也，则为食患，故诸脏不调则伤脾，脾脏不调则伤质，伤质则损神，则伤人之速也，故人不欲食坚物者，全身之妙道也。人之欲不食者，脾中有不化之食。人多惑者，脾脏不安也；人之多食，脾实也；人之食不下者，脾虚也；人之无颜色者，脾伤也；人之好食甘食者，脾不足也；人之肌肉鲜白滑者，脾无病。肺邪入于脾，则多歌。

“外应尺宅气色芳，光华所生以表明”，脾热者，鼻赤色黄而肉臑。脾病，体上游风习习之，遍体闷疼，身重，喜饥肉萎，足不能行，喜声，脚下痛。脾虚，腹肚胀鸣，成溏痢，食多不化。脾风之状，多汗恶风，身体怠惰，四肢不收，微黄，不嗜饮食。诊在鼻，其色黄。旺季夏，足太阴、阳明主治。其日戊己，脾若湿，急食苦以燥之。又曰：“脾虚欲发缓急，食甘以缓，甘则补之，苦则泻之。”夫脾之土宫，故脾之有疾，当用呼，呼者，脾之气，其气信，能抽脾之疾，故人中热者，则呼以驱其弊也。

“黄锦玉衣带虎章，注念三老子轻翔”，脾主中黄，谓黄庭真人。服锦衣也。《玉清隐书》云：“太上道君，佩神虎玉章也。”三老谓元老、玄老、黄老之君也。念脾中真人，自然变化。子谓受黄庭之学也。夫脾，主宫主信，使人意弘广大，屈己济人，于利忍分，不以自专为德，不以财争为事，则以脾安而形全也。且脾无定位，兴旺四季，随四气也，助气万物。脾育阳，脾义之道也。不以月屈为德，不以物说为功长，坤之理也，逆之则伤脾。其性信，脾食言信，其情恐惧，土性而主恐惧。脾之外应中岳，上通镇星之精，季夏并四季，各十八日，存镇星在脾，亦作黄气存之。

脾藏意。常以脾意称之，《灵枢·本神》：“心有所忆谓之意。”《类经·脏象类》：“谓一念之生，心有所向而未定者，曰意。”此“意”为六识中第六识意识。这个“意识”所指在脾意里，有先天六识和后天意识两个层次。脾意以先天六识和后天意识的不同道元位域，从而也分两宫，一宫为先天六识禀受生发之源即黄老中宫，另一宫为后天意识主导特点下的传导和熏习之所，与神魂紧密相连，为脾土黄宫，脾土黄宫的后天意识范畴分为脾意的传导与熏习特点和肾志的主导特点构成。藏象精气神能量体宫库田轮的三库轮态在五藏神有个中宫，为五藏神之中宫，同时也是人体命象体的精气神三态——外丹田的统御之宫，此宫名为“黄老中宫”，有“中部老君治明堂”，黄者为老君治脾之黄庭之宫称谓，黄庭老君字灵源名混康，其“混康”为混元阳受纳之，表安康义；“明堂”为黄裳元吉明亮之堂，此堂正位居体，黄中通理，为《易·坤卦·六五》之大象，此宫又分上中下三元：“上元老君居上黄庭宫，与泥丸君、仓华君、青城君及明堂中君臣、洞房中父母及天庭真人等，共为朋也。又中元老君居中黄庭宫，与赤城童子、丹田君、皓华君、含明英玄君、丹元真人等，共为朋也。又下元老君居下黄庭宫，与太乙君、魂停君、灵元君、太仓君、丹田真人等，共为朋也。常存三老和百神流通，部位营卫，无有差失也。”《大洞真经》云：三元隐化，则成三宫。三宫中有九神，谓上、中、下三元君，太一、公子、白元、无英、司命、桃康，各有宫室，故曰桃康丹田下神名桃康，主人之精、胎，能回通三田，成九神之气。那么脾意所指的后天意识传导与熏习之所的脾土黄宫，是“气”形态的内丹田和“精”形态的外丹田之统称。黄老中宫是所有内丹田的中宫以及外丹田的统御之宫。外丹田脾土黄宫所指的“明堂”为上应眉间入一寸是明堂，为关窍七门中的明堂门。

五藏神之志，肾藏志。《黄庭经·内景经·肾部章第十二》云：“肾部之宫玄阙圆，中有童子冥上玄。主诸六府九液源，外应两耳百液津。苍锦云衣舞龙幡，上致明霞日月烟。百病千灾急当存，两部水王对生门，使人长生升九天。”肾神“玄冥”，字“育婴”。夫肾者，坎之气，水之精，其色黑，其象如悬石，其神形如鹿两头，主智，化为玉童，长一尺也。人之肾脏，其神和也，入之柔顺，其至而后全，其生则合夫太清也。肾，水宫也，左肾右肾，前对脐，膊着腰脊，色如缟映紫。凡丈夫至六十，肾气衰，发堕齿槁；七十，形体皆极。九十，肾气焦枯，经脉空虚。人之有肾，如树之有根也。重一斤二两。

“主诸六府九液源，外应两耳百液津”，肾者，封藏之本，精之处也。肾，为后宫，为女主，肾经于上焦，荣于中焦，卫于下焦。肾者，作强之官，伎巧出焉。法于象，为之理，亦为久，而余气通于两窍。于液为唾。唾者，液也。肾邪自入则多唾。六腑膀胱为肾之府，膀胱与肾合，为津液之府。五官耳为肾之官，肾气通，则闻五音；肾病，则耳聋骨萎也。肾合于骨，其荣发也，肾之合也骨，萎不能起床者，肾先死也。

“百病千灾急当存”，肾合于骨，上主于齿，齿痛者，肾伤也。又主于耳，人之不闻声者，肾亏也；人之骨疼者，肾虚也；人之齿多龃者，肾虚也；人之齿堕者，肾风也；人之耳痛者，肾气壅也；人之多呵欠者，肾邪也；人之腰不伸者，肾冰也；人之色黄黑者，肾衰也；人之容色紫光，肾无苦也；人之骨鸣者，肾羸也，肺邪入肾则多呻。 夫肾主羽，故肾病当吹也。肾之气，其气智，能抽肾之疾，故人有积气冲臆，则强吹，肾气沉滞，重吹则渐通也。

夫肾处一宫，主智，使人惠，利神采，踈郎不滞于事，则固而形全也。且肾者，冬之用乾，坤气闭，万物伏藏，戌寝寅起，与玄阴并，外阴内阳以养骨，以恬其神，逆之则伤肾。

“两部水王对生门”，肾藏双对故曰两部。肾宫水旺，则化为赤子故曰对生门。北方黑色入通于肾，开窍于二阴，左肾为壬，右肾为癸，在形为骨，久立则伤骨损肾。肾脉出于涌泉。其性智，肾主智，其事悲，水性故悲，位也。肾之外应北岳，上通辰星之精，冬三月存辰星在肾中，亦作黑气存之也。

肾藏志。常以肾志称之。《灵枢·本神》：“意之所存谓之志。”《类经·脏象类》：“意已决而卓有所立者，曰志。”同样为人体命象中的精神活动，此肾志以后天意识主导特点来以区分脾意的后天意识传导和熏习特点。此肾志为六识中第六识意识的后天意识之特指，具后天意识的主导特性，为后天意识的生化之源。肾志和脾意同入脾土黄宫，共同构成后天意识的生发主导、传导和熏习的功能。在肾所在的人体命象“命门”区域为主体，连同脾胃所在的腹区，就是人体命象所指的脾土黄宫，它是“气”形态的内丹田和“精”形态的外丹田之统称。

从黄庭三宫的藏象能量体统御层面，下黄庭命门宫即为脾土黄宫（含人体命象“命门”区域）所在的时空体空间，从“气”形态的内丹田上以及藏象系统属性上讲，为意和志所在的第六识——意识之宫库田轮。对比宫库田轮形态下先天气，还有藏象能量体结构流变形态的“祖气”气系统，它为宫库田轮形态下命门宫外境丹田轮层面的离转流变形态，在人体藏象系统的藏象能量体结构中形成祖气系统。构成祖气系统的为藏象祖气和后天之气，为阳态，其中藏象祖气为五藏神的气态，为人体组织生发之气。“精”形态的外丹田在脾土黄宫转化为运化精和生殖精，其中运化精就是脾胃系统运化的水谷精微的气微精，为阴态；人体命象结构中通过身体生殖系统运化形成的生殖精，为浊阴态。按《玉历经》所载：下丹田者，元命之根本，精神之所藏，五气之元，在脐下三寸，附着脊，号为赤子府。男子以藏精，女子以藏胎，主和合赤子，阴阳之门户也。其丹田中气，左青右黄，上白下黑也。

以肝魂、心神、肺魄、脾意、肾志的五藏神综述之，就有三个视野层次再一次对它进行描述。第一为五藏神是内丹田视野下的道元能量位域生化转换的藏象系统的内容，内丹田视野为在后天藏象空间来言说五藏神，在后天藏象空间又以宫库田轮三库轮态能量体形态中，是在精气神三丹田轮形态生化转换而成，故必须在后天藏象空间体的内丹田视野确立五藏神的道元能量位域，有了这个立场和角度，五藏神在人体命象还未形成的藏象空间体为魂、神、魄、意、志五态。第二为以五藏神所在的内丹田道元能量位域，联系五藏神与之匹配的外丹田，依人体命象结构才有肝魂、心神、肺魄、脾意、肾志称谓的五藏神系统。它是由内丹田道元能量位域的藏象五藏神系统与人体命象结构的命象五藏神（外丹田）有机联系的整体系统，在这个整体系统里，藏象五藏神系统（内丹田）对人体命象五藏神系统（外丹田）起统御功能和作用。以此统御功能和作用，就形成了藏象生命系统和人体命象生理系统，它们共同形成了藏象生命，然而运转它们的核心就是五藏神在内丹田和外丹田不同形态的作用，以及有机联系下的共同作用。它指向了通过五藏神在内外丹田的不同形态，由藏象空间向人体命象空间转换，从而完成对生命的生育过程。第三以五藏神为视野对待，又有五藏神体系的黄老中宫，且黄老中宫是五藏神所分布在内丹田和外丹田总形态与内容的统御之宫，不仅统御主导五藏神，而且对藏象系统和人体命象系统又提供三元九神之气。

以上关于五藏神的三个视野层次，为立足于五藏神，先从五藏神生化转换之空间言说内丹田的藏象空间，再从五藏神分布在人体命象结构形成外丹田而言说人体命象空间，然后从五藏神在内丹田和外丹田总形态与内容言说黄老中宫的统御空间，这三大时空体空间，就构成关于五藏神的不同的道元位域，就真正把五藏神形态下的“生命”视野立体化构建起来。

说到黄老中宫是五藏神的统御之宫，与藏象空间体中的黄庭三宫又有什么区别呢？黄庭三宫是后天胎光玄精精气神聚合态离转成“神”形态、“精”形态、“气”形态三者分离态。再从黄庭三宫在“神”形态、“精”形态、“气”形态三者分离态中离散形成三者的丹田轮态，且在黄庭三宫与丹田三轮之间有中界膜来界说其宫库和田轮的道元位域差别。有了精气神丹田三轮态的出现，五藏神就在中界膜和结带膜之间的时空体空间生化转换而生，从而在中界膜和结带膜之间的时空体空间就构成了五藏神内丹田时空体空间，所以这里一定要形成这个视野，在这个五藏神空间里有了立足于五藏神的黄老中宫的统御之宫，这个统御之宫又形成了黄老中宫的空间体。

如何理解这个五藏神内丹田空间呢？如果把黄庭三宫的库态看作胎光玄精精气神聚合态离转成“神”形态、“精”形态、“气”形态三者分离态，那么五藏神所在的丹田三轮的内丹田就是把精气神三者分离态重新融合聚合在五藏神身上，且有了五藏神内容，形成了新聚合态下的五藏神空间，在五藏神空间里精气神三形态以魂、神、魄、意、志五种内容承载。这就不难理解在五藏神空间的内丹田还有一个统御五藏神的黄老中宫，且黄老中宫在人体命象道元位域体呈现的就是脾土黄宫。综述之，在后天藏象界域内，黄庭三宫可以看作五藏神生化流变层面上的能量源，它们构成能量体上的源流变关系，类似时间轴视野。在五藏神空间的内丹田，黄老中宫为五藏神内容形态上的生化之源，且起统御调度之功能和作用，类似于空间轴视野。

五藏神生化流变于宫库田轮三库轮态的内丹田藏象空间体，又有黄老中宫生化统御，尤其是对人体命象的生育起着统御形态下的主导和运转作用，以此可称谓五藏神之所以神了。《黄庭经·内景经·心典章第三十一》云：“心典一体五藏王，动静念之道德行。清洁善气自明光，坐起吾俱共栋梁。昼日曜景暮闭藏，通利华精调阴阳。”言说五藏王——五藏神之王道，为心典所在的动静念之尊道贵德之本质。心典以心来言说识神的种子库，如典一样在五藏神层面历历在目。从而也指向了五藏神的内容形态和能量体形式为“心典”唯识领域，以动静念言说心的净和染义，为从妄心识真心。

如何动静念和道德行呢？就是五藏神的修真法则，为日夜间调和阴阳、坐立行走不离动静念行。从“盖因魄有精，因精有魂，因魂有神，因神有意，因意有魄”言说魄、精、魂、神、意之间五者运行不已。且无明遮挡的心，随之轮转。“是以圣人，万物之来，对之以性而不对之以心。性者，心未萌也，无心则无意，无意则无魄，无魄则不受生，而轮回永息矣。”照破无明，识得何为妙明真心，认一切为幻不可得，从自性本体上下手，“心未萌”即不起妄念，无妄念则无妄心，无妄心则无意，无意即真心之神，真心之神就不受沾染，其精气能量就不会减弱成魄，能量不减弱则不会轮转。

五藏神统御下的内外丹田，指向了藏象空间体向人体命象空间体的生化转换的两种空间体。在人体命象空间体中有外丹田的命象精气神系统形成、精气经络、营卫气血、器官组织等逐渐合而成形。作用藏象生育阶段向命象发育流变转换的就是天人命象离一。天人命象离一和天人运相离一以及天人藏象离一一样，在“生成”阶段和“生育”阶段动态作用，从而有各种生命形态的内容完成生化流变。天人命象离一作用藏象空间体向人体命象空间体流变转换的实质为如何从藏象空间体的结带膜突破，并依结带膜完成空间体的转换，从而也完成了藏象能量体向命象能量体的转换，那么天人命象离一作用结带膜的独特对待就是窍关七门以及七门下的十二结节。围绕结带膜窍关七门，既能梳理藏象能量体精气神系统向人体命象能量体精气神系统的流变过程，又能依人体命象能量体精气神系统在人体命象空间的作用，目睹命象发育的合而成形。

窍关七门，为藏象空间体与人体命象空间体在结带膜上发生能量流变转换的关窍门户。结带膜为藏象空间域与人体命象空间域流变转换的界膜，这七门为泥丸天门、明堂前门、玄膺楼门、绛宫房门、玉枕后门、夹脊中门、尾闾地门。人体命象发育成熟后，七门窍关在人体命象的外丹田形成七处，称为人身七处，为百会天门处、慧中前门处、重楼楼门处、膻中房门处、玉枕后门处、夹脊中门处、会阴地门处。

窍关七门的生化标志着人体命象的发育，它既是人体命象生育之初精气神能量流变的通道，又是人体命象发育成熟后以人身七处进行养生之重要关窍。在窍关七门形成内关外窍的形态下，成为五藏神在内丹田和外丹田能量分布的门户枢纽。从藏象空间体与人体命象空间体两大域界来说，窍关七门是藏象道元能量位域与命象道元能量位域的转换枢纽。从道元位域能量体层面来说，在人体命象空间体内，它以人身七处的联络协调的形态，把人体精气神系统形态依人体命象而联络交融成一个整体，形成人体命象能量体系统，人身七处是依窍关七门，在人体命象能量体的内联络交融通道。

窍关七门既是认识藏象空间体与人体命象空间体流变转换的桥梁视野，又独具“关”和“窍”的含义。窍关七门在结带膜上形成之初为窍，是藏象空间能量体——五藏神内丹田精气神形态，流变转换并生化人体命象空间能量体以及形成命象系统的通道，通过结带膜上的七门窍洞形成能量流变和转换，尤其是五藏神内丹田精气神形态与人体命象空间外丹田精气神形态的沟通和联系。在这个层面上，七门的窍洞是通融无碍的，它是两个空间体在结带膜上的通道。那么为何要提出在结带膜上的通道呢？那是因为藏象命门临界态结带膜的形成是由藏象命门空间体内的离转门在离转过程中转换形成的，既然称为了离转门就是说它已经是一条封闭的轨道，在这个轨道上有个可以通过的门，所以离转门在离转形成藏象空间体最外层的能量轨道，构成藏象空间体与人体命象空间体流变转换的界膜时，它是封闭的，藏象空间体和人体命象空间体在结带膜形态上是封闭的，不流通的，那么随着后天五生系统的生育发展，五藏神的内丹田精气神形态毕具后，就要生化转换成人体命象空间体，此时就需要有能量体联系通道，这个通道就是在结带膜上的窍关七门。窍关七门生成人体命象的发育，对比窍内藏象空间体，形成了窍外的人体命象空间体。从窍关七门的生成以及它在藏象和命象之间的联系，就可知道是立于人体命象来说结带膜对于人体命象空间是一层多么难以逾越的界膜，就连人体命象的发育和人体命象空间体形成之初始、且在藏象空间视野下，结带膜这层能量轨道都不是无形的随意跨越的空间，都只能生化成窍关七门来形成通道，而不是说在人体命象发育和人体命象空间体形成后才有结带膜这层轨道界膜形成。

这是从“窍”的通道视野上，言说藏相空间体如何生化转换成人体命象空间体的通道，那何为“关”呢？“关”是从人体命象视野来说，当藏象空间体的藏象内系统完成了通过七门对人体命象体的诸多系统的生化转换作用后，这七门就关闭了，从而藏象内系统就与人体命象系统隔离开来，和生理生命实质上很难有直接的关联。说到了藏象内系统，藏象外系统是什么呢？就是在人体命象空间体内的五藏神形态下的精气神三态外丹田，以及围绕外丹田内通道——中脉形成人体命象三脉七轮能量体结构。藏象内系统与藏象外系统构成藏象生命系统。七门的关闭使藏象内系统与藏象外系统隔绝了能量往来，从而人体命象系统中的所有能量来源就指向了藏象外系统的精气神能量体。这个“关”就关闭了人体命象空间体与藏象内空间体的联系，就如胎光玄精依界带的关闭使后天藏象空间与先天运相后天隔离开一样，形成实质性的界域能量位域的流变，这也是界带膜与结带膜之于界域能量位域差异的关键所在。藏象内系统与藏象外系统的七门关闭了，要想打开生命本来，目睹生命实质，只有内证一条路，而且是非一般的内证功态范畴。

藏象内系统与藏象外系统通过窍关七门沟通往来，七门通道——七门窍开，是五藏神内丹田精气神形态生化转换外丹田精气神形态并依此生育人体命象时的通道，发挥着极其重要的枢纽转换作用。这七门通道何时关呢？就是五藏神外丹田精气神形态的内通道——中脉的形成，七门窍就关闭了，因为中脉是外丹田的统御中宫，围绕中脉中宫而有三脉七轮以及人体经络系统能量体结构。由于视野立场不同和时空体环境不同，故要把七门窍开和七门关分阶段和层次来说。在七门窍的视野中，发生了界域空间流变、五藏神外丹田精气神的形态分布生成、人体命象生命形态构成三大流变转换内容，这是通过天人命象离一动态作用下在人体命象空间体逐步向“生育”合而成形阶段生化转换。

生育，为藏象内系统依窍关七门，流变转换为五藏神外丹田精气神形态，以藏象外系统主导和运转人体命象的整体发育，在人体命象空间内以人体空间体形成胎形，在胎形中以中脉为主体的三脉七轮统御的人体经络系统合而成形生长成胎体。藏象内系统和外系统共同构成藏象生命系统，统御并生化人体命象生理生命的整体发育。“生育”阶段主要是从作用和运转生理生命的本质形态视野出发，言说各种层面能量体的关窍、结节、轮脉、精气营卫脉络的发育，从而形成基于命象外在的生理特征而指向藏象生命系统。

七门窍视野的界域空间流变，为藏象空间体生化转换流变成人体命象空间体，形成了藏象界域和人体命象界域。但并非藏象界就是藏象系统，人体命象界就是人体命象生理系统。而是藏象界域构成藏象内系统的同时，人体命象界还有藏象外系统，藏象界域的藏象内系统与人体命象界域的藏象外系统共同为藏象生命系统。当人体胎儿发育成熟并出胎后，主导与运转命象生理系统的为藏象生命系统中的藏象外系统，此时的藏象界域的藏象内系统随七门窍的关闭，其精气系统已经基本隔绝往来了，只有“神”层面的高位域能量的意识传导和熏习，形成内系统传导先天意识到外系统，外系统熏习后天意识到内系统。

作为主导与运转人体命象生理系统的藏象外系统，为在结带膜的七门窍视野形态下，由五藏神内丹田诸系统流变转换为五藏神外丹田精气神形态，并以此五藏神外丹田精气神形态与内丹田共同作用生化发育人体命象生理系统，然后藏象内系统随七门窍的关闭而独由藏象外系统主导与作用人体命象生理系统。换言之，人体命象生理系统在生化发育时，由藏象内外两系统共同作用，而待人体命象生理系统发育完毕，并从生化发育的“形”合成“体”后主导与运转系统成为藏象外系统。藏象空间体与人体命象空间体在生化之初，有一个藏象平衡，这个藏象平衡是藏象内系统与藏象外系统在五藏神层面的内丹田与外丹田生化转换的平衡，后来此藏象平衡也随能量位域的变化以及七门窍的关闭失去平衡，这也叫藏象第一次平衡。藏象第一次平衡从内容形态上为五藏神外丹田精气神形态分布的生化而形成，也以此外丹田的形成构成了围绕结带膜的七门窍视野，形成藏象内系统和藏象外系统，故结带膜成为藏象空间体和人体命象空间体的界膜，七门窍成为结带膜上联系藏象空间体与人体命象空间体两大域界的门户枢纽，也是五藏神形成外丹田精气神诸形态乃至生化人体命象系统的能量（内容信息也以能量体的方式传导）通道。藏象第一次平衡从生化过程和形态上，在还未出现对人体命象系统的生化状态时，藏象内系统和外系统的平衡可以称为界域平衡。

在藏象第一次平衡里呈现了藏象精气系统的整体观，为藏象魄精系统和藏象祖气共同构成了藏象精气系统，且分别呈现在内外丹田。藏象魄精系统为五藏神中的“魄”，以及素精形态中的太素生命素精与光子精，为阳态，成为内丹田的“精”形态；而外丹田的“精”形态为运化精与生殖精，其中运化精为通过肺肠系统、脾胃系统运化的水谷精微与呼吸凡气中的气微精，而通过身体生殖系统运化形成的生殖精。藏象祖气系统为藏象祖气和后天之气，为阳态，其中藏象祖气为五藏神的气态，后天之气为宇宙生命素与光子素的素气，成为内丹田的“气”形态，而外丹田的“气”形态为人体命象之气所在的脏腑运化之气、经络之气、气血之气，为阴态；以及呼吸凡气，为浊阴态。内外丹田的藏象精气系统生化转换完成后，就形成了藏象第一次平衡，为藏象系统（内外系统）在内外丹田内容生化完成的平衡，也叫五藏神内外丹田精气系统生化毕具。这里说藏象系统中的藏象精气系统的生化毕具，为何不说“神”形态呢？那是因为五藏神的五种内容形态都是“神”形态生化的主体，精气系统里就有“神”统御的影子，藏象精气系统的生化毕具，承载在五藏神整体观上，就是“神”形态的集合，并且以此来说藏象精气系统的整体观，更能体现出在外丹田以及人体命象生理系统生化发育主要体现在“神”统御下的精气生化分布。

从结带膜与七门窍视野来说藏象第一次平衡因五藏神内外丹田精气系统生化毕具成为了界域平衡。外丹田的生化让人体命象空间有了实质的内容和形态，也以此形成了藏象界域和人体命象界域，并依人体命象界域的外丹田义构成藏象外系统，而藏象界域内的五藏神精气神形态构成藏象内系统。藏象内外系统在结带膜与七门窍视野形成了藏象平衡。为何要把藏象第一次平衡以结带膜与七门窍视野看作界域平衡呢？因为从内容形态上藏象系统以内外丹田在五藏神内容生化形成了平衡，但在道元能量位域上是存在能量体差异的。这也是为何要在人体命象界域内言说外丹田内容形态，为藏象空间体的道元能量位域要高于人体命象空间体道元位域，它们之间有能量体的流变关系。分界域来言说藏象内外系统所在的空间范畴，就是要把这两个层面的能量位域的内容形态区分清楚。

藏象界域与人体命象界域从道元能量位域上的能量体差异，体现在内外丹田内容生化转换上为五藏神藏魄，说到了五藏神的“藏”义，在能量体上有藏魄和藏精两层含义以及两次藏匿蓄积的过程。五藏神从外丹田精气神的生化开始，以及七门窍关闭后以外丹田的藏象外系统统御主导人体命象组织器官的生化，在脏腑等器官组织的生化过程中，是遵循五行之藏的五行规律。五藏神与五行之藏规律在“藏”义上，呈现的就是藏魄和藏精，藏魄和藏精统称藏匿与畜积精气，这个精气广义所指，除了五藏神的“精”和“气”形态外，还有魄系统中素精形态的太素生命素精与光子精以及后天之气为宇宙生命素与光子素的素气，前者为生化转换过程中能量体在不同的道元位域空间的流变，后者为胎儿出胎后与自然发生的五行之藏的深刻联系。藏匿与畜积精气的作用，在《灵枢·本神》曰：“是故五藏主藏精者也，不可伤，伤则失守而阴虚，阴虚则无气，无气则死矣。”为通过命象能量体的盈虚来维持生命体征。

藏匿与畜积精气中的藏魄为在外丹田生化过程中藏于十二结节以及七门空间；藏精为人体命象合而成形长成人体组织器官时藏于人体各组织器官。《素问·金匮真言论》曰：“东方青色，入通于肝，开窍于目，藏精于肝；南方赤色，入通于心，开窍于耳，藏精于心；中央黄色，入通于脾，开窍于口，藏精于脾；西方白色，入通于肺，开窍于鼻，藏精于肺；北方黑色，入通于肾，开窍于二阴，藏精于肾。”这个藏并非只单单指人体的五脏，而是天与人的藏，在天，为东方、南方、中央、西方、北方的四象五行，总御得失的中央三垣与二十八星宿。在人，即是肝、心、脾、肺、肾五脏系统。除五脏外，还有与五脏紧密相连的目、耳、口、鼻、二阴等器官，这些器官与五脏的联系又是什么呢？为全身的经络、气血、精气，无不联动在一起。这是天人合一的大视野，所以说这个精、气、神在宇宙、人体、器官、自然界等无处不显，毛孔、毛发、器官、人体、自然界、星系、大宇宙等无不是指挥部、无不是生产车间，无不是生命的全部真相，一颗露珠，一个介子，一个星球，一个超级大星系等都是生命的真相，内证大道者，在觉悟的那天，从自己身体内部看去，无不是宇宙星辰身外的一切。如《黄帝内经·素问》所言："天地之间，六合之内，其气九州、九窍、五脏十二节，皆通乎天气。"

"藏"的目的，一是为了人体命象生理代谢，生命之轮的用。藏精，是因为精化气，精生血等一切生命运动都在消耗精，必须有足够的能量来支持。身体每一刻都在剧烈快速地运动，如微观到细胞分裂、气血运转，宏观到吃饭、睡觉、工作等都在消耗精，这个时候就需要精给予能量补充，藏就是这个目的，藏以致用。所以天人的大运相在给我们补充，脾胃运化在补充，肺系统在补充，我们每天每刻都在与宇宙自然发生密切联系，都在大运相，同时也反过来影响着宇宙的其他一切。"藏"的第二个目的就是成为藏，宝藏的藏，对于人体命象的生理功能而言，这些魄与精能量体藏起来就变成了生理活动与精神面貌的宝藏，尤其是补充营卫以防御外邪入侵形成正气成为无形的宝藏。为何呢？因为既要补充生命运动消耗的精，又要躲避生命运动带来的无明沾染，这是生命渴望光明的自发自觉，给自己的生命留一处宝藏。只要是生命运动包括起心动念都会增加无明障碍，所以在"神"需要明的作用下，要藏起来，躲起来，在五行之藏和五脏神的规律法则下，贮藏起来成为生命的宝藏。不然原本的胎光玄精，先天至阳的精气，就会越来越弱。鬼云为魂，鬼白为魄。先说何为"鬼"字，就是能量减弱，已经不再纯阳至精，再如此被无明障碍和堕落下去，只能成鬼了，以"鬼"喻是为警醒世人，不要再让魂魄堕落和沾染无明。《黄帝内经》上说病与精气关系的不胜枚举。其总纲莫过于《素问·上古天真论》："黄帝曰：余闻上古有真人者，提挈天地，把握阴阳，呼吸精气，独立守神，肌肉若一，故能寿敝天地，无有终时，此其道生。中古之时，有至人者，淳德全道，和于阴阳，调于四时，去世离俗，积精全神，游行天地之间，视听八达之外，此盖益其寿命而强者也，亦归于真人。其次有圣人者，处天地之和，从八风之理，适嗜欲于世俗之间。无恚嗔之心，行不欲离于世，被服章，举不欲观于俗，外不劳形于事，内无思想之患，以恬愉为务，以自得为功，形体不敝，精神不散，亦可以百数。其次有贤人者，法则天地，象似日月，辨列星辰，逆从阴阳，分别四时，将从上古合同于道，亦可使益寿而有极时。”以上古、中古真人以及圣贤者，如何提携天地，呼吸精气，守神、外不劳内不思，分别四时，积精全神，从养生到修道并证道。

生命发育过程中的藏魄和藏精两次储存宝藏的原理是什么呢？为七门窍开而生化，七门窍关内丹田精气系统在人体命象空间体因能量体的差异变为藏。在七门窍的界膜视野里，五藏神随七门窍的开启而生化在外丹田的精气神内容，当五藏神外丹田精气神内容形态生化开始，人体命象空间体就出现并运转，当五藏神的内外丹田在生化上出现藏象第一次平衡后，人体命象空间体中的藏象外系统构成，藏象外系统生化毕具与构成后，就是向人体命象生理系统进行生化转换，这里就产生了当界域平衡后的流变。因为人体命象生理系统与藏象外系统不是同一能量位域，虽然它们在同一人体命象空间体结构中。也就是在七门窍开启，外丹田生化毕具，藏象外系统流变生化人体命象生理系统过程中，就会出现藏匿与畜积精气的过程。随着人体命象空间体的形成，在七门窍的通道作用里，内外丹田内容形态生化毕具过程中，此时有藏象第一次平衡，在藏象第一次平衡态里，就是负阴抱阳机理的重现，在藏象第一次平衡后随七门窍的关闭，出现了道元位域能量差异，再以“冲气以为和”阴体生阳求阴阳的原理，在生化外丹田过程中，就有能量体的逃逸和滞留，由于有各个时空体能量轨道的束缚，它们并没有逃逸到无边无际的地方，而是藏了起来。知晓了这个原理和真相，就需要我们把埋藏起来的宝藏找出来，那就是内证系统，可以打开人体能量体精气系统的本来，如果小用在人体生理活动上就是养生与祛病。

七门窍视野的五藏神外丹田精气神的形态分布生成，为七门形体结构下的十二结节人体空间体。我们说五藏神外丹田精气神形态的分布生成依五藏神内丹田精气神三态的转换，只不过在“精”和“气”形态上内丹田与外丹田在人体命象结构上的对应关系不同，“精”形态的中黄庭心绛宫内丹田，在人体命象上为心肺部，则成为“气”形态的外丹田，成为内精外气的“精”道元能量位域结构；“气”形态的下黄庭命门宫内丹田，在人体命象上为腹脐部，则成为“精”形态的外丹田，成为内气外精的“气”道元能量位域结构。强调七门窍视野，就是要联系内丹田来言说外丹田精气神的生化转换，生化转换形成后，才是立足于外丹田说外丹田精气神的形态分布。七门形体结构下的十二结节人体空间体实际上是对人体命象空间体的藏象外系统空间的描述，它具备七门形体结构空间以及其空间内的十二结节，类似于空间架构模型，如果把七门形体结构形容成外空间架构模型，十二结节就是此外空间架构模型内的具体定位结构。有了以七门形体结构空间和十二结节的内部定位结构的空间架构模型，就能完成五藏神外丹田精气神的形态分布，形成藏象外系统，所以七门形体结构空间和十二结节结构又称为藏象外系统空间。这里谈论的外丹田精气神形态分布既包含宏观上与人体命象部位对应的三丹田轮，又依外三丹田轮为主体周流藏象外系统空间为主体的人体命象空间，也成为外三丹田轮的主体向人体命象精气神系统生化转换的开始。

内精外气的“精”结构与内气外精的“气”结构，正是藏象内外丹田精气系统的全部生化内容，此内容的生化毕具标志着藏象生命系统由藏象内系统和藏象外系统有机统一起来，而在此生命形态中，七门窍是真正的内容生化与能量转换的通道，是以窍的形式洞开在结带膜上。内精外气的“精”结构与内气外精的“气”结构的藏象精气系统，才是五藏神外丹田精气神的形态分布的总体视野和生化转换的相依源，更是人体命象精气神系统生化转换的根本。

七门窍所在的七门空间体，在形成人体命象结构转换时，以七门义具体的空间定位描述构成人体形体结构，在泥丸天门、明堂前门、玄膺楼门、绛宫房门、玉枕后门、夹脊中门、尾闾地门七门中，按取类比象人体三维空间结构，其中天与地构成上与下，并与前中后构成一个具象三维空间体的描述。七门形体结构的形成指向了结带膜的七门窍空间体向人体命象结构的转换，以人体的三维空间体来对比，结带膜的七门窍空间体在未向人体结构转换前是高于三维空间体形态的，所以在描述人体命象精气神生化转换之前所描述的精气神所有形态的空间位域都是高于人体命象三维空间的，故精气神的形态也非三维形态的。以七门窍在结带膜上的空间体以及七门人体空间体的转换来说，七门窍在人体空间体结构合而成形后是必然要关闭的。那么这个七门窍关闭的实质是什么呢？它有两个层次的关，第一个层次为七门窍关，是藏象内丹田系统与藏象外丹田系统通道的关闭，之前的藏象内丹田系统和藏象外丹田系统进行精气神的内容生化与能量转换的通道关闭了，也以此七门窍的关闭构成了藏象域与人体命象域两界域空间的隔绝。第二个层次为十二结节关，十二结节的关是人体空间体结构合而成形后，人体精气神能量体彻底与五藏神能量体系隔离了，只有藏象外丹田系统藏匿与积畜的能量体称为人体命象精气神系统能量体运转之所在，在人体命象系统中形成了一个能量局限的空间体，从而需要依赖于运化精与呼吸凡气，通过肺肠系统、脾胃系统运化水谷精微与呼吸凡气中的气微精来作为人体命象生理系统的能量来源，就构成了呼吸和饮食的根本机理。

十二结节从形成之初到毕具的过程，就是藏象外丹田精气神系统关于人体命象精气神系统往来关系所在，未形成或形成之初为开，藏象外丹田精气神能量体流变到人体命象空间，随着十二结节的形成毕具，就是能量体往来关闭的过程。从人体命象空间的能量体结构视野来说，十二结节就是藏象外丹田能量体与人体命象能量体的十二个具体通道，但它一定是要在藏象外丹田能量系统生化成熟后，才能完成向人体命象系统的流变转换。十二结节的形成标志着人体命象精气神能量体与藏象能量体（通过藏象外丹田精气神形态）形成藏象与命象平衡，由于它是从藏象外丹田能量体向人体命象能量体生化转换的，故为藏象第二次平衡；同时也标志着在人体命象空间体中形成了人体空间体，由藏象外丹田空间体和人体空间体共同构成了人体命象空间体，从而也在人体命象空间体形成了藏象外丹田系统和人体命象生理系统。

藏象第二次平衡在结节态成为临界点。结节就是藏象外丹田能量系统分布后，并依对人体命象能量系统的统御和主导，就要流变转换成人体命象能量体，这种流变由于同样是在人体命象空间，故是无碍的生化转换，当转换完成后就要形成结节，以结节来形成关闭。结节的形成不是开启而是关闭，这构成了结节态的临界点。以结节形成的关闭就隔离了人体命象能量体与藏象外丹田的往来联系。那是因为人体命象能量体在藏象外丹田能量体流变转换结束后，就要合而成形长成肉体，肉体对比精气神能量体态为重型组织器官，重型组织器官就是物质域范畴的物质形态，为无明之体现，以形成的有型可见的重物质成为无明空间束缚，在这些重物质形态下，从能量位域上来说形成了隔离，它没有了高道元能量位域的补给，也无法联络传导信息，也就是俗话说的长死了。它只能在组织器官的重型空间内进行生理形态的代谢，虽然也是生命的动态，但终究只是在能量局限的空间体里依有限的能量短暂地成住坏空，体现在生命上就是器官生长与衰竭的过程形成的生老病死。《云笈七签·卷二十九·禀生受命部一·太上九丹上化胎精中记》云："故人象天地，气法自然。自然之气，皆九天之精，化为人身，舍胎养育，九月气盈，九天气普，十月乃生。其结胎受炁，有吉有凶，有寿有夭，有短有长，皆禀宿根。结气不纯，藏胃积滞，六府败伤，形神不固，体不受灵，死气入窍，何由得存？……凡人受生结九丹，上化于胞胎之中，法九天之气，气满神具，便于胞囊之内，自识其宿命，知有本根，转轮因缘，九天之气化成其身。既睹阳道，开广三光，而自忘其所生所由之因尔者，皆由胞根结滞，盘固三关，五府不理，死气塞门，致灵关不发，而忘其因缘也。"所描述随人体十二结节的临界态，不仅"胞根结滞"无法再受九天之精气，且"盘固三关，五府不理，死气塞门，致灵关不发，而忘其因缘也"，从而也是导致"藏胃积滞，六府败伤，形神不固"脏器败伤，以及"体不受灵，死气入窍"的形成生死轮回的实质，且"九天之气化成其身"的身体再也无法与藏象系统相联系，指向隔绝了生命形态应该有的广阔空间体。

十二结节。为胞胎所指的人体命象空间中，因胞根结滞所形成的结固，生成了与藏象空间失去联系之结节。据《云笈七签·卷二十九·禀生受命部一·解胎十二结法》所载："凡人生在胞胎之中，皆禀九天之气，凝精以自成人也。既生而胞中有十二结节，盘固五内。五内滞拥，结不可解，节不可灭。故人之病，由于节滞也。人之命绝，由于结固也。兆能解结于胞中十二结节，则求死亦不得也。胞上部有四结：一结在泥丸中，二结在口中，三结在颊中，四结在目中。胞中部有四结：一结在五脏中，二结在太仓中，三结在大肠中，四结在小肠中。胞下部有四结：一结在膀胱中，二结在阴中，三结在后门中，四结在两足中。"言明了胞胎结构（胞上部、胞中部、胞下部）中的十二结节位置。从胞胎所指的人体命象空间，为从"两神相搏"父母构精的受精卵在母胎的状态和阶段，以胞胎来说从合而成形的"形"已经生化到人体命象的“体”阶段了，也就是在肉体长成的过程中，胞胎中形成了结固之结节。但从胞胎结构所指的胞上部、胞中部、胞下部三部位置也不能完全等同胎儿肉体的三部位置，由此可见，为肉体胞胎发育之初始。

十二结节结固的原因为胞根结滞。何为胞根结滞？这里有两层含义，第一层为以“胞根”指向了生化胞胎肉体的根本，从源流变循顺置返，为先天运相系统和后天藏象系统之整体。如果以胞胎的肉体在这里称为后天胞胎生命，那么胞根就是孕育后天胞胎生命的先天根本，从后天五生过程我们知道是一个宏大的过程和复杂的机理，尤其是胎光玄精视野与五藏神能量体的统御作用，都是先天之胞根，如果再从心性上循之，又指向了种子的真如性。有了此胞根的含义指向就很好理解胞根结滞了，为后天胞胎生命与先天生命之根发生了隔离，这个隔离体现在以肉体结固的生长方式而长死了，把人体命象空间体中还存在的最后十二个与先天之根有联络的结节结固了。“结”就是结固，而“滞”则是沟通往来的停滞，从藏象外丹田精气神能量体流转转变为人体命象精神气能量体，随着胞胎肉体的生长而停滞了，本来联通了生命先天根本的宏大生命空间体（含运相和藏象空间体）变成了局限而狭小的肉体命象空间体。同时，胞根的“根”指向了识、根、尘所在的根尘蕴结之在人身的和合集聚，识→根→尘过程与识根尘和合集聚为唯识变现的法则完成后，才是地水火风空五大以色法集聚成为人身肉体。所以这个“根”的指向，应该是识→根→尘过程与识根尘和合集聚为唯识变现的法则，体现在生命先天之根以能量体形态和空间体形态上，而识根尘和合集聚为唯识变现的过程正是先天运相、后天藏象、人体命象围绕精气神三者形态的生化、转换、流变，实际上后天五生过程承载的先天运相、后天藏象、人体命象的精气神形态内容正是无法透彻言说的识根尘和合集聚为唯识变现整体过程的呈现。

胞根结滞的第二层含义为联通生命先天之根的通道以结节的形式结固。

胞根结滞胞胎肉体则长，胞胎的具象空间形成，生命形态从“生育”合而成形阶段到了在凡肉体阶段，在肉体成长阶段的能量体为父母构精能量体和母腹能量形式。如果说合而成形所在的后天五生完整生育阶段为胎光玄精能量体的生化转换而形成的，那么当胞根结滞的结节结固了，藏象外丹田精气神能量体失去了能量供给，而胞胎肉体生长需要的生命素（营养）就是两神相搏的父母构精，受精卵蕴藏的父母之精气能量以及母腹中的运化之精。所以胞根结滞的两个层次含义视野就是合而成形的“形”生化到人体命象的“体”，在生命以肉眼不可见与可见的形态上，有了形→体的生化转换。如果以“体”的肉体命象作为后天生命的话，胞根结滞后的能量体形式就是受精之初父母构精能量体与母腹运化之精，胎儿出生后就是自身命象精气神系统运转。对比“体”的后天则有 “形”所在的“先天”，此先天为后天五生完整生育过程以及运相系统和藏象系统的集合称谓，同我们之前称为先天运相和后天藏象的先天与后天对待立场不同。

十二结节胞根结滞的结固，为肉体在成住坏空上所显象的生老病死呈现了无明染浊诸义，以及藏相动能视野下的生命形态堕落消耗的本质。后天五生生育过程，围绕生命形态的能量体和时空空间体，经历从太极源起到先天运相、后天藏象、人体命象阶段过程，到十二结节胞根结滞的结固开始人体命象的肉体空间体开始生长发育。在整个生命形态生化与转换的过程中每一个阶段的精气神内容与形态的变化，都是无明染浊的不同程度以及不同形态。后天五生生育过程是一个连贯的过程，现在在胞胎里看到了胎儿的形迹，乃至出生后成长，可以肉眼见到活生生的“事实”，所以说无明在哪里？色法质碍又在哪里？后天五生生育过程连续而连贯呈现的肉体本身以及一切可眼见的色尘就是最直接的证据。从藏相动能视野来说精气神或者说识根尘和合作用的过程，从先天运相、后天藏象、人体命象阶段过程显象的生命形态，无不是能量体堕落集聚的过程，精气神每一次转换形态的流变都是藏相动能义下的右旋堕落本质。肉身就是色蕴在色法上的显象，且整个人体命象就是色蕴、受蕴、想蕴、行蕴、识蕴集聚成身，受无量生死的五蕴（阴），而色蕴只是其中的物质性的事物现象，为形质互相起障碍之质碍。恰恰色法就是藏相动能义下的右旋堕落形态呈现的物质集聚的法则，高能量体魄精素气以右旋沉淀的形态堕落成色尘，色的和合集聚就是色蕴。从人体命象肉身色尘在藏相动能义上的呈现就知后天五生生育过程是一个不断受无明染浊右旋沉淀堕落，并消耗能量体的规律。

十二结节胞根结滞的结固意味着什么呢？意味着人体命象能量体从来源上切断了先天联系，只能靠藏象系统主导和运转的人体命象生理系统来自身运化，通常体现为心肺呼吸、饮食脾胃运化以及睡眠减少消耗并做短暂的身体能量恢复来实现，但基本上是杯水车薪，延长不了人的百年寿命。藏象能量体的隔绝往来以及自身运化的有限，再加上身体器官组织在人体命象时空体有成住坏空上时间性，故呈现了生老病死规律。十二结节的结固既是生育过程中的必经过程，又是人体命象能量体隔绝藏象能量体的临界节点，《云笈七签·卷二十九·禀生受命部一·解胎十二结法》云：“上部四结，固人泥丸，落人华容，夭人生魂。中部四结，合凶为群，盘固太仓，迅人游魂，来妖通奸，景梦不专。下部四结，结人后门，遏人九孔，断人命根。帝君告灵，九天玉文，消解结节，灭诸根源。”这是从十二结节的内景视野，来言说十二结节对生命的危害，也是言说了对如何解结的认知，这也形成了道家养生要对十二结节进行解结。只有通过道家养生方法解开了这十二结节的结固导致的胞根结滞，那么生命就连接了先天的生机，还补充了衣食住行、起心动念被消耗的生命体能量，从而逐渐实现养生祛病、延年益寿，甚至得道成仙，实现生命回归后天藏象形态或先天运相形态，更有彻底打破无明证入生命圆觉的真如义，而成佛了道。以十二结节胞根结滞的结固来言说人体命象空间体中的藏象外系统和人体命象生理系统的界限是最合适不过了，也是藏象外丹田精气神形态流变为人体命象精神气形态，这里的流变视野就有命象补给和魄精畜积两层含义，并呈现了十二结节临界态。

十二结节临界态为十二结节禀盈和十二结节结固过程，伴随人体命象合而成形以及肉身成体。十二结节禀盈就是还未形成结固的状态，为藏象外系统与人体命象生理系统还有沟通联系的禀盈态，成为人体命象生理系统在肉身成体之前禀受与充盈人体精气能量的过程，故称为禀盈。禀为禀受生命且具体为禀受先天“九天”之精气，为“凡人生在胞胎之中，皆禀九天之气，凝精以自成人也”的禀受“九天”先天（运相与藏象集合统称）之精气，九天之气的高能量体态被人禀受就是凝精，也正是精以气动与气动必是精用的精气关联能量体态。盈为精气充盈，为“故人象天地，气法自然。自然之气，皆九天之精，化为人身，舍胎养育，九月气盈，九天气普，十月乃生”。所说的禀受生命先天精气以及养胎胎气充盈。从禀盈我们可知两个过程，第一个过程为禀受生命先天之精气的过程，是胎形和胎体直接禀受所谓的九天精气么？不是，它能接受充盈灌溉的先天精气仅是藏象外丹田精气神形态的，之所谓九天之精气那是因为藏象外丹田精气神形态的能量体是从“九天”所指的运相阶段和藏象阶段流变转换过程的，而真正的“九天”高位域能量体的精气胎形和胎体是无法直接接受禀盈的，这个禀盈的过程实则指后天五生过程在精气神能量体的转换步骤上。从这个层面也就不难理解《黄帝内经》说：“人始生，先成精”以及“两神相搏，合而成形，常先身生是谓精”，都以人体出胎生育前围绕“精”来描述关于“生”的本质，就是基于九天精气的禀受视野而连贯起来关于精以气动与气动必是精用的精气关联能量体态呈现在“精”上的实质。

第二个过程为胎形和胎体在母胎中养胎气有十月的过程，也是形成人体组织器官并逐渐形成有生理运化精气之功能的过程。从十二结节禀盈内涵，可窥见在胎形和胎体发育之初始，既有先天精气之实质转换关联又有母腹养胎过程，而如何在十二结节临界态来禀受生命之气变得尤为关键，那是因为这个禀受受气过程还存在着差异，所谓“其结胎受炁，有吉有凶，有寿有夭，有短有长，皆禀宿根”。而这里独用结胎受炁的“炁”，也就是先天禀受九天之气对后天命象有很关键的所在，在世间角度，其吉凶、寿夭、短长等取决于先天之气，这就是命炁，先天之禀赋，说到根本为识神种子主气精义呈现在五藏神能量体的生化上，而有人的命运各异，生命形态皆不同，识神种子因缘的任何一丝一毫皆不会出差错，并且已经依五藏神能量体转换来统御主导和运转支配这个肉身命象，从身体承载的大格局的生命信息来说，现在科学流行的说法也叫基因，但现代基因仅是从人体命象层面组织器官义上的解读和认知，如果真正从精气神形态在先天运相、后天藏象、人体命象各层面结合，并依人体命象联通藏象阶段和运相阶段便可打开生命无比广阔的密码，这就如同对《周易》还仅仅停留在六十四个卦名的认知上，连卦体的含义，以及卦与卦、爻与爻乃至整体象数理关联都不知所云，而恰恰围绕生命形态的本质密码就在《周易》六十四卦与三百八十四爻象数关联里。禀受先天命炁在道家里也是有专门的方术可以调整生命信息，或者是从业力牵引角度在还未从胎形长成胎体前，可以消业的方式改变尘世吉凶、寿夭、短长等命运；反之，如果在后天以方术打开结节通道，亦能达到“回精凝神，解散紫胞结节之根，还精补胎，灵镇穷肠，内充外逸，九窍鲜明，炼髓易骨，节节纳真，其法高妙”之非同寻常的养生内景功态。

十二结节临界态的禀盈与结固过程，从人体命象能量体角度为藏象能量体（藏象外丹田精气神形态）发生在胎形阶段的生化转换，且为命象补给和魄精畜积两层含义的流变。此过程的结束也就是十二结节禀盈态的结束，就以结节结固形成了人体空间体的界域。流变的命象补给和魄精畜积为藏象第二次平衡的最后阶段，当这个阶段完成后，禀盈态结束，流变的结固态开始，人体空间体的界域随结固的产生由胎形发育长成胎体。十二结节结固前就是藏象第二次平衡过程，藏象第二次平衡为藏象外系统中的外丹田精气神能量体与人体命象系统中的命象精气神能量体在生化转换时因十二结节禀盈产生平衡，藏象第二次平衡的终结就是十二结节的结固，伴随十二结节的结固也产生了人体命象空间体有了人体空间体。以人体空间体的出现在人体命象空间体中区分开了藏象外系统和人体命象生理系统。

人体空间体在人体命象空间体独立出来，就是十二结节结固视野下的意义，也就是说从人体命象空间体的“形”，束缚成了人体空间体的“体”，从人体命象空间体有藏象外系统和人体命象生理系统可知，人体命象空间体的“形”从空间意义上要大于人体空间体的“体”，所以十二结节结固的胎形和胎体又是以此道元能量位域的流变。人体命象空间体的“形”既含藏象外系统统御与主导的外丹田能量体空间又含胎形，从这个层面上讲，合而成形的“形”并非是从纯胎形结构长成了胎体。这里有关于“形”层次的空间位域流变，它的理解难点就是要明了人体空间体（胎形义）是从人体命象空间体（合而成形义）依十二结节结固独立出来，这个独立就是长成人身胎体。

七门形体结构下的十二结节人体空间体就是人体命象空间体的合而成形义，它是人体命象空间体能量体结构在分布生成时的空间，也就是七门窍视野的五藏神外丹田精气神的形态分布生成，它分成七门窍空间体分布、七门窍内藏象外系统的外丹田精气神能量体按三丹田轮分布、十二结节禀盈人体空间体——胎形的分布三个部分组成。往往经常说藏象外系统与人体生理系统的关系，而忽略了在能量体形态分布之初始，七门窍也是空间体，它的空间体能量也是藏相系统能量体，而且还是内丹田生化转换外丹田时最早的能量体分布与空间充盈。七门窍作为空间体具足藏象精气神能量体的实质，对于胎体发育成熟后从人身角度谈道家养生和内证系统时，七门窍以人身七处在人身对应的关联，要充当极其重要的角色，它是内证实修中要依赖的重要凭借，就是因为它独特的藏象能量体结构，在行之有效的方法下，就能激活人身七处的关窍，成为诸多内证功法中的玄关一窍，且以人身七处和七门窍所存在的不同道元位域的视野，产生不同层面的功态和境界。世间人多知晓人体有七窍或九窍，但根本不知还有因道元位域的不同呈现在各层面形态下的玄关内涵均不一致，光是藏象内外丹田视野以及人体命象精气神层次就有不同的实证意义，再加上缺乏实证实质，诸多玄机都被混为一谈。

从能量体流变转换呈现的视野就形成了七门窍视野下的藏象第一次平衡和十二结节禀盈态视野下的藏象第二次平衡，从而也就有了藏象内丹田系统与藏象外丹田系统的关系，以及藏象外丹田系统与人体命象系统的关系。当精神气能量体分布随两次的藏象平衡关系的发生，七门形体结构与十二结节人体空间体就生化转变成胎形，胎形的产生让人体命象空间体也发生向人体空间流变。所以，七门窍视野和十二结节视野，既是开启人体命象空间体从而形成藏象外系统与人体命象系统的通道，又是随七门窍和十二结节在两次藏象平衡后，从胎形到胎体独有人体空间体。但要注意的是，人体空间体形成人身并发育成熟后，统御主导并运转人体生理生命系统的藏象外系统跟人体如影相随，只是不在人体空间体这个三维的视界里。为何要这样强调呢？因为这里又出现了能量体隔离视野和系统运转视野，七门窍关和十二结节结固形成了能量体隔离视野，也就是再也没有能量体的流变转换形态存在了，但它生化发育成了运转系统，以藏象外系统统御运转人体命象生理系统，所以不能从能量体关联关系的隔离也把藏象外系统与人体命象生理系统的关系隔离开了。所以，七门窍视野的五藏神外丹田精气神的形态分布生成，从人体命象空间体的三个部分的藏象两次平衡，最终要以七门窍关和十二结节结固来完成胎形长生胎体转换生成，以人体空间体统一藏象内系统和人体命象生理系统并形成有机整体。

对于七门窍视野的五藏神外丹田精气神的形态分布生成，为在人体命象空间体内，以三个部分的藏象两次平衡形成的能量体周流分布，而这三个部分除开七门窍空间体分布与七门形体结构下的十二结节人体空间体分布外，还有在七门窍和七门人体空间体在转换形成的中间态，也就是藏象外丹田精气神能量体按三丹田轮分布，以及立足于三丹田主体结构，周流分布于人体命象体空间，形成藏象外系统。藏象外丹田精气神能量体的中间态是形成于七门窍洞开之后，十二结节禀盈态之先，如果没有中间态能量体的充盈完成，就无法形成十二结节向人体空间体分布生成。那么现在就是聚焦这个中间态，以及它是如何从能量体分布充盈转换成藏象外系统的，并伴随人体空间体的形成来成为人体命象生理系统的主导。

立足于三丹田主体结构就是外丹田精气神三态的分布，为上丹田“神”形态的人脑三界构，中丹田“气”形态的膻中，下丹田“精”形态的关元。以此三丹田为主体并分布与周流于人体命象体空间，分布与周流为先生化分布再以精气周流生化的空间。这个分布与周流就形成了由经脉和络脉为主体的人体经络系统，经络系统主要分为十二经脉、十二经别、奇经八脉、十五络脉、十二经筋、十二皮部六部分。其中，十二经脉、十二经别、奇经八脉、十五络脉为主要经络，而十二经筋、十二皮部为经络的外延，经络相互连接交织，形成人体经络精气系统。五藏神外丹田精气神三态在人体命象空间体分布并周流后，由三态分的状态又形成聚合形成中脉，类似于五藏神内丹田的黄老中宫，它是五藏神外丹田精气神三态分布形成的“神”形态、“精”

形态、“气”形态三者分离后的聚合态，与其说聚合态还不如说是立足于外三丹田主体结构并分布周流形成能量体空间的中脉主轴，以此主轴联系起三丹田的精气神诸形态和人体经络系统。当藏象外丹田精气神三态聚合成中脉后，围绕中脉就在人体空间体内形成了三脉七轮，以三脉七轮统御人体经络系统，以此就形成了人体空间体内能量体结构，从而真正把藏象内系统统御与人体命象生理系统结合在一起，而它们之间的有机联系就是围绕三脉七轮形成的人体经络系统，这也是藏象外系统的内容实质。以藏象外系统统御主导的人体命象生理系统来说，三脉七轮统御人体经络系统又是人体空间体命象器官组织发育形成能量体结构，所以胎形中人体的第一次分布与周流的能量体来源于五藏神内外丹田能量体生化流变转换的先天，只有在七门窍关与十二结节结固后，能量体才由父母构精和母腹养胎形态以及自身运化形态出现。

从七门窍视野与十二结节视野下的藏象第一次平衡和藏象第二次平衡，呈现了由七门窍开与十二结节禀盈状态下的人体命象能量体流变关系。为从五藏神内外丹田精气神能量体生化转换，在藏象第一次平衡后，再由五藏神外丹田精气神能量体与人体命象精气神能量体生化转换，在人体命象精气神能量体结构里，以外三丹田为主体并分布与周流于人体命象体空间，形成了外丹田精气神三态聚合成中脉，再围绕中脉就在人体空间体内形成了三脉七轮，以三脉七轮统御人体经络系统，就形成了人体命象能量体流变关系图。

在人体命象能量体流变关系里，藏象的两次平衡成为精气神能量体生化发展到人体命象能量体的关键所在，更构成了人体命象空间体的能量体流变形式，并以此把人体空间体随十二结节结固从人体命象空间体隔离出来，这种隔离就是胎形向胎体的器官组织的生长。如果说人体命象空间体与人体空间体的区别，在能量体上人体命象空间体为藏象外丹田精气神能量体生化流变人体命象能量体，并以藏象外系统统御主导人体命象系统；从空间体格局上说，人体命象空间含藏象外能量体空间和人体空间体，故人体命象空间体在时空格局上，体现为时间之先和空间之大，从胎形长成胎体在人身肉体的显象称为人体来说，人体命象空间体的道元能量位域要高于人体空间体，可以理解为人体命象空间体因含藏象外系统而非肉眼可见，而人体空间体随胎儿的肉体发育以肉身可见，并作为直观空间体。但在人体空间体里还有无法眼见的由藏象外系统统御并主导的人体经络系统，共同构成人体空间体中的能量体。

人体空间体是从七门窍视野出发，言说的从七门形体结构下的十二结节人体空间体，换句话说七门窍与十二结节的结构构成了人体空间体基本形态。那为何要从七门窍和十二结节言说藏象外系统以及围绕中脉的三脉七轮人体经络系统呢？这就是空间体与能量体两者体系的不同对待，必须要转换清楚。在空间体结构成形之初始，就要先形成能量体的生化转换，在生化转换分布格局基础上再发生道元位域的流变，而成为空间体，虽然说了那么多的层次和过程，但发生能量体向空间体流变转换时又同样是在七门窍和十二结节结构下。所以就形成了能量体向空间体流变转换的过程，也可以看作言说人体空间体结构的条件。

这个条件过程为：首先，要完成能量体生化分布，根据精气神三态所对应的三丹田结构，有内丹田和外丹田生化流转过程，以及外丹田向三脉七轮人体经络生化流转过程。以藏象两次平衡构成了两个阶段过程。其次，为能量体生化分布形成了界域转换，界域转换形成了空间体的总体格局，从藏象界域空间体转换到人体命象界域空间体，并从人体命象界域内随生化发育独立成人体空间体，但它只是界域的总体格局并非成熟格局，成熟格局为藏象两次平衡完成并随命象生理转换成诸系统。再次，为在总体格局的空间体内已经生化分布的能量体转换为系统，如藏象空间体内形成藏象内系统，人体空间体内形成藏象外系统与人体命象系统，之前生化转换的能量体以诸系统的形态存在，同样系统的统御主导与运转也是能量体位域的体现，也只能是高位域能量体系统统御主导并运转低位域能量体系统。最后，综合能量体、空间体、已经能量体在空间体内转换成的诸系统，成为有机整体下的成熟空间体形态，它的最后指向就是人体空间体内，藏象外系统统御主导并运转空间体内组织器官生化和围绕组织器官联系在一起的诸生理系统。而实现藏象外系统统御并主导来运转人体命象生理系统的标志，为能量体分布生成聚合成中脉以及围绕中脉形成的三脉七轮人体经络系统，它同时也是人体命象生命形态构成的标志，生命形态的构成就是从人体命象空间体中以人体空间体构成了胎形。或者说聚合形成中脉以及围绕中脉形成的三脉七轮人体经络系统就是人体空间体以胎形作为存在，此时在胎形空间体结构下七门窍和十二结节成了胎形的一部分。

七门窍视野人体命象生命形态构成。从七门窍视野的界域空间流变与七门窍视野的五藏神外丹田精气神的形态分布生成，以及界域空间流变和能量体分布后指向的人体空间体，就要发生关于人体命象生命形态的生化转换，从藏象生命形态生化成命象生命形态，并且转换成人体空间体，且在人体空间体有了可以合而成形的胎形。七门窍视野人体命象生命形态构成就是围绕胎形来言说命象精气神能量系统形成和胎形体的结构，这也正是后天五生“生育”阶段的内容主体，既是依藏象外丹田精气神形态流变转换到命象精气神形态，又是从藏象外系统主导运转命象生理系统，且逐渐随能量体与空间体的生化转换形成统一在胎形视野上，以此形成胎形视野下的命象精气神能量系统与胎形体。

命象生命形态构成的标志为能量体分布聚合成中脉，以及围绕中脉形成的三脉七轮人体经络系统，所以命象生命形态视野就构成了中脉视野形态，把中脉在命象生命形态上的诸多问题解析清楚，就能目睹命象空间体中以人体空间体构成的胎形过程。中脉视野形态有聚合中脉的能量体分布和能量体分布后的周流、天脉与中脉关联生化胎形、七门窍关和十二结节结固以及通道临界态下的界域流变、胎形结构体的人体经络之形与长成胎体四部分构成。

中脉视野形态下聚合中脉的能量体分布和能量体分布后的周流。中脉聚合的源流为五藏神外丹田精气神分布，三态依外三丹田分布就是精气神三者分离的形态，三态分离后再聚合形成了中脉。这里就有两个过程，第一个过程为依外三丹田结构分布，第二个过程为在三丹田分布结构体下再聚合，这就是中脉生化过程，类似于五藏神内丹田态下的黄老中宫，但中脉不能等同于内丹田的黄老中宫，黄老中宫在内丹田是整个五藏神的统御之宫，而中脉只是外丹田三态分离的联系通道。中脉联通的藏象外丹田精气神三态在人体空间体结构下再转换成三脉七轮，三脉七轮只是中脉能量体形态在人体空间体结构的再分布，或者说中脉是统一视野，而三脉七轮是中脉的内容形态。由于三脉里有围绕中脉的左脉与右脉合称为三脉，故在描述的时候突出中脉的主轴地位，称为以中脉为主体的三脉七轮。在中脉为主体的三脉七轮视野下来看藏象外丹田精气神三态，就能明确中脉对于精气神三态分离联系通道的作用和主轴地位。以中脉为主体的三脉七轮能量体分布形态出现后，能量体就发生了周流，就成为能量体分布后的周流，就是形成人体经络系统之所在了，这里形成的经络系统只是经络之形，人体全身七万两千多条经络组织就以十二经脉、十二经别、奇经八脉、十五络脉、十二经筋、十二皮部六部分组成。经络相互连接交织，在胎形长成胎体后，就形成藏象系统统御下的人体经络精气系统，又以人体经络精气系统主导和运转人体生理生命系统。

外丹田精气神三态的分布分离连通联系再聚合形成中脉，聚合成中脉标志着藏象外丹田能量体分布完成。而围绕中脉为主体的三脉七轮以及形成人体经络系统，则标志着中脉离散。如果说七门窍与十二结节在人体空间体结构上成为了胎形的一部分，是胎形的外观空间，而中脉离散形成的七万两千多条经络组织就成为胎形内部结构，这两者共同构成胎形的空间体，为进一步向胎体的实体生化发展。依中脉离散又如何在三脉七轮上形成人体经络系统呢？这要综合藏象系统能量体中的内丹田能量体、外丹田能量体以及人体命象能量体中的三脉七轮，再结合十二正经中的三阳经、三阴经与奇经八脉相联系，形成不同能量体位域下的经络联系，彻底把人体经络的位域层次和运转结合形态分离出来，以此视野再来看待生命的形态，才能真正建立道元位域去理解生命。

中脉视野形态下天脉与中脉关联生化胎形。天脉与中脉的关联，要从藏象命门临界态一直贯穿到中脉为主体的三脉七轮形成过程，实际上，这个关联是必然存在的，尤其是在七门窍未关闭与十二结节未结固前，从藏象命门临界态时离转冲升过程和下降的通道——藏象天脉（简称天脉），一直到胎形形态下的中脉（也称命象中脉），它是整个后天藏象界域与人体命象界域最核心的命脉所在，它们的联系与连通过程就是精气神三态在不同空间体和状态下的生化流变过程，以此形成藏象内丹田精气神形态、藏象外丹田精气神形态、命象精气神形态等。如果说藏象天脉构成了藏象界域的内主轴的话，命象中脉则为人体命象界域（含胎形体）的外主轴。它们之间的关联从命门离转冲升开始一直到人体经络系统所在的命象能量体形成，成为生命形态的重要组成部分，无论是从能量体和空间体生化转换，还是精气神各种形态下的内容都构成了源流关系，其间还有界域转换的流变。那么天脉与中脉的关联过程意味着什么呢？意味着生化胎形并形成胎形内的命象能量体结构，把一切的能量体和空间体生化转换完成，且把精气神各形态的流变结合到胎形上，形成天脉与中脉的关联态，天脉与中脉关联态就蕴藏了巨大的生命信息和秘密。

天脉与中脉关联态为胎形命象能量体结构全面冲升生化形成，并依胎形中的能量体结构有脏器组织的形生化形成。它的具体结构为天脉布局先天因缘系统以及中脉布局五脏五行系统，两者布局完成后胎形能量体结构以气机冲升的形态生化形成。同时，精气神三态在天脉层面和中脉层面的气机冲升动态过程中，天脉的内系统与中脉的外系统，这两者按五藏神五行之藏法则发生关联，这种关联皆以五藏神精气神的形态结合在一起，产生布局形态后的系统融合，这个系统经过七门窍和十二结节通道传导和生化，最后形成三脉七轮结构下的魂神魄意志五藏神精气神形态，构成胎形命象能量体，完成内外丹田五脏神能量位域的结合，形成藏象生命系统。

天脉与中脉气机冲升在关联态融合后，在此结构和状态下称谓的藏象生命系统对比之前言说的藏象外丹田生命系统，藏象生命系统既是融合了内外丹田能量体结构的综合体，又因两者“布局”而产生了局限性。关于藏象生命系统与藏象内外丹田生命系统的对比是一个难点。藏象内外丹田生命系统是我们在后天五生的阶段过程中，从五藏神内丹田能量体向外丹田能量体生化流变的阶段和局部言说的称谓，当到了人体命象阶段且在胎形视野下，之前的五藏神内外丹田能量体因为天脉与中脉关联并发生动态的气机冲升联系后，内外丹田能量体在精气神上的不同形态融合到了三脉七轮结构下的魂神魄意志五藏神精气神形态，形成了综合体。这就是藏象生命系统融合内外丹田能量体的机制，也同时是能量体发生在胎形阶段后形成的独有现象，也可以看成是内外丹田能量体在气机冲升后，融合集中到了中脉为主体的三脉七轮能量体结构下。由于藏象生命系统是从五藏神内丹田系统与外丹田系统经过阶段过程后而生化的结果，所以之前在某个阶段过程中称谓的如藏象内丹田生命系统（或藏象内系统）以及藏象外丹田生命系统（或藏象外系统），都与中脉为主体的三脉七轮能量体结构下藏象生命系统并没有在名词称谓上发生冲突，当在表述时出现了混淆状况，只要厘清它们的阶段过程就能做好对应关系。

何为因“布局”而产生了局限性呢？从“布局”过程和内容上看，为天脉布局先天因缘系统以及中脉布局五脏五行系统。“布局”在这里有三层内涵，第一个为生化转换义。天脉布局先天因缘系统，就是在藏象宫库田轮态与五藏神内丹田系统以及五藏神外丹田系统围绕以天脉为主轴，来布局先天因缘系统；中脉布局五脏五行系统，就是在人体命象能量体系统以及以中脉为主体的三脉七轮能量体结构下，围绕以中脉为主轴以五行之藏规则开始生化转换五脏系统，或者如前文所说的开始围绕五脏系统来藏匿与畜积精气，体现为藏魄与藏精。天脉与中脉生化转换“布局”先天因缘系统和五脏五行系统的前提都是诸能量体结构已经形成，在诸能量体结构的基础上完成布局，或者看作是诸能量体结构生化转换最尾声也是最升华阶段。天脉在藏象宫库田轮态与五藏神内丹田系统以及五藏神外丹田系统的能量体结构基础上，并以天脉为主轴；中脉在人体命象能量体系统与中脉为主体的三脉七轮能量体结构基础上，并以中脉为主轴，然后完成能量体结构生化转换的升华——布局。

第二个层面为关联融合义。天脉的内系统与中脉的外系统融合在藏象生命系统中，胎形能量体把阶段过程发生的内容形态通过“布局”和气机冲升，把阶段过程发生的诸多内容形态和系统统一融合在以中脉为主导的三脉七轮结构下，形成胎形结构下的魂神魄意志五藏神精气神形态——指向了五行之藏的五脏系统。所以这个层面的布局融合义是能量体结构生化转换并升华后的结果，但这个结果的布局融合义需要天脉与中脉关联的同时，还要发生气机冲升过程，在气机冲升过程里发生交互、平衡、传导等融合形态。第三个层面为时空体变量集合——生命因缘布局。为生化转换升华并关联融合后，产生的时空体变量集合布局，此为局限性的关键，如果说前两义都是围绕关联融合来说，当一切毕具后，就是为因缘布局做基础和前提。

什么叫时空体变量集合——生命因缘布局呢？为识根尘交互融合立于三世两重因果，生起从胎形长成胎体到人死亡整个过程中一切时空体变量集合的现行。简述之就是现世的命运始末的诸因缘，构成生命命象的全部因缘，无论是微观的器官组织变化还是现量中由最微观起心动念生起的受想行识过程，乃至生命形态中任何一弹指间三十六万生灭的因缘，都在生命因缘布局里写就，这就是生化转换升华并关联融合后产生的时空体变量集合的生命因缘布局。

在“布局”内涵中的生化转换义、关联融合义以及生命因缘布局义承载下的藏象生命系统与藏象内外丹田系统、人体命象能量体系统相比因“布局”产生了局限性。这个局限性体现在生命因缘布局从胎形长成胎体到人死亡整个过程的一切因缘变量的集合是有限的，人的生命形态从胎形长成胎体到死亡的现行现量，因为因缘布局的写就而变得局限有限，一切立在三世两重因果里，受因果业力牵引，所以就形成了以“布局”内涵承载的先天因缘系统的天脉布局和五脏五行系统的中脉布局。

从藏象生命系统下的天脉布局先天因缘系统以及中脉布局五脏五行系统来看，生命的色体一切因缘结构在胎形具备，就差气机冲升后，七门窍关闭和十二结节结固，胎体从胎形生长成肉体。明了这个关于胎形具足的“名色”含义，就承载了十二因缘中的识→名色→六入过程，而这个过程就是从胎光玄精临界藏象命门，藏象内外系统下的精气神各形态生化流变，直到胎形的命象能量体结构，都是在分阶段和分层次地呈现先天因牵引下的布局过程。先天因缘系统天脉布局以及五脏五行系统中脉布局结合下，无明→行的过去二因的局，通过识→名色→六入过程来布。那么视野就聚焦到了胎形所在的命象能量体结构，以中脉为主体的三脉七轮结构下的魂神魄意志五藏神精气神形态，就构成了藏象生命系统的内容形态，这就是所谓藏象生命系统既是融合了内外丹田能量体结构的综合体，又因天脉布局先天因缘系统以及中脉布局五脏五行系统的两者“布局”而产生了局限性。在融合的综合体上，先天因缘系统和五脏五行系统这两者在按五藏神五行之藏法则发生关联，这种关联皆以五藏神精气神的形态结合在一起，产生布局形态后的系统融合，这个系统经过七门窍和十二结节通道传导和生化，最后形成的就是胎形命象能量体，完成内外丹田五藏神能量位域的结合，形成藏象生命系统，它的内容主体就是以中脉为主体的三脉七轮结构下的魂神魄意志五藏神精气神形态。

从因缘布局的局限性就能指向胎形的局限性，胎形的局限性体现在五脏五行系统承载的胎体空间。这里的五脏非单指肝心脾肺肾五脏器，而是五脏所综指的肝系统、心系统、脾系统、肺系统、肾系统有机联系的人体全身整体，而五行系统就是全身在五行法则下统一在五脏系统里，从而以五脏五行系统言说了胎体空间体的全部。如果把无明→行的过去二因的局，通过识→名色→六入过程来布看作是天脉布局先天因缘系统的话，那么识→名色→六入过程布在什么地方呢？总得有个落脚点，那就是藏象生命系统指向的胎形空间体，故成为中脉布局五脏五行系统。由过去世无明→行的过去二因的“局”就可知藏象生命系统的局限性。为何就有了局限性呢？那是因为过去世无明→行的过去二因，在累劫累世的无量种子因缘库形态下，渺小得简直不值一提，就如从大海里取一滴水一样。同样是从精气神能量体形态生化转换而来，在胎形命象能量体的藏象生命系统与藏象内外丹田生命系统相比，都要局限很多，这就是因为胎形在色空义上，以色形空而有色体的实质，为无明束缚的外空间轮廓已经形成，之前的藏象内外系统言说的空间位域轨道都要远大于胎形的外空间轮廓，这就是为何在未形成胎形时，一直分内系统和外系统来说。在未以胎形命象能量体融合且布局之前，就未言胎形体和藏象生命系统，因为关于融合态，还有天脉与中脉气机冲升的过程。

生命因缘布局的基础和前提为生化转换升华并关联融合，生化转换升华与关联融合的状态结果，产生了布局义以及基于布局的融合义，指向胎形命象能量体承载的藏象生命系统。在融合态以融合义形成藏象生命系统还有非常重要的天脉与中脉气机冲升的过程，或者说是伴随天脉与中脉气机冲升过程，天脉的内系统与中脉的外系统按五藏神五行之藏法则发生融合与布局关联，最终形成藏象生命系统。

天脉与中脉关联态下气机冲升。为藏象天脉以内系统冲升形成胎形体的魂神魄意志五藏神精气神形态，命象中脉以外系统冲升形成五脏五行人体经络系统，这两者在布局融合与冲升生化形态下，生成胎形体，形成胎形体结构下的命象精气神形态和经络运转系统，共同组成藏象生命系统。就构成了通过天脉与中脉关联态下气机冲升把内系统中的五藏神能量体形态，与外系统中的五脏五行所在的人体经络系统结合在胎形体上，真正实现了既从唯识上按先天二因牵引布局，又在能量体和空间体上完成了融合，既让唯识因缘在胎形体上有了落脚点和现行现量特性，又让胎形体从此被赋予了唯识层面的精神主导地位。所以，天脉的内系统与中脉的外系统的气机冲升的实质是以胎形对诸空间体下的能量体按唯识因缘现行融合。天脉与中脉在气机冲升的过程为冲升动态同步融合，气机在天脉内冲升的同时也在中脉发生同步冲升，在动态冲升的过程中两者布局融合，交融一体。

天脉与中脉关联态下气机冲升遵循“冲气以为和”动态和“负阴而抱阳”机理。天脉冲升在泥丸宫以先天九气禀受，禀受九气有两个含义，一为先天精气神能量体的灌溉禀受，二为先天因缘布局，可称为禀受布局义，禀受布局产生了“神”居泥丸宫并生脑，《素问·脉要精微》曰：“头者，精明之府也。”又说：“精明者，所以视万物，别黑白，审短长。”乃禀受布局九天气后，伴随天脉三宫与中脉三田的所有精气融合，在泥丸宫有“幽室内明照阳门”的黄抱紫幽室突现光明。为何有精明之府能视万物呢？就是禀受九天之气，在泥丸宫生目瞳紫烟。目瞳为神的精气关联之义，神降泥丸，因精气关联义为高能量态，让泥丸宫成为精明之府。紫烟为目精之气。后目瞳紫烟生化三素云之素气（紫素、白素、黄素三素云），以三素云素气灌溉泥丸精明之府，在神因明的主导下，三素云素气相融合而先生左眼再生右眼继而成双目。

黄抱紫幽室突现光明的含义为当神降泥丸精明之府，以神的精气关联义而言高能量态的大能量，为精；又因三素云素气相融合生了双目而能见，则有明；黄抱紫为三素云素气相融合的层次结构，故而黄抱紫幽室突现光明，幽室就是泥丸宫，后转换生化成人脑三界构。此时状态的三素云因目瞳紫烟神的精气关联义，双目为天眼，能视万物，毫无障碍。由于天脉与中脉在冲升动态中同步融合，天脉冲升时中脉也在同步的动态中，在命象的脑部，先天九气入泥丸宫，再转化九宫，九宫化人脑三界构。先天九气禀受中，先天精气神能量体的灌溉禀受因神降的精气关联义，五藏神之神魂神意魄志全部入泥丸宫，并全部藏以目瞳紫烟中，神化为紫素云，魄化为白素云，意化为黄素云，魂与志化为瞳仁。

天脉冲升在心绛宫接三素云素气之降，以五华灌溉灵根。同步的中脉在命象的膻中心肺部生五脏之形。五华为大道自然法则五行属性之气，也就是木性、火性、土性、金性、水性之气为五华，为伴随神的精气关联义在泥丸精明之府连同九天气禀受所生。五华随素气下降（三素气内尽含五行属性），结合命象的五脏之行，五华融合五脏形成五华五脏之气。五华五脏之气周游五脏形以及素气周游泥丸精明之府，形成了五华五脏气与素气集合形成灵气。灵气生灵根，眼耳鼻舌身意灵根生成，五华五脏之气与素气既循环灌溉五脏，又升在泥丸宫周游九宫，是灵根与脏腑发生关联，形成六根统御下的五脏五行系统。

五华五脏之气周游五脏形以及素气周游泥丸精明之府，形成了五藏神魂神意魄志与肝心脾肺肾的关联与融合，构成了灵气的具体形态内容为肝魂、心神、肺魄、脾意、肾志。同时又以灵气生眼、耳、鼻、舌、身、意灵根，五华五脏之气与素气既循环灌溉五脏，又升在泥丸宫周游九宫，是灵根与脏腑发生关联，形成六根统御下的五藏五行系统，肝魂、心神、肺魄、脾意、肾志灵气五态与五脏五行系统结合，成为五藏神统御主导并生化转换下的胎形体灵气五态形态。以此标志着五藏神彻底生化并转换成命象能量体形态，称为五藏神统御的灵气五态（五脏五行）能量体。

天脉冲升在命门宫接素气、五华五脏气、灵气之降，在命门宫生七液之妙气。同步的中脉在命象的关元腹脐部，先生玄阳（左肾）后生牝阴（右肾）并以玄阳和牝阴形成双肾。七液为心液、肝液、脾液、肺液、肾液、气液、血液，但此时命门宫生七液之妙气，为七液皆为妙气形态存在，因为名为七液且只以气在，而非以液在，故玄妙。七液妙气循环双肾，伴随外四气与内四气融合，再一次形成冲升与降阴态下的天脉内系统与中脉外系统融合，融合后出现七门窍以及十二结节通道临界态，呈现在双肾空间体与能量体轨道仪上，形成与七门窍以及十二结节通道临界态的关联。

外四气为四象二十八宿所在的列星气轮义，也为青龙、白虎、朱雀、玄武四灵所寓意代表的外四灵气，内四气为阴阳二气与父母构精所寓意的天地（父母）二气。外四气与内四气融合再一次形成冲升与降阴，在胎形体内形成由两肾间的幽关、两目间的阙庭相联系并降于华池（在口中出舌本），形成胎形长成胎体后玉浆、玉液、玉泉与玄泉的联系，成为养生功态饮刀圭的实质，为何会有饮刀圭玄泉的实质呢？因为七液之妙气在冲升融合阶段为妙气，当到了胎体阶段就要生液。正所谓“两肾者，两仪也，中间有连环，是我真精。内藏赤白二炁，在母腹中，未有此身，先有此穴，因有此穴，始生此身。左为玄阳，右为牝阴，中穴实，我后天之精海，又为真铅，儒名太极，道名水乡铅，乃北方肃杀正气紫合河车。顺则生人，逆者成仙，一名漕溪，一名祖宫，通上下二眼，降华池。在舌下窍内出，名玉泉。”通上下二眼为两肾间的幽关与两目间的阙庭联系相通，双目为上眼，双肾喻为下眼；降华池在舌内，出名玉泉，玉泉就是玉液和玄泉之统称，有了上下二眼的连通以及玉泉的实质，则有“舌下玄膺生死岸”之称谓，玄膺为气管受精符，为通津液之岸也，它为七门窍楼门（十二重楼）之门户。

“冲气以为和”是气机冲升动态过程中天脉内系统和中脉外系统布局融合的“和”，为天脉与中脉两个道元位域的气机同步冲升融合，先天运相外四气与胎形过程中内四气融合，黄庭三宫与内丹田以及中脉与内外丹田融合，内外系统各层面形态的精气与五华五脏气与素气集合形成灵气的灵光融合，以胎形体将四大融合统一，融合后五藏神统御的灵气五态（五脏五行）能量体和七液妙气按五行之藏规律，灌溉全身七万两千多条经络，形成胎形能量体，天脉内系统与中脉外系统融合形成藏象生命系统。此时融合态出现七门窍以及十二结节通道临界态，这个临界态意味着七门窍关闭和十二结节结固。

天脉与中脉关联态下的气机冲升动态过程，以四大融合完成布局融合后，以融合态下的胎形空间体，以及胎形空间体中的五藏神统御的灵气五态能量体，且在胎形空间体内以胎形能量体形成的藏象生命系统毕具，出现七门窍关和十二结节结固。七门窍关和十二结节结固标志着胎形体在人体命象空间体独立出来，此种独立视野要伴随着能量体和运化系统的同步成熟，独立视野构成了生化转换成熟，为五藏神的内外丹田精气神各形态生化转换过程结束，藏象第一次平衡和藏象第二次平衡出现完成平衡交互后的流变，且流变到五藏神统御的灵气五态能量体。此时作为五藏神的内外丹田精气神生化转换在藏象第一次平衡和藏象第二次平衡态的通道——七门窍和十二结节，在胎形体独立和五藏神统御的灵气五态能量体成熟临界态下，因界域道元能量位域的变化而出现关闭，呈现七门窍关和十二结节结固。

七门窍关和十二结节结固的原理为生化原理和道元能量位域差异原理两者，生化原理就是在后天五生关于生命形态生化过程中，必然要出现胎形体独立和五藏神统御的灵气五态能量体成熟，而在这个过程中七门窍和十二结节只是生化过程中的具体内容和环节，且是空间体界域的门户以及能量体生化流变的通道。在生化原理上，七门窍和十二结节会随四大融合完成诸系统与能量体的布局融合后，随七门窍关和十二结节结固后成为胎形体的一部分，而且要在胎形长成胎体后，七门作为人体命象系统中重要的能量门户，既是身体里重要的太极器官，又是藏象生命系统主导并运转生理生命系统中重要的藏魄与藏精所在——藏匿与畜积精气的能量体空间。体现在以七门能量门户形成太极能量轮，太极能量轮的称谓是区别于三脉七轮而围绕太极器官来说的能量体结构，它是太极器官中独特的轮式能量体空间，和身体其他的经络穴位的太极器官不同，七门是大型的太极器官能量体组织，在胎形体独立和五藏神统御的灵气五态能量体成熟过程中，构成了重要的能量通道，故自身就是能量体空间。且七门在胎体命象中跟人体部位对应成为人身七处，又是从外部通过养生方法打开身体能量门户的重要通道，以此启动人身七处的太极能量轮可激发人体命象能量体所藏匿与畜积精气的能量，并成为身体内能量联络交融通道。七门和十二结节在生化原理上最后与人体融为一体，成为命象系统中的一部分，而且作为独特的能量体空间组织是属于藏象生命系统的范畴，共同主导和运转生理生命系统。

七门窍关和十二结节结固的道元能量位域差异原理，为伴随胎形体独立和五藏神统御的灵气五态能量体成熟的布局融合机理，使藏象第一次平衡和藏象第二次平衡态产生的五藏神内外丹田能量体与中脉为主导的三脉七轮能量体，在四大融合下既完成了向五藏神统御的灵气五态能量体的融合，又在融合态下因界域道元位域的差异，产生道元能量位域差异下的流变。道元能量位域差异使几大界域内产生了作用力，这个作用力同生化过程同步作用，产生了七门窍关和十二结节结固。哪几大界域的作用力呢？为七门窍作为通道联系的后天藏象界与人体命象界，以及十二结节作为通道的人体命象界和胎形体界，这几大界域在四大融合后，因道元能量位域的差异产生了作用力，此作用力与生化过程同步使其七门窍关和十二结节结固。

可能这里有个疑问，既然道元能量位域的差异随着通道和界域的产生已然存在，为何是在四大融合之后才因道元能量位域的差异产生作用力呢？那是因为无明业力牵引作用的“无明缘行”过去二因的因缘局，要通过生命形态生化流变转换过程中以及四大融合把过去二因根本牵引力的“局”布完整，为无明→行的过去二因的“局”，通过识→名色→六入过程来布，这个过程就是胎形体独立和五藏神统御的灵气五态能量体成熟产生的完整过程。

也以此来说明无明因缘牵引力要远大于道元能量位域差异的作用力，在生命形态生化流变转换过程要以过去二因的无明业力牵引为主体，当因缘“布局”完成后，就出现了无明业力随因缘布局在胎形体开始显象写就而停止作用，因缘现量时空已经产生，此时无明因缘没有生化和布局的牵引力，几大界域系统开始以道元能量位域差异来发挥作用，道元能量位域此时因能量体的位域差产生了作用力，这个作用力为道元能量位域差异原理作用力，也是生化原理的必然体现。

生化原理和道元能量位域差异原理两者结合，在胎形体独立和五藏神统御的灵气五态能量体成熟临界态，产生共同的连贯性作用使七门窍关和十二结节结固，也以此有了后天藏象界域、人体命象界域、胎形体界域的流变产生。且随七门窍关和十二结节结固，后天藏象界域与人体命象界域隔离以及人体命象界域与胎形体界域发生隔离，呈现在生命形态面前的就是独立的胎形体以及胎形体空间里五藏神统御的灵气五态能量体，这个能量体里有以中脉为主导的三脉七轮统御的人体经络系统。那么关于生命各种形态和生化联系的后天藏象界域、人体命象界域、胎形体界域以及联系先天运相界的这四大界域，是否因胎形体的独立出现而消失了呢？它一定不是消失，而是对比胎形体承载的生命肉身人体形态，先天运相界域、后天藏象界域、人体命象界域真正构成了生命藏。

意识传导系统

意识三脑（大脑、心络脑、肺肠脑）传导与熏习系统为从先天意识与后天意识在唯识过程中，如何形成与人的生活心理情志相关联的识种子在人体里传导和熏习系统，并言说控制与反应机理。藏象生命系统与生理生命系统的关联就涉及藏象精气与运化精气的临界转换，尤其是胎体界域视野下的生理体征形成，“神”形态就从藏象精气态转换到运化精气态。但这种转换并非藏象精气态失去了作用，而是藏象精气态转换到运化精气态共同作用，尤其是在意识三脑系统中，人脑六识系统就由藏象精气态能量体方式为主，心络脑和肺肠脑就以运化精气态能量体方式为主。更重要的是在人脑三界构中还形成了以藏象精气态为主体且联系关联人脑生理界构，形成了统御、主导和作用三个不同层次的作用机理。藏象精气态下的人脑三界构是“神”形态的大总持，也是大宗师象，它以独特的有极界、太极界、无极界统御了所有的生命形态，且以“神”来关联精气。在有极界的左阳脑由于与大脑相关联且以主导生理机能活动为主体，故既受藏象精气态的先天作用，也依赖人体生理体征运化转换的运化精气态。

“神”形态为泥丸九真之人脑三界构。泥丸九真之人脑三界构为藏象视野和人体视野的综合表述，也是后天藏象界域、人体命象界域、胎体界域针对精气神的“神”形态的综合指向，从精气神“神”形态与身体对应部位来讲为人脑。它涵盖了宫库田库含义下的上黄庭泥丸宫神库与上丹田泥丸神田，内丹田和外丹田含义下的泥丸九真，以及包含外丹田能量体形态以人体意识传导形态存在的人脑三界构。泥丸九真为高真、天真、神真、上真、玄真、仙真、虚真、太真、至真之洞房结构，人脑三界构为有极界、太极界、无极界三个道元位域层次的藏象内景。泥丸九真在《黄庭经·内景经》云“一面之神宗泥丸，泥丸九真皆有房”，以此言说泥丸为一面众神之神宗，其泥丸九真各有洞房以轮群布。

泥丸九真上应九天，通过禀受布局在胎体有七门中的泥丸天门与身体部位对应，十二结节中围绕人脑有一结在泥丸中、二结在口中、三结在颊中、四结在目中的胞上部四结与身体部位对应，以此形成人体能量体的内关外窍。其中对泥丸和泥丸九真的结合人体意识传导的中枢功能来综合称谓为天脑，“天”为针对人体意识传导形态来说为人体形成之先的先天赋予，把形成人体之前的一切过程统划分为先天的范畴，这个一切过程含先天运相界域、后天藏象界域、人体命象界域以及胎形体过程都认为先天范畴，此先天非后天五生过程的先天运相界域所在的阶段过程，而是围绕生命形态以相虚含义来定义的视野范畴，也就是把无法眼见的相虚义和哲学视界对生命的生育的描述划分为先天范畴，为哲学视野，在这里要把后天五生的先天运相阶段与先天视野区分开来。这里以“天”来划分生命在相虚义的先天范畴，就要跟乾天圣形上道范畴的“天”区分开来。“脑”主意识与思考，与“天”合用来称谓是强调“神”形态对精气形态的统御主导地位，尤其是当人体进入藏象生命系统主导并运转生理生命系统，人体能量体方式从藏象与命象形态，转换流变为人体运化形态，生理生命运化形态下的精气就是运化精与运化氣，而“神”形态统御精气的意识传导就是天脑之所谓，既要从“天”的含义去强调先天禀受赋予与后天运化的区别，所形成的道元八素经的差异，又要从“脑”的含义去强调统御的主导功能；又由于人类对认识“天”指向的生命形态的先天哲学视野来说还未取得广泛的价值认同，故天脑常称为人脑。

从道医学的角度来说天脑与人脑的含义指向为不在同一个位域层面的内容，天脑含生命形态的来源与过程，是围绕生命形态关于生命生化的本质指向；而人脑为停留在人体视野对意识诸形态的狭义认知，基本上无法剥离甚至认知先天意识（先天哲学视野层面）与后天意识（运化层面的主导系统以及形成的运化精气传导），从先天意识与后天意识之分，可以看出人脑只是天脑反应在人体脑部结构中的一种形态和表现，天脑是人脑的哲学本源，既有“天”的先天赋予又有“脑”的后天思考与主导，而“天”的先天禀受含义要统御并主导支配“脑”的后天思考与运化传导。正因为如此，道家和中国传统医学把泥丸和泥丸九真从人体角度称为天脑，而且是内证修真内景之所在。何为内景呢？《大戴礼记·曾子天圆》曰：“天道曰圆，地道曰方。方曰幽，而圆曰明。明者，吐气者也，是故外景；幽者，含气者也，是故内景。”又有《说文》云：“景，光也。”王聘珍《说文》解：“外景者，光在外。内景者，光在内。”而此“内景”是沿用《黄庭内景经》通过内证对人体在精气神的藏象视野以内神称呼的词汇，属于道家内丹养生和中国传统医学范畴。同时以“含气”寓意内神所在的内景，而“吐气”寓意藏象外象之外景，内景与外景从“含”与“吐”的描述中构成了藏相法则。天脑与人脑的区别就在于天脑为内证内景范畴，多在道家内丹养生和中国传统医学领域广泛应用，而人脑多用于人通过大脑对意识、情志、思想上的表达。

《道枢·平都篇》亦云：“天脑者，一身之灵也，百神之命窟，津液之山源，魂精之玉室也。夫能脑中园虚以灌真，万空真立，千孔生烟，德备天地，洞同大方，故曰泥丸。泥丸者，形之上神也。”又有《修真十书》云：“天脑者，一身之宗，百神之会，道合太玄，故曰泥丸。”从天脑的“泥丸”之称，可以看出藏象内景的“神”形态，并且依“神”形态统御一身之百神、精液山源、魂精玉室所在的精气形态。张景岳《类经》云：“人之脑为髓海，是谓上丹田，太乙帝君所居。”所谓“太乙”便是一面众神之神宗，万神总会之都，太乙帝居之，是从道家信仰之源上对泥丸从“德备天地”在圣德性属性的描述。从泥丸九真以天脑来称谓的藏象内景来说，其有“吐气”之象的外景则是人脑，这里是研究“神”形态所在的泥丸九真之人脑三界构，故也是解析的人脑范畴中对“神”形态有承载功能的三界构，是从藏象原理上而非人脑的生理系统。人脑三界构为从藏象原理上解构人脑在“神”形态中的意识传导系统，以有极界、太极界、无极界构成三个道元位域的三界构。

人脑三界构之有极界，也称为有为界，在藏象领域为左界构，在人脑生理生命领域相联系的为左脑（左阳脑），以物质为实和精神为空形成认识论为常态，呈现在“神”形态以六识对六根尘的先天意识禀受业因，以及后天受、想、行、识返熏，共同构成神意相火。从有极界或有为界的“有”就能明晰此左脑有极界为眼耳鼻舌身意所对应的六识六根六尘主宰。因五蕴炽盛而只能依六识六根六尘对境生心并反复熏习，体现为贪嗔痴慢疑之五毒为盛，是不折不扣的受先天禀受业因布局牵制，只能顺从三世两重因果来对境的人脑思维；同时受先天禀受业因布局牵制的识根尘现行，呈现出现实中的受、想、行、识等现量，又在此有极界返熏，现行与现量在后天现实交汇，形成“神”形态的神意相火。只要有此神意相火在有极界，就是人受三世两重因果牵制轮回轮转的根本，它就是业障呈现在“神”形态反应在人脑三界构的具体所在，且神意相火呈现的便是五蕴炽盛下的妄念横飞，无知躁动，不识心性根本而以妄逐妄。

有极界在藏象领域为左界构，在人脑对应的部位为左脑，那么左界构与左脑是什么关系呢？在有极界以物质为实和精神为空的认识论中，这里的“物质”指眼见为实的理性思维和具象思维，以及基于理性思维和具象思维基础上的形象思维和感性直觉思维，物质为实则以理性和具象思维认为物质为实有，而精神为空则以物质为实又反衬精神为虚幻，那么精神为空的“精神”则是从主导左脑思维意识的左界构相虚义的六识六根尘为虚，为不实，为空无所有。左脑主导人在现实世界中的思维与意识，呈现为各种思维形态，如主管语言、擅长于定量思维尤其是逻辑学与数学分析、具备哲学理性和抽象思维等，而这些左脑主导的思维与意识却为左界构六识对六根六尘的外象，就如左脑是吐气原理，左界构为含气原理。如果从左脑为人在现实世界中“物质”范畴的思维与意识，那么主导左脑思维与意识的左界构，则为精神相域所在的“精神”范畴下的六识与六根尘，并且左界构成为左脑一切的主导，是左脑思维与意识的精气神能量体高级形态，是藏象“神”形态具体呈现，更是统御了人脑左脑运化精气形态。

人脑三界构之太极界，也称为无为界，在藏象领域为右界构，在人脑生理生命领域相联系的为右脑（右阴脑），以物质和精神兼顾并以精神为实的认识论为常态。呈现在“神”形态对比有极界的神意相火而有心神金水之心神君火，呈现为以第七识恒审思量以分别而能传导六识，以及传导后依六识熏染形成记忆，同时也是六识所在的有极界以我识传导形成我执与法执之所在，并能据七识传导与思量转识成智。太极界为修真证道之功态境地，是基于有极界解脱种子业因成熟入内证领域而能明心见性之界，并能在明心见性基础上就成摆脱三界之轮回轮转。心神金水之心神君火，心为明心见性之真如心，为真君；火为七识恒审思量之妄，为火，且以此七识之妄火，统纳六识所在之神意相火，或者说神意相火是七识妄火的具体吐气之外象。

太极界以物质和精神兼顾，为在有极界的“神”形态下赋予“物质”与“精神”含义的基础上，立足于有极界的精神相域的广义物质含义，去认识太极界道元位域视野下的物质与精神义。太极界的物质与精神是性→相→用程式下的认识论，也就是在《藏相系统论》中以形上道划分的精神域、以形下器划分的物质域（含精神相域）形成认识论。用这个认识论作为认识人脑三界构之太极界的方法论来说，在此处就不能将物质与精神和性→相→用程式一一对应，认为心性所在的“性”范畴为精神，而“相”与“用”范畴为物质，而是在不同的立场与对待上，物质与精神会与三者均有对应。从七识的层面来说，为相虚义所在的精神相域的“相”层面，它在有极界就是精神的范畴，而在太极界由于还是“识”的层面，从心性的精神域来讲，它又为形下器物质域，精神相域从形上道心性精神域来说，划分为物质域的范畴。太极界以物质和精神兼顾明显在道元位域的认知上要高于有极界，且是建立在六识六根尘的基础上言说七识的恒审思量，前五识只能了知现前的东西能对根、尘起了别的作用，第六意识和第七识在了别的基础上，以我执而形成分别，尤其是第七识的了别义，就像一面镜子一样照见有极界的种种识根尘所在的形态，有了此种内景功态的照见，就能明了精神为实的根本，而且在这面镜子下，不仅是呈现在人体生命体征下左脑主导的思维意识传导过程中的运化精气形态，就连有极界的左界构的识根尘神意相火和合集聚的过程，呈现的藏象精气关联运动会一目了然，这个一目了然非肉眼见，而是天眼与法眼。呈现在“神”形态对比有极界的神意相火而有心神金水之心神君火，为以明心见性之心君，来观照神意相火之妄。心神君火非一个界域位域层面，而是物质和精神兼顾的两域结合，在心神君火的含义中以“火”包含了神意相火，故如果颠倒执着在神意相火的妄识妄见里，则会不知明心之真君；若明心见性以真如心性“镜”来照见妄识妄见，则有心神君火之谓。

太极界在藏象领域为右界构，在人脑对应的部位为右脑。在左脑主导人在现实世界的各种思维形态基础上，右脑更加接近于左界构的含气原理功能，既为左脑的思维形态输送形象与抽象思维，更是左界构范畴内诸意识形态中的记忆传导之场所，或者为左界构范畴六识六根尘的存储以及分别之所，如果说左脑为受先天禀受业因布局牵制，而只会处理并有识根尘的现行，那么右脑就是对先天禀受的识根尘的现行有分别之功能，并形成记忆，并以记忆来完成两种功能，一种为联系左界构功能向左脑做先天意识传导，二种为以记忆来控制现行现量的业习返熏，以此形成执着的根本。总之右脑跟左界构诸多功能联系紧密，并以此参与布局左脑对先天意识的执行，而且以独特的记忆本质形成先天与后天的交汇之所，可以说以处理意识而形成记忆的诸多秘密，成为三世两重因果的重要执行官，它既参与先天意识的禀受布局乃至执行，又把后天左脑对先天意识的执行情况作为记忆来储存，形成返熏的本质而联系三世两重因果，形成无明业障的具体形态——执着。

从右脑与左界构的关系以及他们共同对左脑的作用可以看出，左脑为受先天业因布局并依识根尘支配而有意识之外象，而左界构为主导并支配左脑意识外象，以六识与六根尘和合集聚成为业因的具体形态，因接受业因禀受布局以及主导和支配左脑意识外象的功能，成为颠倒的根本；右脑以独特的记忆功能，从参与左界构功能向左脑做先天意识传导到以记忆来控制现行现量的业习返熏，形成以记忆形态来作用的意识传导和业习返熏，成为执着的根本。从左脑、左界构与右脑的功能形态，由此可指向功能形态的本质，即左脑以生理运化成为意识外象，左界构以神意相火布局支配为意识形成颠倒，右脑以传导意识和业识存储的独特的记忆本质构成执着，并以意识外象→颠倒→执着的程式，从受先天业因禀受到后天习气熏习形成业识存储，来联系三世两重因果，从而构成诸意识（前六识）生灭传导形态下的因果统一场。

右脑以传导意识和业识存储的独特的记忆本质构成执着，它指向了有极界“神”形态心神君火所在的第七识（我识）分别之功能，在右脑联系左界构参与业因布局，这个业因布局的过程就是从和合集聚业识种子诸因缘开始传导，从右脑传导给左界构，这个过程是第七识在起作用，是第七识（我识）的分别，如何起分别功能呢？就是把和合集聚在一起的业识诸因缘通过分别按眼、耳、鼻、舌、身、意的类别来分类，把分类好的六识形态传导给左界构。如何“通过分别”来分类呢？就是识根尘和合作用发生在“我”的恒审思量，而在“我”的恒审思量的根本就是“我”由来已久并和合集聚的诸业因缘，第七识通过恒审思量对诸业因缘来按眼、耳、鼻、舌、身、意的类别来分类，就等于分类机器一般，把一船混杂不堪的杂物分类好，这也就是为什么依第七识恒审思量作用以及传导功能，去把第七识称为我识的缘故。由于有“我”在，第七识成为染浊烦恼的执行官。右脑第七识功能分别后，就传导给左界构，在左界构的业识因缘就构成了六识与六根尘具体的类别形态，然后再把它们传导给左脑，构成左脑的意识外象，从而有了人脑中的思维与意识。第七识分别后在左界构的再传导，就是第六识意识和第七识共同主导（以第七识为主体）的了别，就有了右脑第七识分别和左界构了别构成业识因缘现行，而左脑构成六识现量，从而形成右脑第七识分别→左界构了别→左脑六识现量程式。

再次梳理一下，右脑联系左界构既参与了先天诸意识的传导，又以独特的记忆本质联系先天与后天三世两重因果，故称右脑为三世两重因果的执行官。如何执行呢？就是把唯识因缘以七识来分别，以此分别传导给左界构，在左界构形成六识与六根尘的具体形态，然后依六识作用的根尘，传导给左脑而显出外象，主导并支配生理生命。自右脑第七识依“我”分别后构成执着，在左界构依了别就构成了颠倒，而左脑六识现量则成为妄想。在这里一定要明确大一元道元位域的前提，就是我们谈论右脑第七识执着、左界构了别颠倒、左脑六识现量妄想的根本是什么呢？就是心神君火中的明心见性真如自性的真君，这是形上道心性领域的大一元道元位域视野，没有真如自性境地的观照，就不会有神意相火的执着颠倒妄想，同样，什么样形态的染浊烦恼就能生就明心见性的菩提心，两者相互依存，只是一个为彼一个为此，究竟你取什么样的彼或此，是前往真如清净还是烦恼染浊，这就需要智慧，而通常我们迷而不觉，要想通往真如清净之真君境，就要内证见性转识成智。

在太极界“神”形态中，以右脑联系左界构以第七识分别执着参与了先天诸意识的传导，又以独特的记忆本质联系先天与后天成为三世两重因果的执行官。那么右界构又具备什么样的功能和特性呢？右界构的功能与特性就是太极界“神”形态下心神君火藏相动能视野下的能量体方式，何为心神君火的能量体方式呢？有两个层面的含义，第一个层面为内证功态下明心见性的能量体方式，即内证精气态，它是左旋飞升跃迁态，呈现为炼精化气、炼气化神、炼神还虚三程式；第二个层面为神意相火诸妄形态下的“右脑第七识分别→左界构了别→左脑六识现量”程式传导的藏象精气和运化精气态，也就是说神意相火诸妄业识因缘现行传导并形成现量过程的能量方式，它是右旋堕落态，它又因传导层次的区别，分为藏象精气态和运化精气态。藏象精气态就是右脑和左界构层面的能量体方式，而左脑的能量体方式就是运化精气态，它主人体的生理生命的思维和意识。从总体来说，太极界右界构心神君火能量体方式以藏相动能义，既要完成三世两重因果层面的诸业识传导的右旋堕落的先天神意，又要完成后天神志所主的内证见性左旋飞升跃迁态的转识成智；先天神意为顺生因缘，受三世两重因果禀受布局并牵制，而后天神志为通过后天修真证道之志向，在先天神意禀赋的基础上去修证，摆脱业因束缚和烦恼染浊而飞升跃迁升华生命。要想完成后天神志所主的飞升跃迁升华生命，就要通过内证修真有为法有为到极致，从而明心见性入无为境，才能从心性的膜镜来观照诸妄业识。

人脑三界构之无极界，也称为无不为界，在藏象领域为中界构，在人脑生理生命领域相联系的为中脑（至阳脑），以我执和法执为妄以及真如清净为实认识论为常态。呈现在“神”形态对比太极界明心见性观照下的心神君火“素”形态能量体方式，无极界为从染浊的太极浑沦相（阿赖耶识染浊义）转识成智，由识神飞升跃迁为元神，从而打破无明，把“神”形态的能量体方式从心神君火转换为真如光明智，呈现为至素至精，生命形态彻底摆脱无明染浊而具足清净。无极界的“无极”非明心见性层面去洞见真如，而是真如清净为实为常态并以此转化心神君火下的神意相火，也就是立于清净真如把染浊的无明浑沦转为清净义，从佛学角度来说以明心见性观照下依阿赖耶识的证自证分——真如性来照见阿赖耶识的见分、相分、自证分，从而转识成智。在太极界右界构第七识分别并有记忆本质的基础上，无极界的中脑和中界构，从第七识的传导与观照直入阿赖耶识，从真如清净光明转化染浊无明浑沦。

中脑联系右界构，从右界构“素”形态能量体方式所解构的业识形态依存的根本，直入阿赖耶识，从种子和种子因缘的起心动念处观照与觉知，把心神君火“素”形态能量体方式，既立于心神真如君性又立于神意相火妄，从而“龙战于野”，解构种子因缘染浊之妄，并从种子因缘的细微流注处彻底转换。中脑为立于真如光明智，转心神君火中“火”层面的神意相火之妄，入无明染浊浑沦的种子态，以及和合集聚成种子的种子因缘细微流注，打破无明染浊的执着、颠倒、妄想，从而在大圆镜智觉性下具足清净。简言之，中脑为转识成智之所，从烦恼藏飞升跃迁至如来清净藏。

从中脑元神用事转识成智，是从“火”到“智”的转换，“火”为神意相火之妄，“智”为真如光明智，中脑作为转识成智之所，元神用事的“元神”才是无极界的“神”形态。元神用事转识成智就形成了通过内证从烦恼藏飞升跃迁至如来清净藏，从凡转圣，连续而连贯地看待这个过程，就呈现了在凡与凡转圣的易而周的器→母→道程式。转识成智易而周，从业识的染到真如的净，再来从证悟的无极界厘清“神”形态的转换与传导，为从业识的识神转换为真如的元神。从元神的清净周而易染浊，再到主导与支配生理生命机能的过程就有了中脑→右界构→右脑→左界构→左脑，构成一个完整的真如种子→种子唯识变现而现行（八识）→第七识恒审思量分别，以“我”形成执着并记忆→六识与六根尘分类传导→六识与六根尘了别因缘，并完成后天熏习，返熏传导给第七识记忆。

无极界的中脑和中界构，为立于如来清净藏具足真如体如来义，而有一个哲学本原的问题，这个哲学本原就是无为而无不为大道本性。从大道周而易的过程我们知道，中脑为如来清净藏具足真如体如来义为形上道乾天圣，在道体四域格局中为天大，而中界构则是道体四域格局中的道大。由此道大无不为大道本性的道生德蓄的本原，才有无极体源，一切的源起。所以无为而无不为大道本性下的哲学本原成为大道道生之一切的源，它的真相境为道生德蓄一合相。

人脑三界构的左脑和左界构、右脑和右界构、中脑和中界构，呈现了三种“神”的能量体形态以及基于能量体形态下的生命形态实境。从左脑和左界构的神意相火，右脑和右界构的心神君火，中脑和中界构的真如光明智，分位域阶段呈现了以“神”为主体的生命形态，无论是从真如光明智的真，心神君火的亦真亦妄，还是神意相火的妄，都是生命的具体形态，而且在不同的位域阶段都有宏大的生命实境，且从本质上联系了现世中的人体生命形态。从神意相火六识之妄开始，生命就从藏象境走入了现世生理生命境，也依六识之妄的藏象精气态，来主导生理生命态的运化精气态。

在人脑三界构的内容形态里，我们分为藏象领域和人体生理生命领域，把藏象领域以左界构、右界构、中界构来称谓，而藏象领域的三界构与人体生理生命形成联系，这种联系我们对应了人脑的生理结构，把左界构与人脑生理结构的左脑相联系，右界构与人脑生理结构的右脑相联系，中界构与人脑生理结构的中脑相联系。在现代科学和医学对人脑的生理结构按照左、右、中的位置划分为左脑、右脑、中脑。这里就要从概念来梳理好藏象领域和人体生理生命领域的区别。我们在这里探讨的人脑三界构联系人体生理生命领域所说的左脑，实际上就包含了现代科学和医学范畴的左脑、右脑、中脑之人脑结构与功能。如果把人脑三界构的左脑划分以左脑的左半区脑与右半区脑则是现代科学对人脑的研究范畴，也就是说人脑三界构的左脑就是现代科学和医学对人脑的生理结构的划分。但现代科学和医学仅停留在生理生命机能层面，其思维与意识为“神”的运化精气态，而三界构的左脑也研究人生理生命机能层面的思维与意识，但是在藏象精气态的层面和视野去解读的。

依照生命形态的藏象义和中国传统文化的阴阳概念，把人脑三界构的左脑定义为左阳脑、右脑定义为右阴脑、中脑定义为至阳脑来加以区分。那么又如何理解这个左阳、右阴、至阳的阴阳属性呢？我们前面讲过关于阴阳平衡机理，左阳脑的“阳”是对比三世两重因果的未来世轮转的阴，以阴阳平衡机理来对比的。为何未来世的轮转为阴呢？那是因为从现世角度出发，左脑神意相火诸意识不断变现造业，之前先天因未除而业障越来越深，据藏相动能义右旋堕落来讲，未来世为业障更加深重的“阴”态，它是业障加重的阴，以此“阴”对比而有左阳脑的“阳”。至阳脑与“至阳”与左阳脑的“阳”又有什么区别呢？左脑阳因诸意识神意相火之妄，虽处“阳”态，仍然为染浊义，以中脑真如光明智照见染浊的阴妄，以真如体如来义具足清净藏而有“素”形态能量体方式的太素至精，以太素至精的至阳，称为至阳脑。同时，以至阳脑真如至阳，对比右阴脑的诸意识神意相火之妄为阴，形成右阴脑的“阴”的缘由。

人脑三界构在“神”形态对意识传导的统御作用并非只局限在与大脑的关联，而是人体全身任何细微的变化都来源于唯识变现现行与现量，只不过这种宏大的至微至彰生命格局，以人脑三界构通过意识三脑分成了三个意识传导系统来实现，实际上让生命形态通过意识领域更加具体。人脑三界构对意识三脑起统御和主导作用，联系并支配着意识三脑对生理生命的发挥生理机能的作用。在意识三脑中，人脑意识系统作用精神相域，主要以眼、耳、鼻、舌、身、意六识的相虚义为主，并且以先天六识领受布局后的先天意识为主体，先天意识传导现行后，又与根尘和合作用，从而产生基于生理体征的思维、意识活动，在现代科学和医学研究范畴内的人脑左半区脑与右半区脑诸多功能、特征，就是有先天意识为主体并主导起用，再通过大脑形成生理体征的诸多反应。经过生理体征活动的诸多反应，由于识根尘和合作用，就会直接在生理体征中产生返熏的后天意识，后天意识经过返熏与传导，在第七识我识的恒审思量作用下会记忆，而这个记忆有六识层面的记忆以及生理体征层面的业习记忆两方面形态。六识层面的意识记忆很好理解，它返熏传导给了人脑左半区脑和右半区脑，且六识层面的记忆在大脑中形成；而生理体征层面的业习记忆就是当六识起用在人体会有生理体征活动的诸多反应，也就在生理体征活动的现场产生了业习记忆，由此可知，身体任何场所都会产生记忆功能，并非只有人脑产生记忆，只是这种记忆的能量位域是不同的，人脑的记忆要高级于生理体征活动现场的业习记忆。

人脑意识系统中，先天禀受六识意识与识根尘交互作用产生返熏的后天意识，共同组成人脑意识的全部内容。人脑意识无论是先天六识意识还是返熏后天意识其传导动能皆为藏象精气态能量体方式作用下意识动能——意识电。意识电是“神”主藏象气精态在人体生理体征上的反应，人脑意识电通过六根对眼、耳、鼻、舌、身、意六识在人体生理体征上起用。

心络脑是基于心绛宫与内丹田中的精丹田和外丹田的气丹田三者道元能量位域的结合，并与人体生理生命发生关联形成的意识传导系统，但并非是心绛宫与内丹田中的精丹田和外丹田的气丹田能量体的直接传导，而是在人体生理结构中围绕心包络和心脏发生的意识传导，跟心包络和心脏发生关联的心绛宫与内丹田中的精丹田和外丹田的气丹田三者只是对意识传导统御、指挥、关联作用，最主要的传导形态还是基于心包络和心脏的生理机能，以运化精气态作为能量体方式来传导。心络脑意识传导的主要特点为以心包络和心脏共同作用，在心脏发生的生理动能的脉动——心生物电为传导动能，而且它是维持生理生命具备生命体征的最主要动能系统，它主要统御和支配人脑意识下的生理代谢、生理活动、体能消耗、人的行为动作等，是与人体的生理机能以及人体所处的外在空间体发生关联的系统。

肺肠脑是基于命门宫与内丹田中的气丹田和外丹田中精丹田三者道元能量位域的结合，并与人体生理生命发生关联形成的意识传导系统，肺肠脑的意识系统的传导也非命门宫与内丹田中的气丹田和外丹田中精丹田三者直接来传导，也非这三者为肺肠脑提供能量体方式的传导动能。肺肠脑意识系统作用机理为在人体的肺部和肠腹部的生理体征活动场所，完成先天意识并产生后天意识返熏的过程中，产生微生物电从而形成以五毒为代表业习记忆，并转换为人的习气性格。简单地说，肺肠脑是在人体生理体征活动现场，以人体中的微生物反应，激发了人体生理体征中业习记忆而形成的意识系统。肺肠脑意识系统发挥作用的前提为人脑与心络脑意识系统作用于人体生理体征并呈现活动现场，而恰恰是人脑与心络脑意识系统的这种作用与生命形态无不严密地联系交织在一起，故肺肠脑意识系统也是无时无刻不在发生，只不过它的能量体方式要弱于人脑与心络脑意识系统。由于人体中的微生物反应构成肺肠脑意识系统的主体，故肺肠脑传导的主要特点为以人体中微生物反应作用，尤其是在肺肠部位的微生物与业习共同作用而形成的生物反应——微生物电为传导动能。

什么是微生物与业习共同作用形成微生物电的传导动能呢？为先天宿业的业习起用过程与微生物在生理体征活动现场共同作用，从而形成产生业习记忆的微生物电。先天宿业的业习起用过程为人脑意识系统中的先天六识现行作用人体（含六根尘），并且结合心络脑作用所有的人体生理体征，呈现内容就为先天宿业的业习起用。如何构成业习呢？其六根尘在六识作用下领受的贪嗔痴慢疑就是业习伴随在六识六根尘里，共同构成先天宿业的业习起用过程，而业习起用要在人体生理体征中完成，就形成了业习之所。在人体所有的业习之所中，尤以肺肠部有特别显著的形态，它就是肺肠部的微生物群，其微生物同时在宿业起用的生理体征活动现场发挥作用，从而产生了微生物电。微生物电的产生就必须有先天宿业的业习起用过程与微生物在生理体征活动现场共同作用。

在意识三脑的“神”形态中，人脑六识传导的意识电为藏象精气态，心络脑围绕心脏动能的心生物电和肺肠脑围绕肺肠微生物的微生物电为运化精气态。从意识三脑在传导系统中的能量体形态不同，就在人体形成了基于生理体征而有意识传导的不同机理。综述之，人脑六识传导系统以藏象精气态为能量体方式，通过藏象精气态能量体方式作用意识动能——意识电形成载体，并构成六识传导的通道，它依赖于人脑三界构的先天禀受；心络脑传导系统以运化精气态中的生理体征动能为能量体方式，通过人体生理体征动能——生物电形成载体，并构成围绕人体的生理动能活动场所，它依赖于心脏动能机理以及生理运化精气；肺肠脑传导系统以运化精气态中的微生物能量供给为能量体方式，通过微生物与业习共同作用而形成的生物反应——微生物电形成载体，并构成微生物的不同业习之所和业习记忆，它依赖于运化精气中的微生物能量供给以及微生物业所的环境。

意识三脑系统从道元位域和动能形态上划分，意识三脑中的人脑为意识位域视野，以识根尘和合作用的六识传导系统为主体，藏相动能义形态为生化动能精气态，以生化动能精气态的六识传导就形成了意识动能——意识电。意识电为六识的载体，在意识位域的层面作用六根并对六尘，从而在六识六根六尘的和合作用下启动对生理生命系统的作用。心络脑为生理动能位域视野，以营卫气血的生化并促进生理生命的微观生灭代谢和脏腑与身体的有机联系为主体，藏相动能义形态为运化动能精气态，以运化动能精气态的作用营卫气血的人体精气经络动能以及生理生命动能而形成了——心生物电。心生物电以心脏动能下的心脏律动和生理运化精气为载体，在生理动能位域视野层面作用。肺肠脑为生理层面的精气运化位域视野，以人体生理的精气运化（显著特点为热量）以及供给微生物能量为主体，藏相动能义形态为运化动能精气态，以运化精气态中的微生物能量供给为能量体方式，通过微生物与业习共同作用而形成的生物反应——微生物电。微生物电以人脑和心络脑作用后在身体里产生六识返熏为显著特点，主受想行识过程中形成的后天意识的返熏，并构成微生物的不同业习之所和业习记忆，它依赖于运化精气中的微生物能量供给以及微生物业所的环境。

意识三脑系统中人脑、心络脑、肺肠脑呈现了三个不同道元位域、三种不同的藏相动能义形态，也形成了三种截然不同的作用机理和作用内容，但整体连贯起来就形成了意识三脑的位域升降联系以及动能流变联系，从意识三脑的作用机理就可以洞见基于人体六识传导系统中的三个紧密相连的位域升降，以及在位域升降下的动能形态的变化。

意识三脑传导的右降左升螺旋形态，第一，为右降，右降为右旋螺旋下降，为位域升降形态的位域下降以及动能减弱，体现在通过右旋螺旋下降传导，意识电位域联系到心生物电位域再传导到微生物电位域，动能状态也从意识电的生化动能减弱成运化动能，而步入物质领域。第二，为左升，左升为左旋螺旋上升，为位域升降形态的位域上升以及动能增强，体现在通过左旋螺旋上升传导，从微生物电位域联系心生物电位域再传导意识电位域，动能状态也从运化动能增强升高到生化动能，而步入唯识领域。第三，受先天因缘秉受与布局，先天意识随因缘和合唯识现行而启用传导到人脑后，依六根对六尘，就进入了现量的后天界域，以此先天与后天之界域，体现为时空的先后性，必须是右旋先降。产生了六识传导并结合人体生理机能作用后，为要通过受想行识的过程反映，然后才在现量层面产生返熏，进入后天（六识）的范畴。从先天与后天在六识传导过程中可洞见唯识领域所言说的现行与现量，在生命因缘生灭的形态来说区别甚大，它既有时空之差别又有时空之连续而连贯的表达。意识电传导右旋先降通过现量的受想行识反应，通过在人体时空体烦恼所的作用而产生了后天意识的返熏，返熏的传导就是左旋上升，因为只有升到意识电的位域才能进入业库在三世两重因果中成为未来果的现在因。第四，虽然是右降为先左升为后，这是从微观时空性上赋予的先天与后天之界，同心脏第一次跳动机理一样，总有一个初始生化结构的形成，右降先天秉受赋予在先，依先天秉受赋予而产生生理机能反映的左旋返熏在后。除开初始的右降先与左升后之外，以因缘生灭法，六识系统的传导呈现在六识六根六尘的交互关系上，立于人体现量的宏观来说，右降而左升又有同步时空性的属性。

在意识三脑传导的右降左升螺旋形态里，立足于人体进行六识传导，并结合精气经络系统与五行之藏，有左肝升与右肺降的功能属性。说到左肝升与右肺降，这里要立足于“肝”和“肾”分清六识传导系统和精气升降系统，因为说肝说肾就离不开肝肾组织器官，肝肾乃至人体一切组织器官都只是藏相法则在物质域依因缘法和合集聚的外象。左升右降的双螺旋形态，通过肝官和肺官传导，但区别于精气系统中的左肝升与右肺降。通过肝官和肺官传导的为意识系统的传导，呈现魂升与魄降。通过左肝升与右肺降基于生理的运化并运转五行之脏的精气的升降，呈现浊降清升。虽然六识传导系统和精气升降系统在道元位域和藏相动能义上有差别，但都依赖于“肝”和“肺”在升降上的功能，这种功能体现的精髓就是“官”的含义。

六识传导先天六识秉受的右螺旋下降，为从意识人脑产生的意识电，通过泥丸九真之敕令肺魄，来启动心生物电并以肺降来形成联络，然后依心脏（已启动的心生物电）再联动肺肠脑所在的微生物电，并依肺肠脑的肺官之治节发生五脏六腑的有机联动。这里有几个复杂的层面，要注意分清肝与肺功能在六识传导系统与精气系统的交叉联系。泥丸九真之敕令肺魄，为六识秉受以右旋传导，必定要产生从意识电位域联系到心生物电位域的位域下降，跨越位域的界膜就会发生动能形态的减弱，被位域下降减弱的传导动能要维持在心生物电位域的传导过程，就得有能量补充，它补充的形式就是泥丸九真之敕令肺魄，魄为魄精，为先天滞留能量体通过藏魄藏精存储在人体空间体内。为何要用敕令呢？因为泥丸九真与肺魄为丹田内景层面，为内“神”态，故有位域高的内神敕令低位域内神产生法度的运转，敕令也是符咒之语言。被敕令后的肺魄依敕令法度调度肺魄之魄精，形成了心生物电位域的能量体成为动能源，这个肺魄能量体的动能源在右旋传导意识过程就形成了直接导致心脏跳动或律动的动能源，心脏的跳动一定要结合前文的内容在此形成一个认识论。心脏跳动就会产生心生物电，以此心生物电连同肺魄共同形成了肺官的升降功能，并以此联系肺所在的肺肠脑，来产生微生物电。

在产生微生物电的临界态前，有肺的相傅治节之官的启动，也就是说启动了精气运化系统，精气运化系统启动后就产生了肺肠脑的微生物电，微生物电连同运化的精气同步下降。何为肺的相傅治节之官的启动呢？《素问·灵兰秘典论》：“肺者，相傅之官，治节出焉。”王冰注：“位高非君，故官为相傅。主行荣卫，故治节由之。”张景岳注：“肺主气，气调则营卫脏腑无所不治。”就是通过肺的相傅治节之官启动升降功能，“治节”就是气数哲学下的气升降的法度，是对人体精气经络系统的治和节，治就是能量体和动能的给予，节就是给而不过有所节度，既保证因缘的周布现实现量，又将气数严格控制。但是肺的治节之官只是宰辅的相傅，必须得依君主的法令才能行气数法度，所以肺的相傅治节之官启动必须依心的君主神明之官的发令指挥，这样就形成了一个明确的路线图，为从泥丸九真敕令肺魄，在降位域视野下肺魄启动心并产生心生物电，心生物电生发心的君主神明之官，心的君主神明之官反过来启动肺的相傅治节之官。从而形成了意识电到心生物电，以及心的君主神明之官到肺的相傅治节之官，六识传导系统与精气系统这两套系统的启动路线和先后顺序。也正是必须立于此视野和原理才能解释清楚十二官的密码，不仅如此，这两套系统还有机联动了五行之藏下的五脏六腑的运转机理。

心的君主神明之官就是从泥丸九真意识电传导生化的心生物电，获得的高能量体的神明，且还有肺魄的补充与动能推动，虽然降了位域但还是高于精气系统的能量体强度。“神明”是因为精气神能量体强度高，也是因为五脏六腑精气未运转前业力束缚小的缘故。肺的“相傅”之官与心的“神明”之官，为何会有这样的命名呢？虽然是根据它们在功能属性上的显著特点来给予的这种赋予，其实从根源上为取象于“在天成象、在地成形”的天象占星，为三垣紫微宫与太微宫之星象在大宇宙环境中呈现出来的功能、职责、法度属性，比如围绕北极紫薇五星所在的左枢八星与右枢七星形成的左辅右弼。从天象与星象延伸并映射大道规则和天人合一法度而发源的古代的政治体制以及官职形态，都能一一对应，找到根源，并找到可以计算称量的历法法度。

意识电敕令肺魄启动，肺与魄五行属金，金生水，同时又有肺的相傅治节之官运转，又进一步增强了金，并促进金生水，水性的蓄积就会生木；同时在肺的相傅治节之官运转前，启动了心生物电，在心生物电的层面，心属火，火生土，当心的君主神明之官运转后，又进一步增强了火，并促进火生土，土性的蓄积就会生土。此时土生金，就把五脏六腑的五行启动，五脏六腑的五行启动，就产生了精气运化与升降，精气运化与升降就会通过人体精气系统联动全身所有经络，来完成全身五行之藏的有机运化和联动，生理生命就这样被启动。当五行之藏的精气运化和生理生命联动起来，心生物电启动微生物电也有了肺肠之场所。这就是先天六识秉受的右螺旋下降产生的由意识电产生的心生物电，以及心生物电再启动微生物电的临界态，启动了五脏六腑五行之藏的精气运化以及生理生命的联动机理。

微生物电启动与人体五行之藏运转，有一个必须要强调的视野，为人体五行之藏的运转联动实质是精气系统与生理系统的同步联动，故就产生了物质形态的生化与生灭过程，当微生物电被心生物电传导作用并启动后，因为人体五行之藏的运转联动就产生了业力束缚的实质，呈现为位域下降以及精气动能减弱。从意识电呈现出来的六识本来就是业障的所在和形态，当经过了六识系统的传导以及传导过程中启动的人体五行之藏的运转联动，就更加重了业障的形态，哪怕只是六识系统传导完成识因缘现行并现量的生灭，不产生恶业的沾染，业障形态就因为位域下降和动能减缓，尤其是人体五行之藏运转联动下的全身精气系统的周流以及生理生命的物质束缚。这个原理和机理指向了什么呢？就指向了在人体五行之藏的运转联动下的六识传导的返熏法则，只要传导无论有无恶业，在现量形态下的精气系统的周流以及生理生命的物质生灭，就启动了六根对六尘，且因缘生灭的生理体征下的一切都又是在六尘的范畴，故身体就形成了烦恼所，无论是宏观还是微观以此来“受”，故就会产生精气系统连同生理生命系统共同呈现的受想行识过程，指向了由意识电、心生物电、微生物电的返熏原理。

返熏有两个形态，为保持右旋堕落后天六识熏习入业库，以及转换为左旋上升且位域与动能皆升阶返熏入业库。前者为顺承业识自然返熏，业识传导经过识根尘交互作用后依然以右旋堕落返熏态，返熏记录的为不善业，为从“命门”处入业库时空；后者为后天神志之德升阳返熏，呈现德的善行返熏产生的精气升阳，通过肝官启动左旋，在“左肾”处左旋升阳，以上升位域与动能返熏入业库。综述之，六识传导启动与人体五行之藏运转联动产生的返熏，积善而升阳，积不善而降阴，呈现的为善恶法下的善恶门，其中积不善则包含恶与无记，也就是说业识自然返熏不积善是无法以升阳返熏的。

在先天业识秉受并传导过程中，六识对六根六尘以及在人体五行之藏的运转联动，会依因缘生灭的格局产生受想行识过程，在顺承业识自然返熏的机理下，凡在受想行识过程未产生积善法的德行有为法或无为法，也就是不善业的返熏都随意识三脑传导的右降螺旋下降形态，在双肾的左肾右命门所在的右命门处，返熏入业库时空，成为未来果的现在因。但是凡在受想行识过程产生了积善法的德行有为法或无为法，此时返熏的形态就会改变。如何改变呢？为顺承业识自然返熏也经过受想行识过程后，右旋螺旋下降至右命门处。此时由于积善法的德行所在之作用，此积善法的德行通过什么来作用呢？为肝的将军之官严格把控善恶之德，凡受想行识过程有有为法或无为法善法德行存在，故敕令肝魂作用，以升阳。升阳过程首先为肝官将军行令辨善恶，当有善行之余后就行令至心的君主之官，心的君主之官敕令升阳，此时肝魂动以助升阳，得敕令后在命门处的善恶之门为关闭态，返熏的业识从右命门过左肾阳，经过左肾阳的左旋作用，业识化为阳气上升入肝，肝官再次启动疏泄生发之功能而运化精气，给五脏六腑与五行之藏的全身补充运化的生发精气，这种补充就是以“肝藏血”所在的肝血的形态。

那么这里就要分清升阳返熏的六识范畴与肝官运化的精气范畴，肝魂作用为六识返熏借助阳气左旋上升，这个视野为从微生物电升阶至心生物电的范畴，因为敕令肝魂生阳的为心的君主之官，必须是心生物电启动，肝魂升阳类似于接引的意思，把微生物电位域的六识返熏接引到心生物电位域。肝官将军行令如何辨善恶呢？心君主之官敕令肝魂升阳，就需要辨善恶；辨善恶就要肝目能视，为肝启动先天肝目，这个时候就要心官与肝官同用——以神明而视善恶。心主神明故有精明之义，而精明之府为头，《素问·脉要精微论》曰：“头者，精明之府也。”也就接续上文心官启动产生心生物电为泥丸九真敕令，心的精明之义来源于头所在的泥丸九真。同时，“精明者，所以视万物，别黑白，审短长”。视万物为心官与肝官同用而以先天肝目，来别黑白审短长，就是审视与辨别善恶。这就是在前文解析泥丸宫生目瞳紫烟的内景深度了，在泥丸宫有“幽室内明照阳门”的黄抱紫幽室突现光明，为何有精明之府能视万物呢？就是禀受九天之气，在泥丸宫生目瞳紫烟。目瞳为神的精气关联之义，神降泥丸，因精气关联义为高能量态，让泥丸宫成为精明之府。紫烟为目精之气。后目瞳紫烟生化三素云之素气（紫素、白素、黄素三素云），以三素云素气灌溉泥丸精明之府，在神因明的主导下，三素云素气相融合而先生左眼再生右眼继而成双目。同时参考前文关于黄抱紫幽室突现光明的含义。此过程为心官与肝官同用，心官敕令肝魂升阳接引右旋堕落的微生物电位域的六识，并且升至入肝，成为心生物电位域，实际上就是中焦位域，而微生物电的位域为下焦位域，泥丸九真敕令肺魄启动心官为上焦位域。

六识返熏的心生物电位域经过肝魂升阳的传导入肝，入肝后经过肝功能的转化，肝官再次启动疏泄生发之功能而运化精气，此状态进入了运化精气范畴。以什么为标志呢？就是肝血生化而运转，我们说肝官再次启动疏泄生发之功能而运化精气，以“肝藏血”所在的肝血的形态来给五脏六腑与五行之藏的全身补充气血。《灵枢·本神》：“肝藏血，血舍魂。”为通过“藏”的肝官生化含义，肝官再次启动进入精气运化形态，从六识返熏传导的肝官到肝官再次启动运化精气，里面有一个交接转换的形态就是——血舍魂，也就是说六识返熏传导的肝官为肝魂的主导作用，在这个过程里确实是心官与肝官同用并以肝魂升阳接引；而肝官再次启动运化精气为肝血生化，此时的肝血生化为何叫血舍魂呢？为肝魂作用在前，肝魂升阳入肝之后启动肝官的作用生了肝血进入运化精气态后，两套系统产生了交接转换，当进入了运化精气态后自然就因为交接转换而有血舍魂。肝官运化精气生化肝血精气，以此补充五脏六腑和五行之藏的全身，让全身皆有升阳的愉悦感，阳气生发充沛，这就是为什么行善会心安也会愉悦，而且会改变气色与人的气场，就是此意。全身通过肝血运化的精气升阳后，就带动了从心生物电来传导到意识电升阳，从而以上升位域与动能返熏入业库。如何从心生物电形态转换成意识电形态呢？为从人身七门所在的玉枕后门而进入泥丸九宫，肝官作用的升阳形态只要精气过人脑玉枕，善业就安枕无忧转换为意识电返熏，且道元位域皆要远远高于无善业的从右命门堕落的恶业。

说到善恶之辨，这里再回到心官与肝官同用后以先天肝目辨善恶。心官以精明之义和肝官审视辨别之义，视万物之长短黑白，黑白就是善恶，长短就是善恶的多寡，以此辨善恶后，心的君主之官敕令升阳，五脏六腑连同肝魂得敕令后在命门处的善恶之门为关闭态。关闭是阻止右旋继续堕落，由于堕落的命门善恶之门为常开，故关闭需辨善恶后敕令方得阻止右旋堕落，当命门处的善恶之门关闭，此时肝魂作用而左旋升阳，六识返熏的意识就从右命门经过双肾两仪到左肾阳，此时左肾阳发动连同肝魂升阳接引，就把微生物电六识传导入肝，并转换为心生物电形态。心官与肝官同用后以先天肝目辨善恶为升阳的内在作用原理，以肝的将军之官而出谋虑，“虑”就是考量思量，“谋”为以肝官连同心官，并上注于目，以先天肝目所在的泥丸宫所生目瞳紫烟的精明来谋，为泥丸九真之精明和心官之精明，以高能量态的觉照来考量思量。肝的将军谋虑之官在辨善恶作用时，上连通泥丸宫所生目瞳紫烟的精明——以天魂来虑，中连通心官、肺官、脾官、肾官以及五脏六腑五行之藏的肉身现量——以人魂来虑，下连通右命门顺承业识自然返熏的所在——以地魂来虑，肝官之魂的三魂齐备，从而主浊清，以此“主”之清者升，浊者降；善业升阳并升位域与动能，恶业降阴并降位域与动能，这就是堕与升的善恶法则。

在堕与升的善恶法则里又有肝魂可谋虑的标准，为善法德行的有为法或无为法。何为善法德行的有为法呢？为后天神志在受想行识过程中立志行善法并付诸行而有善果，也就是德用外相积善厚德外修德行；何为善法德行的无为法呢？为把德用外相积善厚德外修德行该做的当作职责本分，是立德并德当位的一个内容，然后行善积德于寻常无形中且不以德居、不以善言，它所指向的含义就是德的当位、称位、配位知行合一。从善法德行的有为法或无为法所延伸到的德的当位、称位、配位知行合一，就构成了肝官三魂齐备辨善恶的天地人三才周天法度，而德位属性中的当位、称位、配位又是和《周易》六十四卦紧密相连，便赋予了可以严密衡量的法度，如果没有严格且严密的法度标准，肝的将军谋虑之官如何审视万物的黑白长短呢？这就真正形成了内外法度严密的天人合一全息元象人体内外历法。

从双肾的右命门到左肾阳就构成了双肾两仪，此双肾两仪在六识传导升降和精气升降上都是关键性的门户枢纽。肾官范畴所在的双肾两仪的空间体，分为物质范畴的外肾组织器官和精神相域范畴的内肾精气以及相虚空间体。其实这种物质范畴的外组织器官和精神相域范畴的内精气以及相虚空间体，就是生理生命系统和藏象生命系统的实质。古代医学上经常争论“肾”和“命门”的所在，在《难经·三十九难》中有“肾两者，非皆肾也，其左者为肾，右者为命门”的定位，是最恰如其分的。从肾官来说，左肾阳和右命门均为肾官的一部分，而且左肾阳为阳仪，右命门为阴仪。从命门穴来说它只是肾官所在的肾空间体中经络上的穴位。从命门宫来说，含义指向了腹脐所在的空间体，又包含了肾官以及肾官所在的空间体，如同张景岳《类经附翼》说：“命门总主乎两肾，而两肾皆属于命门。”就是关于这几个视野的转换和认知，这就是同一个“命门”的词汇所引发的特指的不同，如果不把体系弄清楚，一定会出现学习与理解上的障碍。“两肾者，两仪也，中间有连环，是我真精。内藏赤白二炁，在母腹中，未有此身，先有此穴，因有此穴，始生此身。左为玄阳，右为牝阴，中穴实，我后天之精海，又为真铅，儒名太极，道名水乡铅，乃北方肃杀正气紫合河车。顺则生人，逆者成仙，一名漕溪，一名祖宫，通上下二眼，降华池。在舌下窍内出，名玉泉。”从内肾两仪连环以及通上下二眼就关联到了泥丸与心官的精明之府、肝官，而且通心官与肝官说明肾官也具左升功能，为左肾阳主；降华池出玉泉在舌内说明又联系肺降，联系肺降为右命门主。这就有了通过肾官范畴的双肾两仪把心官、肝官、肺官联系起来，且把六识传导系统与精气运化系统交叉联系起来。那么在五行之藏所在的五脏范畴，是不是唯独没有联系脾官呢？答案是所有启动与运转的十二官以及精气发源源头后的运转都为中焦的脾官所在——黄老中宫，尤其是十二正经的经脉循经起点，起于中焦上注于肺，就是起于脾官所在的黄老中宫，并且上注于肺为六识传导右旋下降时，敕令肺魄启动心官以及给予心脏动能的精气能量，这套系统就指向了生化动能与人体运化动能的交接融合所言说的三方面内容的第一方面，人体经络系统的形成以及人体经络中的初始经络精气的布局与周流——藏象精气经络系统。

从意识三脑传导的右降左升螺旋形态所关联的肺官主降与肝官主升，不仅把六识传导生化动能与精气升降人体运化动能交接融合在一起，还通过它们共同呈现的升降来反映堕与升的善恶法则可知，右旋下降为精气能量减弱呈现降阴，而降阴的本质在六识传导与精气升降的受想行识过程受不善业制约，而且呈现在返熏上右旋降阴为常态，故堕落是恒顺的大趋势，它也从大彰视野上接续了右旋的总体格局。但是在右旋降阴堕落的总体格局下，由于有善恶之法度，凡积善厚德法所主则有善业制约，呈现左旋精气能量上升而生阳，形成了后天神志之德升阳返熏。从升阳返熏以及升阳返熏过程中肝魂接引降阴堕落态的六识，再依左肾阳和肝官作用而有升阳传导与精气升阳的实质。

善恶业的传导与返熏，从善恶之辨发生两种返熏的路线，都是烦恼的形态，还无法断烦恼破无明，其善恶无记都只不过是无明的形态，只不过不善法下的顺承业识自然返熏形成了业障，是极深重的障碍，而后天神志之德升阳返熏是福德相的所在，会有人天福报的现报。从福德相来说，人们因为贪取人天福报也喜欢善的，但往往只顾贪而忘了善法，从因果来说不举善，不去积善厚德如何能升阳返熏而存人天福报呢？福德相上的福报都在旦夕之间，无论官禄与财富多大都是转瞬即逝，随因缘聚随因缘灭，从福德性来说，均是烦恼业之所在，也因其业力在缠而无有解脱的实质。《金刚经》：“是福德即非福德性，是故如来说福德多。”所以必须入福德性的根本，从明心见性的福德性的根本来说，任何福德多的善恶的贪取皆不可取。只不过在善恶之分里，要取善。只有不断的善的积累，才能有开悟并内证的机缘。要从世间福德相里积累福德资粮去入“德”性内证，方能走一条解脱之路。

经络源流系统

精气神流变转换系统为围绕精气神和五藏神的各位域内容与形态，研究人体藏相动能流变转换和经络精气动能源流转换系统。人体藏相动能流变状态下的精气神在先天运相界域、后天藏象界域、人体命象界域发生流变转换，历经天人运相离一、天人藏象离一、天人命象离一三次天人离一移精变气动态过程。

先天运相界域的精气神形态，分为太极生而未分万物凡源的精气神三元一体源体态，染浊义后分后循生临界与分生态，神主气精与精气关联的运相态，简称为源体态、分生态、运相态。精气神在先天运相界域内的源体态、分生态、运相态三个阶段，为先天运相界域内的三界膜。

后天藏象界域精气神形态，分为胎光玄精入先天与后天之流界门临界藏象命门的命门态，后天藏象胎光玄精在藏象命门空间体发生命门离转动态升降的离转离散态，宫库田轮离转离散后五藏神分布而未有窍关七门通道的实质内丹田态，或简称为命门态、离转离散态、内丹田态。精气神在后天藏象界域内的命门态、离转离散态、内丹田态三个阶段，为后天藏象界域内的三界膜。

人体命象界域精气神形态，分为藏象内系统依窍关七门，流变转换为五藏神外丹田精气神形态的外丹田态，七门与十二结节通道形态下在胎形中以中脉为主体的三脉七轮的胎形态，依三脉七轮统御的人体经络系统周流人体命象空间形成合而成形以及形而成体的周流态。或简称为外丹田态、胎形态、周流态。精气神在人体命象界域内的外丹田态、胎形态、周流态三个阶段，为人体命象界域内的三界膜。

藏相动能义下的生化动能和人体运化动能，围绕藏象生命系统与生理生命系统所指向的藏象与命体的结合，它们呈现在人体的融合与关联上有一个“交接”的形态，实际上是以“交接”来言说生化动能和人体运化动能的流变转换，以及两种动能形态在人体的融合。它们“交接”融合的形态主要有三方面内容，第一方面为人体经络系统的形成以及人体经络中的初始经络精气的布局与周流，第二方面为心脏第一次跳动的动能给予及心脏第一次跳动的同步气血的生化，第三方面为先天意识秉受布局在意识三脑系统中的意识电和心生物电的启动并与人体生理系统的融合。这三方面的内容是生化动能与人体运化动能至关重要的交接形态，此三个内容的生化完成也标志着生化动能过程在人体内成为先天精气的范畴，而人体也以此三方面的内容作为人体初始生化动能的形态，统御并启动着人体运化动能。

人的肉体色身在现世为后天生命象，七门窍关和十二结节结固的能量体通道的关闭让先天运相界、后天藏象界、人体命象界成为先天生命藏。七门窍关和十二结节结固是直接描述伴随藏象第一次和藏象第二次平衡后，藏象能量体与基于胎形的人体能量体的关系，而且在胎形的空间体内人体经络系统已经生成，分布与周流在人体经络系统的为五藏神统御的灵气五态（五脏五行）能量体和七液妙气组成的胎形能量体，按五行之藏规律，灌溉全身经络，构成能量体通道关闭后的人体初始经络精气，“精”为灵气五态能量体，“气”为七液妙气，共同组成的人体初始经络精气，从藏象第一次平衡和藏象第二次平衡并伴随“四大融合”后，完成了向五藏神统御的灵气五态能量体的融合。灵气五态能量体作为人体初始经络精气形态，灌溉并周行全身的经络系统，它作为从先天生命藏转化而来的能量体，自然是区别于能量体通道关闭后人体运化动能下的运化精气，而且先天灵气五态能量体除了灌溉成为人体初始经络精气形态外，又在七门所对应的人身七处进行集聚而成为人体先天暗能量。

藏象生命系统与生理生命系统的关联就涉及藏象精气与运化精气的临界转换，尤其是胎体界域视野下的生理体征形成，“神”形态就从藏象精气态转换到运化精气态。也正是由于我们的视野从精气神在先天的三大界域流变过程来联系人体精气神的源流变，故人体经络系统中有经，有络，有经别、别络、经筋，有正经还有奇经，与经和络相关联有脉，又常以经脉总称。以经说“脉”实际指经络中的精气形态，其脉的灌注流溢等则是精气源流以及诸多位域的变化，对于经络以及经脉的重要地位，更有李时珍感叹“医不知此，罔探病机，仙不如此，难安炉鼎”。同时他在《奇经八脉考》中曰：“凡人一身，有经脉、络脉；直行曰经，旁支曰络。经凡十二：手之三阴三阳，足之三阴三阳是也。络凡十五：乃十二经各有一别络，而脾又有一大络，并任督二络，总为十五。共二十七气，相随上下，如泉之流，如日月之行，不得休息。故阴脉营于五脏，阳脉营于六腑。阴阳相贯，如环无端，莫知其纪，终而复始。其流溢之气，入于奇经，转相灌溉，内温脏腑，外濡腠理。奇经凡八脉，不拘制于十二正经，无表里配合，故谓之奇。盖正经犹夫沟渠，奇经犹夫湖泽。正经之脉隆盛，则溢于奇经。故秦越人比之天雨降下，沟渠溢满，雱霈妄行，流于湖泽。”

立足精气神三大界域源流变过程的生命形态的后天之体与先天之源，如何从道元位域和藏相动能义来看待人体经络系统呢？ 就要根据人体与先天的关联建立三大体系化的视野，为藏视野下的意识位域层面、相视野下的经络动能位域与能量源流、象视野下的生理运化精气灌溉流注这三方面。以此分位域以及动能转换把先天精气神融入人体经络系统，就把生命形态所在的大生命观，通过生化动能与人体运化动能的交接融合贯穿起来。三大体系化视野所构成的连贯视野为意识位域→经络动能→运化精气，正好是先天唯识因缘秉受，启动经络的位域和动能转换构成藏象系统源流，并立足于藏象经络精气周行运转统御并主导人体生理体征，形成完整的生命体，既承载了六识层面的现行与现量转换，又赋予了生理生命在因缘生灭的现量时空意义。

人体经络的藏视野，为从意识位域层面，通过六识传导与返熏的完整过程，建立意识位域下的生化动能与五藏神相互关联的源流载体。怎么理解这个人体经络在五藏神形态下的源流载体呢？也就是说五藏神既参与了六识传导与返熏的完整过程，作为意识位域下的生化动能内容，又以此五藏神成为人体经络中的精气源流所在，故人体经络的藏视野就要识取五藏神在转化和启动过程中的载体形态，同时又是精气源流的高级内容。六识传导与返熏过程中从意识电敕令肺魄并启动肺官以降，这里说肺魄是为了方便理解肺和魄的关联，而实际上在六识传导层面，为意识电敕令五藏神的魄，由魄关联肺官；同样以神关联心，以志关联肾，以魂关联肝，以意关联脾，形成由五藏神作为源流载体来启动五藏之官。如果以此过程和顺序来看，是否最先以意识电敕令魄，魄动启动肺官，从而魄与肺成为经络精气的源头呢？从六识传导系统来说应该是魄先动，但从生命整体形态来说答案是否定的。而是从意识电形态最先启动的为意与脾官，然后才到魄与肺以及神与心。那么这里的内容就要比从六识传导与返熏的过程更深邃，它又直接指向了精气神的宫库田轮态。为何最先启动的为意与脾官呢？“意”的内涵中本身包含了六识中的意识部分，虽然我们经常宏观地把六识称为先天意识，但在具体言说六识时，意识在六识之中，故先天秉受入泥丸宫，从泥丸中宫右旋出，经明堂而降时，“意”便已动。

肝藏血和脾统血有何区别呢？肝藏血是以肝魂升阳入肝之后启动肝官的作用生了肝血，藏的是肝魂，指向了肝血的源流为五藏神的魂，直到“血舍魂”后，魂与血完成了生化动能向人体运化动能的转换，魂和血两个位域的动能形态，魂为五藏神形态的能量体，血为运化精气态。脾统血，“统”在统筹义为统五行之先，故可补五脏气以温五脏；在统御义上为统诸生化及运化之先，是能量体之源流；从统血可知，脾为血的生化以及运化精气之源流。所以从这里就解释开了，启动与运转的十二官以及精气发源源头后的运转都为中焦的脾官所在——黄老中宫，尤其是十二正经的经脉循经起点，起于中焦上注于肺，就是起于脾官所在的黄老中宫。由此所梳理的哲学逻辑可以看出，要想解释出十二正经起于中焦的真相，以及起于中焦发生了什么，还有这个“起”到底相对于经络的意义是什么。答案为它是位域升降的转换与动能形态的源流，尤其是给十二正经灌注高位域精气能量体，一定是高于运化形态的精气能量体。

以此梳理从六识传导与返熏过程、位域升降与动能流变转换过程、精气神三界域流变内容、精气本根赋予的精气神能量体实质等联系起来，才能从土→意→脾官→意土脾→脾脏给予位域升降和动能视野的解析。所以可以眼见的血，到底关联了哪些系统？到底跟什么密不可分，用一个仪器查一下血红蛋白和白细胞是不是就能打开位域与动能关联的视野呢？从脾统血到肝藏血，有了高位域精气能量体的赋予和推动，才给予了脉动的实质，也就从心主血的层面赋予了生理生命的动能，从而通过血把五藏神的生化动能→人体经络系统的基于生化的源流动能→生理生命的运化动能接续起来。从位域升降与动能流变关系所赋予的脉的精气层面的变化，指向了脉学。脉学的实质，既有先天动能源流的灌注以此洞悉先天之机，又有后天脏腑精气的运化，可查脏腑经络精气的盛衰；既能连接善恶之辨的先天之目而窥德行真伪，又能觉察喜怒之情志联系组织器官的病变，从未病到三世两重因果皆不是什么秘密，究竟能把脉学学到什么层次，以及从脾经连舌本散舌下的舌苔能看出什么造化，完全不是一个靠什么传承能说清楚的。

关于五藏神在位域升降与动能流变形态下的源流载体，唐朝胡愔在《黄庭内景五脏六腑补泻图》中说：“夫黄帝谓岐伯曰：夫人者，受天地之气以生之，来也谓之精，精之遘为之灵，灵之发也为之神，神之化也为之魂，魂随神往来谓之识，并精出入谓之魄，主荣积魂谓之心，心有所从谓之情，情有所属谓之意，意之有所指谓之志，志有所忆谓之思，思之有所远慕谓之虑，虑而事成谓之智，智者尽此诸见者焉。盖精神、魂、魄、意，情智见识之为用也。”如果这里不是解释人体经络在五藏神形态下的源流载体，通过五藏神这个载体完成生化动能与人体运化动能转换，并以此指出运化精气的源流，很难将本是内丹金丹学不传之秘和五气内景在此和盘托出。

人体经络的相视野，为从经络动能位域与能量源流层面，通过五藏神在位域升降与动能流变形态下的源流载体，建立经络位域和动能能量，并从精气位域流变的源流关系上赋予经络流注的关联。相视野相比藏视野来说，视野更加关注于经络系统本身，只不过是探讨经络中最原始的精气形态，因为只有从经络中在生化动能与人体运化动能交接融合的最原始的精气形态，才能厘清经络关于位域和动能的根本，更是以此透析人体精气神能量体与五脏运化的关系。从五藏神的生化动能→人体经络系统的基于生化的源流动能→生理生命（五脏六腑运化）的运化动能程式联系五行之性→五藏神→五脏之官→五脏系统可知，相视野在藏视野的五藏神源流载体启动（交接融合）下，赋予了经络的位域升降与动能流变形态，所以这就构成了相视野的主体。从藏视野的意识位域层面，让五藏神有了源流载体的交接身份，认识五藏神在精气神三大界域流变过程中可知它是内丹田精气神能量体方式，故它以六识传导的因缘生灭层面，从内丹田精气神能量体方式启动了人体精气神的关联，而且这种关联直接形成了经络中的精气源流，如从脾土所在的黄老中宫发源了十二正经的精气灌注，从源流的源头上让人体经络的初始动能的接续到了内丹田的能量体方式，而且还是高于内丹田五藏神形态的黄老中宫能量体。

经络位域和精气动能在精气神的能量体方式被赋予，就从精气神三大界域流变过程，找到了精气源流，从黄老中宫以及内丹田给予了运化精气的动能源，同时赋予了人体经络的位域升降。但是它伴随着六识传导与返熏过程来启动人体五行之藏的诸脏官。六识传导与返熏所依赖的生化动能以及人体五行之藏的诸脏官的人体运化精气动能，就呈现了位域升降，而且这中间还有五藏神的源流载体的交接身份。相视野下的经络动能位域与能量源流层面结合精气神能量体方式的流变过程，就形成了经络能量体方式的源流变形态，为黄老中宫→内丹田→外丹田→中脉与三脉七轮；位域升降上就从意识电位域→心生物电位域→微生物电位域→三焦内运化精气位域。从黄老中宫发源的十二正经的精气灌注的源头，依十二正经的流注顺序，就在十二正经内连同五脏六腑形成了十二正经精气源流变形态，以此共同联系三焦内运化精气位域，形成动能能量源流与人体脏腑位域结合的生理体征形态。

在人体经络的相视野里，发生位域联系并贯通位域以及实现精气连通的为维脉，阳维脉联系升，阴维脉联系降，而且阴阳维脉从经络的藏视野在六识位域层面就发生了联系，所以说它贯穿了位域之间的联系，又以位域联系将位域差异的精气连通。也可以说人体经络从藏视野到相视野发生位域联系的为阴阳维脉，阴维联系降，为阴，故沉入里，从位域贯穿上主一身之里，阳维联系升，为阳，故透于表，从位域贯穿上主一身之表，由于它贯穿位域，从先天能量体位域连接到后天能量体位域，故有透彻乾坤之说。李时珍《奇经八脉考》：“故阳维主一身之表，阴维主一身之里，以乾坤言也。”所以阴阳维脉为贯穿乾坤位域视野，可谓位域与阴阳主轴，因透彻乾坤而有贯穿位域视野，阴阳主轴因阴维脉在贯穿位域的基础上“维络诸阴”，阳维脉“维络诸阳”，贯穿乾坤位域而谈阴阳为人体经络从先天到后天的第一层面的阴阳观，也正因如此它在内证内景层次上可谓是最高最深的经络隧道，因为从阴阳维脉精气升位域就是三大意识位域的关联，阴阳维脉通透不仅能入内景禅定，而且诸多细微流注因缘形态的来龙去脉皆能降伏。阴阳维脉的贯穿乾坤位域与阴阳主轴同任督脉的阴阳视野区别很大，从藏视野到相视野的阴阳维脉位置，就能区分从相视野到象视野的任督冲带脉的位域差异，督脉的阳脉之总督与任脉的阴脉之海，再加上冲脉的十二经脉之海是从后天人体视野来说阴阳诸脉的关系，而阴阳维脉是先天与后天生命形态交接融合时的贯通视野。从生命形态的时空奇点上不在同一位域层面。这就是医学和道家内证所关注视野的区别，医学要通俗易懂并强调致用，故从任督冲带入手即可。所以这种视野和哲学深度认识阴阳维脉，对认知人体经络系统有着十分重要的作用，尤其是我们以人体经络系统连接先天和后天的关联，并且赋予了它在藏象生命系统和生理生命系统的统御主导作用。

从内景隧道言阴阳维脉对于内证的重要意义来说，阴阳维脉为内景层次上较高深的经络隧道。同阴阳维脉联系的就是阴阳跷脉，也就是说阴阳跷脉是入阴阳维脉的前提和基础。尤其是对于破玄牝之生死玄关有极其关键作用的阴阳跷脉，当破玄牝玄关，阴阳跷脉就可借助炼精化炁所在的真阳而有精气升位域入阴阳维脉，渐入功态内景。可谓玄牝玄关阴阳跷，玄关入后阴阳维，阳维通透阴维连，阴维连贯经络全的金丹绝对玄妙视野。如果把阴阳维脉理解成纵向乾坤轴，那么阴阳跷脉联系的就是横向前后轴；或以左右向、东西向言，为阳跷主一身左右之阳，阴跷主一身左右之阴，以东西言也。阴阳维的贯穿乾坤的位域联系与阴阳跷的贯穿前后（或左右、或东西）正是以此空间体的时空关系言明先天、后天、人体的位域差异，自然就会呈现从先天到后天的人体精气神能量体的源流变，它赋予了位域升降与动能流变下的经络精气的流注。关于阴阳跷脉与阴阳维脉在内丹上的内证视野，张紫阳《八脉经》云："凡人有此八脉，俱属阴神，闭而不开。惟神仙以阳炁冲开，故能得道。八脉者，先天大道之根，一炁之祖，采之惟在阴跷为先。此脉才动，诸脉皆通。次督、任、冲三脉，总为经脉造化之源。而阴跷一脉，散在丹经，其名颇多：曰天根，曰死户，曰复命关，曰酆都鬼户，曰生死根，有神主之，名曰桃康。上通泥丸，下透涌泉，倘能知此，使真炁聚散，皆从此关窍，则天门常开，地户永闭，尻脉周流于一身，贯通上下，和炁自然上朝，阳长阴消，水中火发，雪里花开。所谓天根月窟闲来往，三十六宫都是春。得之者，身体轻健，容衰返壮，昏昏默默，如醉如痴，此其验也。要知西南之乡，乃坤地，尾闾之前，膀胱之后，小肠之下，灵龟之上，此乃天地逐日所生炁根，产铅之地也，医家不知有此。"

奇经八脉者，先天大道之根，一气之祖。这才是从先天到后天的认知，也是从奇经八脉的角度视野去赋予十二正经的五行之藏的联系，为何会发生在十二正经内连同五脏六腑形成了十二正经精气源流变形态呢？就是靠奇经八脉从位域升降与动能流变上贯穿联络并交汇，因为五行之藏的整体观并非停留在五脏六腑的狭义视野上，而是全身的联络流注以及转换。李时珍《奇经八脉考》："奇经八脉者，阴维也，阳维也，阴跷也，阳跷也，冲也，任也，督也，带也。阳维起于诸阳之会，由外踝而上行于卫分；阴维起于诸阴之交，由内踝而上行于营分；所以为一身之纲维也。阳跷起于跟中，循外踝上行于身之左右；阴跷起于跟中，循内踝上行于身之左右；所以使机关之跷捷也。督脉起于会阴，循背而行于身之后，为阳脉之总督，故曰阳脉之海。任脉起于会阴，循腹而行于身之前，为阴脉之承任，故曰阴脉之海。冲脉起于会阴，夹脐而行，直冲于上，为诸脉之冲要，故曰十二经脉之海。带脉则横围于腰，状如束带，所以总约诸脉者也。故阳维主一身之表，阴维主一身之里，以乾坤言也。阳跷主一身左右之阳，阴跷主一身左右之阴，以东西言也。督主身后之阳，任、冲主身前之阴，以南北言也。带脉横束诸脉，以六合言也。是故医而知乎八脉，则十二经、十五络之大旨得矣；仙而知乎八脉，则虎龙升降，玄牝幽微之窍妙得矣！”

在相视野经络位域升降与动能流变形态主体内容里，从精气神三大界域流变的实质，有独特的内精外气的“精”结构与内气外精的“气”结构，它构成藏象内外丹田精气系统的全部生化内容，并且从精气本根论上统一了藏象生命系统——无外乎精气。那么就要在无外乎精气的形态下分出在人体经络系统里的经络位域升降与动能流变形态。我们知道内精外气的“精”结构与内气外精的“气”结构，是在言说内外丹田平衡以及胎形态精气神平衡时以七门窍能量转换通道为视野的总结内容，也正是此内容，产生了精气神在人体经络的诸形态以及周流生化转换的根本。

内精外气的“精”结构与内气外精的“气”结构中，内丹田精丹田与外丹田气丹田在人体的反映指向了心肺区所在的部位，构成“精”结构，但一定要注意它有两个完全不同的能量体方式源，内丹田精丹田的能量体方式源为心绛宫“精”形态，五藏神为以魄为主体，而外丹田气丹田的能量体方式源为呼吸运化精气。内丹田气丹田的能量体方式源为命门宫“气”形态，五藏神为以志为主体，而外丹田精丹田的能量体方式为运化精和生殖精。内与外在能量体方式源上不同，故作用在人体经络上的机理是完全不同的，以内精外气的“精”结构为例，魄作用六识传导与返熏的位域升降，呼吸运化精气作用肺官，以肺官成为人体运化精气范畴，并成为十二正经的精气流注源流。所以从“精”结构与“气”结构在内与外的能量体方式上就赋予了位域升降的视野，也就是说精气神的界域流变的诸形态过程皆不能放在同一位域层面，否则对认识经络位域以及精气源流就没有多大的帮助了。

精气神三大界域流变过程的内精外气的“精”结构与内气外精的“气”结构，是赋予人体经络系统中经络位域升降与精气动能源流的根本，或者叫先天之源。我们经常立于人体精气神来说先天之源，会把先天之源归结为“祖气”这一种形态，实际上它还有多种不同层次和层面的内容与体系。为什么要展开精气神三大界域流变过程来认识内外丹田不同的“精”形态和“气”形态，实际上就是为了构建人体经络系统立体化多位域的精气源流内容体系。从人体经络能量体方式源流上有黄老中宫→内丹田→外丹田→中脉与三脉七轮的精气源流程式，也有从意识电位域→心生物电位域→微生物电位域→三焦内运化精气位域的位域升降程式，以精气源流程式和位域升降程式构建的立体化多位域的精气内容体系，就指向了立于人体经络系统而言说的藏象生命系统，所以我们一直在言说的藏象生命系统到底为何物？有哪些哲学原理？有哪些体系和内容构成呢？到了这里就能一目了然，而且也就能明了人体经络系统既作为藏象生命系统的载体，又是藏象生命系统的内容的重要性。

内精外气的“精”结构与内气外精的“气”结构，赋予了经络位域升降以及精气动能源流的先天之源，那么它是如何与十二正经的流注发生关联并为其经络提供先天之源的精气呢？根据道元论及藏相动能义的位域升降原理，我们常以三界膜的三阶四象结构分析事物之间的位域关联以及动能源流关系，在十二正经的流注顺序里有三组三界膜的三阶四象结构，分别是手太阴肺经→手阳明大肠经→足阳明胃经→足太阴脾经的三阶四象结构、手少阴心经→手太阳小肠经→足太阳膀胱经→足少阴肾经的三阶四象结构与手厥阴心包经→手少阳三焦经→足少阳胆经→足厥阴肝经的三阶四象结构。为何要如何分三阶四象结构呢？因为在每一组三阶四象结构的联系上，正好是先天之源的内精外气的“精”结构与内气外精的“气”结构给予十二正经灌注动能源。在常规的十二正经流注顺序上，把十二正经当成了一个整体，从起于中焦上注于肺开始进行了循经流注，实际上依道元论和藏相动能义的位域升降原理，每一个三界膜的三阶四象结构就会发生位域升降和动能流变的变化，十二正经也不例外。当每一次位域升降和动能流变的变化发生后，第二个起点就需要补充先天之源的“精”形态和“气”形态了，所以三组三阶四象结构就有了三次先天之源的“精”形态和“气”形态的灌注，从十二正经的整体来说或叫补充。而灌注的先天之源的“精”形态和“气”形态就是内精外气的“精”结构与内气外精的“气”结构，它在黄老中宫→内丹田→外丹田→中脉与三脉七轮的精气源流程式内容里。这三次先天之源对十二正经提供能量的形式就叫灌注，因为有位域升降的位域差，高位域能量体流向低位域能量体空间为灌，被灌注后成为新动能源的循经顺序才叫流注。

十二正经的流注顺序的三组三界膜的三阶四象结构，从先天之源的动能灌注来说构成了精气总源、内精外气的“精”结构的精源，内气外精的“气”结构的气源为灌注结构。也就是说起源于黄老中宫的精气总源，成为手太阴肺经→手阳明大肠经→足阳明胃经→足太阴脾经的三阶四象结构的灌注源，简称总源灌注。内精外气的“精”结构的精源，成为手少阴心经→手太阳小肠经→足太阳膀胱经→足少阴肾经的三阶四象结构的灌注源，简称精源灌注。内气外精的“气”结构的气源为手厥阴心包经→手少阳三焦经→足少阳胆经→足厥阴肝经的三阶四象结构的灌注源，简称气源灌注。从总源灌注→精源灌注→气源灌注的十二正经才具备了我们所知的整体的流注顺序，当它们灌注到十二正经后就形成了十二正经能量体方式的动能形态，就是中脉与三脉七轮的精气态，它就是象视野的能量体结构。如果没有先天之源的高位域与高动能的能量体灌注十二经脉，就无法赋予十二经脉在人体运化精气态下的流注与运转，也就是说万事万物都有一个源，十二正经接受五脏六腑与五行之藏的运化精气，必然要有一个动能给予的源头。而人体运化精气态就是启动了生理体征属于生理生命系统，而十二正经的先天动能源以及运化精气的流注为藏象生命系统。在生理生命系统还未发生运化精气来流注于十二正经时，十二正经就是通透的、运转的，它就是胎形体阶段的经络系统；当生理生命系统发生运化精气来流注于十二正经时，十二正经在大彰视野的右旋总形态下，其流注是要消耗和减弱动能的，而且生理生命系统运化的精气是不足于推动十二正经的运转的，况且还有五行之藏相关联的十二经别、十二经筋、十二皮部的关联，更加需要有动能源的灌注了，这就是先天动能灌注源所发挥的藏象生命系统与生理生命系统交接融合的身份。就如五藏神作为源流载体的身份一样，通过交接融合把位域升降的差异和动能流变转换统一在人体。

起源于黄老中宫的精气总源的总源灌注，既然是总源灌注也是精气总源，故为先天六识生发之源，以此源出，秉受至泥丸宫进行意识位域层面的传导。在黄老中宫的先天六识生发之源后的传导，就发生从魄与肺官的关联，而且是从意识位域传导引起的，这就是为何十二正经是从肺流注开始，因为先天意识传导从泥丸宫下降，因位域降低必动能减弱，故敕令魄动助于动能，以此开始并以魄关联肺，故有了肺为十二正经之先。但这个先必有一个动能之源，这个源就是黄老中宫的精气总源。我们为何在前文解释相视野的经络位域和精气动能是否为藏视野的六识传导所赋予的，就是因为精气神的种子总源在黄老中宫，它跟土性的意关联，土性的意又与脾关联。在黄老中宫的总源形态里，发生跟脾官相关联的就是脾土黄宫，它为后天意识熏习之所在及脾统血之处。脾官统血就会发生精气能量体方式在人体里因为右旋凝聚成血的物质态，也就是说当脾官发生统血形态的运化运转，精神相域相虚义的精气能量体就会发生极其重大的变化，变为物质态血，发生精神相域相虚义向物质域的色法形态转换，就产生了位域的升降变化和动能降低，而且位域升降与动能降低是发生了根本形态的改变。故从手太阴肺经→手阳明大肠经→足阳明胃经→足太阴脾经构成了一个三阶四象结构。从这个循经的结构就可知，先天精气总源同肺所在的魄与呼吸运化气，成为脾官统血的主因，从肺与大肠相表里后，流注于为胃，主因的“气”形态需要水谷精微的助缘，而且也是血这种物质形态发生的重要诸源，之所以称为“精微”是因为它既不是精也不是气，运化的物质态。“气”形态与“精微”结合就发生了血的生化变化，精神相域相虚义向物质域的色法形态转换，就需要更高的动能形态给予灌注或补充，它就是精源灌注。

精源灌注，为内精外气的“精”结构的精源在十二正经的脾经之后与心经之前发生的灌注，它在心绛宫所在的心肺部位通过阴阳维脉的位域联络灌注于十二正经，成为手少阴心经→手太阳小肠经→足太阳膀胱经→足少阴肾经的三阶四象结构的灌注源，并以此给予了先天精源动能。精源灌注后其动能推动脾统血以及全身器官所参与造的血入心，血入心的同时，血能载气，心脏因血载精源灌注的精气而获得动能，成为生理动能一部分。精源灌注的动能除了推动十二正经的流注外，最大的一个作用就是推动血入心，这是一个非经络层面的动态，而是全身器官参与的整体动态，尤其是参与造血的组织与器官的运转。我们知道心脏动能形态里有一个先天意识动能，也就是意识传导过程中心脏第一次跳动的动能，在此阶段又有精源动能和心脏生理动能让心脏在两个道元位域下成为心络脑的主体，因动能具足并以此主血。心脏以舒张压和收缩压的形态让生理体征可见的血由此获得了推动力。当十二正经流注到肾时，先天意识的传导与返熏要在肾官发生两种路径返熏路线，这两种路线都要以肾官为主体，故善恶门下的善恶之辨要消耗动能，除此以外，肾官以水性主津、液，血脉中的水液形态乃至人体全身组织器官的水液形态皆要消耗极大的动能，这两种为主体的动能消耗下，就需要更高的动能形态给予灌注或补充，它就是气源灌注。

气源灌注，为内气外精的“气”结构的气源在十二正经的肾经之后与心包经之前的发生灌注，它在命门宫所在的腹脐部位通过阴阳跷脉的动能联络灌注于十二正经，成为手厥阴心包经→手少阳三焦经→足少阳胆经→足厥阴肝经的三阶四象结构的灌注源，并以此给予了先天气源动能。气源灌注后其动能通过心包经发生了与精源灌注的交融混合，形成独特的由先天精源能量与先天气源能量交融的精气结构，也就是人体的中脉与三脉七轮的精气融合态，彻底进入了生理生命系统运化范畴。也是从此以相视野进入了象视野的形态，意味着跟先天发生了最后一次的交接融合。但要强调一点，气源灌注的动能主要的部分参与流注于手厥阴心包经→手少阳三焦经→足少阳胆经→足厥阴肝经的三阶四象结构，另一部分不参与这个十二正经的流注，而是以精气融合态流入中脉与三脉七轮，形成象结构的主体能量体结构，以此统御着任督冲带脉。以此来看，精气融合态的位域和动能形态要低于气源灌注形态以及精源灌注形态，更因为它是象视野位域层面，自然要低于相视野的位域层面。精气融合态的三脉七轮的主体能量体结构是象视野的经络主体，围绕它构成了任督冲带脉结构，以及营卫气血的运化层面，并且又以营卫气血的形态融入十二正经所关联的十二经别、十二经筋、十二皮部以及络脉的流注。

先天之源的动能灌注下的经络位域升降与精气动能源流，为总源灌注、精源灌注、气源灌注的三种灌注源同十二正经结合，产生了灌注动能源→经脉源流→精气流变→位域与动能变的程式形态，一目了然地以三界膜的三阶四象结构把经络中的精气动能的源流呈现，而且在先天之源的动能源的灌注上，内精外气的“精”结构的精源灌注与内气外精的“气”结构的气源灌注，都是精和气在内外丹田的共同配对，并非产生了精源灌注的能量结构要大于气源灌注的能量结构，它们从先天之源来说是平衡的，只有总源灌注的能量结构高于精源灌注和气源灌注。

精源灌注和气源灌注作为先天之源的动能灌注，既然高于脏腑十二正经的能量位域，那么它们到底从哪里与人体生理生命结合呢？精源灌注通过阴阳维脉在心绛宫所在的心肺部位，尤以肩胛左夹脊处发生沟通往来，有一个位域与动能交接融合的精结带。气源灌注通过阴阳跷脉在命门宫所在的腹脐部位，尤以命门穴处发生沟通往来，有一个位域与动能交接的气结带。精源灌注和气源灌注这种先天之源的动能灌注并非时时刻刻与生命发生着往来，它只发生三次藏象调节，第一次为先天赋予，为心脏未获得第一次跳动前生理运化未启动的先天赋予，发生于胎形体时的经络中的精气周流；第二次为生理启动后产生的藏象生命系统与生理生命系统的交接融合，两套生命系统就会产生位域与动能的差异，此时为生命平衡的调节；第三次为在女子二七（一四岁）与男子二八（一六岁）最后一次赋予并调节平衡，以天癸至为标志，也以天癸至而发生精结带与气结带的后天生命动能源与先天之源的彻底隔绝与关闭。先天之源与后天之体的三次藏象调节，前两次都发生于胎中，且为关闭态，并非发生隔绝态，关闭态为能量通道还存在，待第三次赋予并调节平衡后，其能量通道彻底失去联系成为隔绝态。这三次藏象调节就产生了先天之源与后天之体的生育密码和在后天之体内的生殖密码。生育密码我们用后天五生生育过程和精气神三大界域流变完整地呈现了，而生殖密码又有哪些生命秘密呢？这就是人体经络象视野的范畴。

人体经络的象视野，为从以生理运化精气流注经络的层面，通过肺呼吸运化其呼吸精气中的光子素，以及通过脾胃运化水谷精微素成为经络位域和动能能量的主体，成为与人体生理体征密切相关联的并密不可分的整体，它既是藏象生命系统统御主导生理生命系统的动能源，也因参与生理运化而成为生理生命系统的主体内容。象视野的经络结构是相视野经络系统的外在延续，这个“外在”就是人体生理运化精气之先，在相视野的先天之源的先天精源能量与先天气源能量交融的精气融合态，以精气融合态流入中脉与三脉七轮形成象结构的主体能量体结构，以此统御着任督冲带脉。在象视野的任督冲带以及以人体运化精气参与的十二经脉的运转下，其藏视野和相视野的经络精气皆为先天之源，而且精气融合态对比人体运化精气来说，也是先天融合态，在医学里把所有先天之源的集合统称为“元气”。这个“元气”的“元”非精气神三元一体的“元”，只是以人体的后天对比先天来说的“元”，为描述先天与后天之界域。在前文我们说，胎形中人体的第一次分布与周流的能量体来源为五藏神内外丹田能量体生化流变转换的先天，只有在七门窍关与十二结节结固后，能量体才由父母媾精和母腹养胎形态以及自身运化形态出现，先天与后天之界域也是以人体运化精气的运化形态出现为界。

在说任督冲带之前，我们先来认识天癸的面目以及通过天癸转换的任督冲脉。精源灌注和气源灌注这种先天之源的动能灌注对身体有三次藏象调节，最后一次的调节就是发生天癸至现象的原因，同时天癸至现象的发生也标志着精结带与气结带所联系的后天生命动能源与先天之源的彻底隔绝与关闭。那么在赋予天癸至产生的先天之源的动能灌注对身体的第三次藏象调节，为从精结带通道来源的精源灌注和从气结带来源的气源灌注，通过阴阳跷脉的融合连通也形成了跷脉先天精气融合态，此跷脉先天精气融合态通过阴跷脉连通冲脉，再从冲脉走任脉，从任脉降则天癸至。精源与气源的第三次藏象调节之前的两次赋予与调节，第一次灌溉流注到冲脉的精气态叫太冲脉，也就是说太冲脉中最先出现的为跷脉先天精气融合态，为精源灌注和气源灌注先天之源的动能精气。太冲脉对于冲脉的意义是什么呢？为赋予了冲脉气街的源。第三次藏象调节的天癸至路线赋予了天癸——先天“元气”的阴性属性。

从冲脉来言说象视野层面所在的任督冲带，以及营卫气血的运化层面的十二正经所关联的十二经别、 十二经筋、十二皮部以及络脉的流注。任督冲三脉皆起于胞中，且为水谷精微所化。其实这个胞中之三脉源的视野就是循迹太冲脉，太冲脉赋予了冲脉与冲脉气街的源，而太冲脉之源又是从阴跷脉注入的跷脉先天精气融合态，跷脉先天精气融合态为精源灌注和气源灌注先天之源的精气动能，先天之源的精气动能从阴跷脉赋予到太冲脉，有一个汇聚之处——胞中，也就是说太冲脉通过阴跷脉所连通的先天之源的精气动能到胞中，然后才起源了象视野层面的任督冲三脉，也以此对比了太冲脉与阴跷脉为相视野的不同位域层面。所以太冲脉在先天之源的精气动能赋予下才有任督二脉与冲脉的起源，它们之间有先天与后天的位域升降和动能流变，冲脉在太冲脉秉受先天精气的基础上，又以自身输送后天运化精气，以此濡养五脏六腑，被称为“五脏六腑之海”。那么什么是被先天之源的动能赋予的后天之胞中呢？胞中者，包含丹田、下焦、肝、胆、肾、膀胱，为精气所聚之处，为任脉、督脉、冲脉、带脉和肾脉之根源，以调和阴阳调理气血成为后天人体生命之根。任督冲起源于胞中，为一源而三歧，其中任脉任养一身之阴经、督脉总督一身之阳经、冲脉者为十二经之海，冲脉通过交会任、督二脉而通行十二经气血。“冲脉者，起于气街”气街有四，《灵枢·卫气》：“胸气有街，腹气有街，头气有街，胫气有街。”又称四街、四气街，为脉气所行的路径，经脉之气汇聚和流通的共同通道。冲脉循行范围广泛，其上者“出于颃颡，渗诸阳，灌诸精”；其下者“渗三阴”；其前者“渗诸络而温肌肉”。张景岳曾对冲脉分布给予高度概括：“其上自头，下自足，后自背，前自腹，内自溪谷，外自肌肉，阴阳表里无所不涉。”冲脉“血海”特性有通行、溢畜全身气血的作用，与女子经、孕，男子发育、生殖功能有密切联系。

带脉者，起于季胁，围身一周；十二经与奇经七脉，皆上下周流，唯带脉围身一周有束缚之象。带脉为束，以束的功能来进行纵向位域转换， 为让十二经和其他奇经七脉在周流中唯独在带脉所束处停留减速，以供胞中运化转换生殖精足够的精气源，有减速后截流以供应身体的意思。所以修真证道就要脱带脉之束，这也是为何筑基过程漫长且艰辛，生殖之浊精总是能生发人的诸多欲望尽在此。也由于带脉的“束”特性，就会有身重之沉淀，从右旋降阴理论来说什么会被束缚而逐渐沉淀并沉重呢？就是德行有亏者，必然习气深重且身重，带脉有警醒人要反省躬身修德之寓意。

在女子二七（一四岁）与男子二八（一六岁）后全部由人体运化精气为主体，也就是通过肺的呼吸运化其呼吸精气的光子素与通过脾胃运化水谷精微素，经过五行之藏的诸多运化在脉中呈现卫气营血，无论是奇经八脉，还是十二经（十二正经、十二经别、 十二经筋、十二皮部）都为人体运化精气所流注，当无先天之关联后，任督二脉就构成了人体现世现量之乾坤，任督冲三脉就总统全身经络的运化，并以此主导生理生命成为生理生命的动能源。尽管如此，人体经络象视野还有一个主体能量体结构，就是精气融合态的三脉七轮的主体能量体结构，在人体运化精气为主体的格局里，三脉七轮为主体的精气融合态能量体就成为高位域能量体，以先天赋予而代表了先天，但它不是真正的先天之源，只是被先天之源赋予和秉受。也正因为它被先天赋予和秉受而成为象视野格局下的人体运化精气的总能量库，也正是这个总能量库形态的存在，调节着人体的藏象与生理平衡，一旦藏象与生理平衡出现偏差，如果被生理体征消耗过多，总能量库就会呈现提取态，如果消耗过少而又运化之多，总能量体就会呈现存储态。但无论是提取态还是存储态都没有真正的先天之源的联系，精结带和气结带已经完全失去了通道联络。

在象视野层面的十二正经，也失去了相视野中从总源灌注→精源灌注→气源灌注的动能补给，而是全部由人体运化精气所流注，一切只能依赖人体运化，并且当出现动能不足的藏象与生理平衡时，也只能依赖于三脉七轮的主体能量体结构，以此来调节人体运化功能，若藏象与生理出现无法正常调节的亚平衡时，身体就会出现病变。十二正经流注还要发生与十二经别、十二经筋、十二皮部流注转换和关联，通过手足阴阳表里经的连接而逐经相传，构成了一个内至脏腑，外达肌表，营运全身的周而复始、如环无端的系统。手足三阴、三阳，通过经别和别络互相沟通，组成六对“表里相合”的关系。其中，足太阳与足少阴为表里，足少阳与足厥阴为表里，足阳明与足太阴为表里，手太阳与手少阴为表里，手少阳与手厥阴为表里，手阳明与手太阴为表里。 其走向和交接规律为手之三阴经从胸走手，在手指末端交手三阳经；手之三阳经从手走头，在头面部交足三阳经；足之三阳经从头走足，在足趾末端交足三阴经；足之三阴经从足走腹，在胸腹腔交手三阴经。并且其走向和交接规律构成建立在身体结构下的人体位域自动转换的四维动能回路。

人体经络系统，与十二正经相关联的还有十二经别、十二经筋、十二皮部，以及诸络脉。十二经别是十二正经离、入、出、合的别行部分，是正经别行深入体腔的支脉，十二经别都是从十二经脉的四肢部位别出，阳经经别合于本经，阴经经别合于相表里的阳经。十二经筋是十二经脉之气结聚于筋肉、关节，约束骨骼，利于关节屈伸活动，以保持人体正常运动功能的体系，是十二经脉的外周连属部分。十二经脉及其所属络脉，在体表有一定的分布范围，与之相应，全身的皮肤也就划分为十二个部分，称十二皮部。皮部，是十二经脉之气散布之所在，它居于人体最外层，是机体的卫外屏障。

人体经络的象视野相对于藏视野和相视野来说，就是以生理运化精气成为人体运化动能，藏视野和相视野为经络系统赋予了位域升降和动能源流，象视野就是以先天禀受赋予生命在因缘生灭之现量呈现。象视野的经络系统以独特的运化精气成为经络的精气能量形态，也正是因为十二经与奇经八脉在水谷精微与营卫气血的层面，故为立于生理体征的外在。这个藏视野和象视野的内外与象视野的外在之分，对于内证的视野和落点有极其重要的作用和关联，否则都停留在身体部位的象上，无法洞悉位域升降下的流变转换与生灭形态。

尽管如此，在象视野里因能量体方式的差别，又形成了位域升降，为精气融合态的三脉七轮的主体能量体结构→运化精气下的十二经与奇经八脉→以任督冲统人体六经藏象系统的全身流布与关联格局。既然象视野的经络动能以运化精气为主体，那么就有运化场所和动能输出源，就是独特的三焦精气运化系统。为何三焦精气运化系统成为运化场所和动能输入源呢？主要就是在能量体结构上有空间体的对应，以及在生化之源的动能转换上的赋予动能源的关联。在空间体的对应上，先天之源的精气动能内精外气的“精”结构与内气外精的“气”结构所在的人体部位相关联对应了人体的中丹田与下丹田，而人体的中丹田和下丹田几乎就是三焦的空间体所在，这种空间体的对应，虽然有位域差异但处于位域差异的同区域能量场空间体，就能把藏视野、相视野和象视野之间联动交织在一起的，这样就在生化之源上，给予动能转换的直接关联，尤其是通过水谷精微运化营卫之气。

三焦精气运化系统，以运化呼吸精气所在的光子素和水谷精微所在的水谷精微素，构成独特的营卫气以及卫气营血系统，主导并运转着人体的生理生命系统，从而构建起精气融合态的三脉七轮的主体能量体结构→运化精气下的十二经与奇经八脉→以任督冲统人体六经藏象系统的全身流布与关联格局。其中既有来源于先天的精气融合态的三脉七轮的主体能量体结构的能量库，又有营卫气以及卫气营血系统下的十二经与奇经八脉能量结构，还兼顾任督冲统人体六经藏象系统运转下的生理生命象，结合于人体就把藏视野、相视野和象视野之间的能量体结构与能量体方式联动交织在一起。经络系统与经络系统中的精气源流下的三个视野，除了以生命本质认识来服务于平常的养生与祛病外，它更是基于生命的哲学形态，为我们所提供在人体生理生命形态上更高级形式和内容的生命形态的所在，以认知来指引，更以指引来引发思考，思考什么呢？就是如何升华生命，如何立于藏视野和相视野的生命藏高级生命形态来摆脱生命象的低级生命形态。

藏象平衡原理

什么是藏象平衡？藏象平衡为藏象精气系统与生理体征之间因生化与消耗差异发生的调节性动态平衡，它有位域内源流平衡和位域升降流变平衡两种形态，以及每种形态下的常规平衡、亚平衡、非平衡、再平衡三阶四象结构组成。藏象平衡是围绕精气的生化与消耗而构成的独特生命现象，也是人体中藏象生命系统与生理生命系统交融配合并运转着生命的重要原理，而且它是藏象内在与生理外在的桥梁，更是从哲学向应用学转换的关键所在。

作为藏象内在与生理外在的桥梁，就是从藏象生命系统和生理生命系统各自的道元位域视野以及动能形态而言说，也正因为道元位域的不同，故而存在动能形态的本质性区别。藏象生命系统立于精气神三大界域流变并经过先天神主气精秉受，生理生命系统立于人体五行之藏的脏腑机能后天运化转换，以先天和后天之道元位域的本质性差别，赋予了动能形态的迥异，同时也出现了与道元位域相匹配的动能形态，藏象内在的先天位域视野为神主气精生化动能，生理外在的后天位域视野为后天人体运化功能下的运化精气动能。先天和后天两种道元位域的生命形态进行交接、融合、沟通的桥梁就是藏象平衡。既然谈到了桥梁和平衡，就自然是两种宏观的且道元位域与内容迥异的生命形态，而且这两种生命形态又统一在人体，又是整体生命观，这就构成了整体生命观下的内在藏象生命系统和外在的生理生命系统两种道元位域赋予的内容。

同样是言说交接融合，前文从生化动能向人体运化动能流变转换“交接”的三方面与藏象平衡的桥梁有什么区别呢？生化动能向人体运化动能的“交接”是动能形态下的源流变关联，是内容层面的具体生化联系；而藏象平衡的桥梁式的交接融合为两种生命形态宏观视野上的动态联系。也恰恰是这两者的结合，就形成了宏观整体位域与位域间的生化转换关系上的结合，先言说生化转换关系，再从两种道元位域的整体形态上建立联系。它赋予的内涵是什么？就是藏象内在的藏象精气生命系统对生理外在的生理生命系统的统御地位以及主导和运转的功能。也正是“桥梁”含义下的整体位域与位域间的关联视野，就赋予了生命哲学观下的体用关系，为哲学形态的体与由哲学延伸的应用学的用。从生命观和生命形态来说，哲学向应用学转换的最大的应用体系就是道家养生与中医学。

藏象内在与生理外在既存在道元位域视野下位域间的动能生化关联，又有“桥梁”视野下的动能平衡，这就赋予了生化和消耗发生的机理。先从生化来说，藏象内在的神主气精所在生化动能，由精气神三大界域流变过程赋予，同时也在这个过程中秉受了生理生命的源动能，这就是从源生化下的生化关联。当生理生命源动能被完全秉受赋予后，藏象内在的总能量体出现了定量。此时要抛开精气神界域流变过程的关联，因为此源生化关联已经随七门窍关和十二结节结固以及人体肉体的发育长成而独有藏象内在，这个藏象内在的能量体形态就是三脉七轮为主体的精气融合态能量体以及全身经络系统和经络系统下的动能源流，它是藏象内在的生化。当生理运化系统启动以及生理体征开始运转，也就是说人体开始有诸多复杂的生理体征的活动，就产生了消耗。基于生理体征下的消耗形态与藏象内在的生化形态，就构成“桥梁”视野所在的动能平衡，称为藏象平衡。

藏象内在的生化形态有先天源生化与续动能灌注和人体精气运化这两大体系，先天源生化和续动能灌注为精气神三大界域流变过程，在内外丹田已经藏象两次平衡态下赋予并秉受的，续动能灌注为先天之源的总源灌注、精源灌注、气源灌注三种灌注，也实际为先天内精外气的“精”结构与内气外精的“气”结构的能量体方式与人体发生的源生化联系。当先天源生化发生完成后，在人体内就会出现藏象内在的总能量体，这个总能量体“藏”在身体内在，构成藏象内在，而尤以精气融合态能量体的三脉七轮为主体，以及被三种灌注下的全身经络系统和经络系统下的动能源流，共同构成了总能量体形态下的不同能量体方式，且以不同的内容和形式存在。这是藏象内在的生化形态在先天源生化与续动能灌注上的体系。

藏象内在生化形态的人体精气运化体系，就是以三焦精气运化系统为主体的人体精气运化体系，以运化呼吸精气所在的光子素和水谷精微所在的水谷精微素，共同构成独特的营气卫气以及卫气营血系统，三焦精气运化系统不仅转换身体需要的热量、水液，更重要的是能运化一定的“素”形态，如光子素和水谷精微素，它被任督冲所统御而有人体六经藏象系统在全身流布，它们也成为藏象平衡下的生化体系。所以藏象平衡下言说的生化体系，有先天源生化能量体结构，呈现为身体内先天藏魄与藏精系统，经络的原始动能以及心脏原始动能赋予，以及续动能灌注所在的精气融合态的三脉七轮的主体能量体结构，此为总能量体，为定量，这个定量的含义就是先天赋予并秉受完成后，便与先天发生了位域隔离以及联系中断，这就是先天因缘与因果秉受之所在，因缘和合在现世中的因缘总量是一定的，故与之相应的先天精气动能的秉受赋予也是定量。除了此定量下的总能量体外，人体精气运化体系就是后天非定量形态，这两者结合构成了藏象平衡视野下的内在生化。

藏象平衡下生理外在消耗形态有生命活动消耗、生理代谢性消耗、思想意识活动消耗三大体系，形成外、身、内为结构的消耗体系。生命活动消耗为人作为社会属性的分子融入社会并产生诸多社会属性的活动，如围绕衣食住行产生的走路、工作、忙碌、交际应酬等与生命所在的社会属性相关联的外在活动，构成了外生命活动消耗形态，这种消耗主要是热量的消耗。生理代谢性消耗为身体内的组织器官、气血水液所在的细胞微观代谢，属于机体与外界环境之间的物质和能量交换以及生物体内物质和能量的自我更新过程的新陈代谢范畴，无论是身体与环境还是身体内的代谢联系，都是因缘与因果生灭呈现在物质形态上的生化代谢和消耗，而不是纯粹的精神相域层面的相虚义代谢，也就是说它存在物质形态的基础和前提，就连光合作用都存在可见光的物质域视野，虽然也是非眼见的微观，但还是基于物质域层面的因缘与因果生灭的具体形态。思想意识活动消耗是基于人内在的思维意识活动而产生的能量代谢性消耗，对比物质域形态的微观生理代谢，思想意识活动就呈现在精神相域的相虚义上，进行思想意识活动就会发生能量的传导。

对比外生命活动消耗、身体生理代谢性消耗以及内思想意识活动消耗，前两种消耗为热量和物质域形态的能量消耗。何为物质域形态的能量消耗？乃基于物质形态的转化与运化形成的能量方式，太阳系的常规能量源为光合作用下的光子素，为可见的物质形态属物质域范畴。对比前两种能量方式的消耗，意识活动消耗为根本消耗，是六识传导的精气层面，也是身体中能量方式最高级的形态，同时它也是最微观的因缘与因果生灭的具体呈现，先天因缘秉受后通过六识活动而有精气传导，六识所在的思维意识活动为精气本根的活动形态，六识秉受的传导过程为先天炁的速度，先天炁的六识活动又依赖先天精素的动能，故为精气本根的精气关联义。同时六识所在的思维意识活动更是因缘与因果生灭在唯识层面的呈现，要远远高级于从精神相域生化转换成物质域的物质形态。也正是精气本根下的精气关联义的六识活动消耗，成为唯识所在的因缘与因果生灭而产生的根本性消耗，并且从思想意识活动消耗延伸到身体的物质层面的代谢的根本也是因缘与因果的生灭。只要因缘在聚合生灭，就要消耗大量的精气能量体。所以藏象平衡下生理外在消耗形态以六识因缘为巨，在六识因缘生灭格局下，会产生因缘的唯识形态聚合成物质，通常为身体组织器官的代谢转换，为精神相域向物质域的两种形态的生化转换的消耗。总体归纳为因缘生灭与物质形态生化消耗，为消耗的主体。而且从大彰图式所示的四维动态的宏观来说，物质域下的生命形态是顺从右旋堕落的宏观运动的，这种宏观业力形态是无明因果而不可逆的，右旋下降堕落的态势是无法阻止的，这就更构成了消耗的宏观格局。

消耗的宏观格局与微观形态，都是因缘和因果的生灭根本。在因缘和因果生灭根本的消耗形态里，还有一个消耗法则，这个法则就是习气与恶行消耗法则。六识因缘形态下的因缘与因果生灭，在唯识现行并产生现量的生命活动上，就产生了受想行识过程。从受想行识的过程来说，“受”有身受和意受，其中外生命活动消耗和生理代谢性消耗为身受消耗，思想意识活动消耗为意受消耗；“想”有外在思维活动想和六识善恶之辨想；“行”有生命活动行与身体代谢行和因缘生灭行，其中生命活动行上又以习气和恶行成为最大的消耗因素，同时习气和恶行又反过来影响身体代谢和因缘的生灭，并且关联到受与想的诸多内容和形态，成为消耗的主体形态。在习气上尤以贪嗔痴慢疑五毒为甚，在恶行上又以积不善法而无积善厚德之实质为基本，关于积善法和积不善法为德当位、称位、配位的体系与内容。

习气与恶行反映在受想行识过程，反过来影响着生理外在消耗的三大体系，形成了消耗结合熏习影响的连环消耗恶果形态，就构成了习气与恶行消耗法则。习气与恶行消耗法则是立于人身而言说生理外在消耗三大体系的消耗法则，它不是以此法则来判断藏象平衡下生理外在消耗形态是否发生，而且在必定的消耗总格局下，判断是否会消耗更甚，情况会不会更糟。在外生命活动消耗和身体生理代谢性消耗一般为人体精气运化体系的热量供应，而且这种由物质形态转化和运化的热量在身体里就更依赖于意识传导和心脏动能的推动，以此来供应全身的代谢，同时在依赖意识传导和心脏动能推动的生命动态里，又从高位域的形态消耗精气。这种被消耗的精气在身体里呈现的就是阳气，如果有习气和恶行来加重消耗，习气与恶行直接消耗的阳气就会更多，就更需要身体加速运化以及负荷运转来供应，就形成了由消耗来主导的生理活动。

由于习气与恶行在受想行识过程中也承载了生理外在消耗形态三大体系的内容，故习气与恶行消耗直接呈现了阳性消耗，消耗的为阳气。如果联系六识的升阳返熏，就直接关联到五藏神对五行之藏的脏腑官能运转，就会从根本上减弱人体精气运化，就会出现精气更加不足的局面，形成恶行循环。

在生理外在消耗形态下，当阳气的消耗大于身体运化热量供应，就会启动藏象内在的生化形态供应。当生化形态的供应和消耗在一个常规平衡状态时，就构成了藏象平衡下的常规平衡。由于人体运化精气形态转换的热量以及物质形态的能量都属于阴性的能量体，故阳气的不断消耗，就会发生位域下降的降位域形态，当阳消耗大于阴转化，就会出现藏象平衡下的亚平衡，而随着亚平衡往阳消耗的持续发展，就会出现位域下降后降位域形态发生的非平衡。这个非平衡是指什么样的非平衡呢？是指阳消耗与阴转化的总体与总能量体的对比，这里有个视野的转换，前面的常规平衡和亚平衡都是基于阳消耗和阴转化与运化的关系上言说的，而藏象非平衡是以阳消耗与阴转化的总体，与总能量体的比较。当非平衡状态发生时，就会发生总能量体向藏象非平衡供给能量体和发生维持平衡的再平衡现象，那么这个藏象再平衡一定是总能量体减弱，以及藏象非平衡位域降低的共同形态，它已经不在最初始的藏象常规平衡形态下，从藏象非平衡到藏象再平衡就如向银行里提取积畜一样，只会越用越少。

既然如能量体的提取形态，习气与恶行所在的生理外在消耗的阳气消耗，就直接与世间福德相关联，阳气消耗得越多福报就越薄，顺延藏象非平衡与再平衡含义，俗语所谓的不是不报时候未到，习气与恶行导致的“德”的亏损，当常规平衡和亚平衡下的阳气消耗到了一定阶段的时候，当藏象平衡的位域差异彻底发生，无法有同位域形态下的运化供给桥梁作用时，就是恶果现前。如果以不善法不积阴德而损阳气的情况下，六识的升阳返熏功能就会减弱，人体内的六识返熏就呈现了以顺承业识自然返熏为常态和主体，精气运化的能量体越来越弱，善因缘越来越少，堕落越来越甚。

藏象平衡下生理外在消耗形态与藏象内在的生化形态从宏观上说构成藏象平衡“桥梁”视野下两种动态变化，这两种动态变化为藏象内在生化与生理外在消耗，立于人身而发生的内、身、外转换平衡。这种平衡状态常指生化与生理外在消耗形态，为常规藏象平衡态，由于它特指人体精气运化，故为常规形态。而实际上以消耗的宏观格局与因缘与因果生灭的实质来说，会有建立在常规藏象平衡态下的本质藏象平衡态，这个平衡态就是有藏象内在的生化形态的先天源能量体的介入，以及要有透彻到生命的状态的实质是因缘和因果的生灭，人体的物质形态的本质也是唯识变现成现量的因缘和合，而且生命状态不是死的定性的，而是无微不至地在发生宏大的因缘和因果的生灭，所以它必然构成本质藏象平衡态。本质视野下的生命活动就解构了人身的内、身、外视野，也没有立于人身而说宏观或者微观变化了，它直接入唯识层面的精神相域范畴的相虚义，也就是说从“色”直接入“空”，哪怕是身体的物质形态范畴的变化，也从物质域的物质形态指向了物质形成来源和机理——唯识所变的精神相域的相虚义的因缘和合。

本质藏象平衡态就进入了因缘和因果的生灭的形态本质，从唯识层面描述精神相域相虚义的因缘和合过程，也就是精气关联义下的精气本根哲学，所以它就要从藏象内在的先天源生化能量体的层面来言说，至于人体精气运化只是其中的一种内容和转换环节。那么在人体中属于先天源生化能量体的就是藏象内在的总能量体，而且这个总能量体的来源为经过精气神三大界域流变过程的先天源生化，以及生化动能向人体运化动能交接融合的续动能灌注。故，本质藏象平衡态是在常规藏象平衡态的基础上，有总能量体进入调节的平衡状态。何为总能量体进入调节呢？虽然是调节，实际上是伴随常规藏象平衡态下消耗的非平衡而产生位域升降，以此提取总能量体来维持生理体征而已，虽说在生理体征上维持了一定程度的再平衡，但从生命总体格局的能量体方式来讲，都是消耗态且总能量都在减弱降低，只不过当身体里的生理体征能量方式被消耗后是由总能量体来以提取的方式供给，造成生理平衡的饮鸩止渴的假象，只不过是动用了积畜而已。由于人体先天源的总能量体在人身长成就被秉受赋予了，为定量；且伴随精结带和气结带的关闭与隔离，先天与后天失去能量联系，只能在被储存的总能量体上提取，所以消耗的格局与因缘从因果生灭的实质来说，总能量体是被持续消耗的状态。从人体生理体征要保持平衡的机理来看，每一个位域升降的平衡，就会发生总能量体被提取的实质，而且总能量体为人体五藏神、意识传导、精气动能补充的根本动能，故当总能量体被提取消耗到一定量的时候，就会出现生理体征根本动能不足而发生病变。

总能量体因藏象生理外在消耗从常规藏象平衡态到本质藏象平衡态的消

耗实质，被提取，能量体位域不断降低。就算在通常无有大恶行消耗阳气降低位域的局面发生，由于人的诸多习气是无法觉察和根除的，生理外在消耗也会使总能量体不断地被提取，直到现世的现量生命的终结，而发生轮回轮转下的生命形态被秉受赋予的生育过程，再从生到死。在生命形态的生到死的轮转过程中，其恶行因六识返熏路线和形态的不同，直接影响到未来世的空间体格局位域。何为空间体格局位域呢？就是福德相层面的体世界，通俗来讲为六道轮回中三恶道的轮转轮回，为现世现量以现世果严密书写着未来世的因缘和因果生灭的形态与内容。那么本质藏象平衡态是纯哲学式的思维或内容么？实际上它既是生命科学的本质，又是高层次和高级的功态描述，也正是由于内证对本原的洞悉，才有如此坚实的哲学逻辑形态来描述未来物理学、生命学以及科学要抵达的领域，但要知道中医的哲学认识论从一开始就占领了极高的制高点，而诸多中医在诊治上的方法论还未被发现它的价值。

藏象平衡“桥梁”视野下的生理外在消耗形态与藏象内在的生化形态的视野两端，通过“桥梁”的融合转换，就构成了立于藏象内在和生理外在体系上的藏象平衡三阶四象结构，这个结构就是藏象内在和生理外在的能量消耗动态模型。既然说消耗的总体格局以及能量体提取形态是无法逆转的，那为何要以藏象平衡来言说能量消耗动态呢？那是因为有消耗的路线就会有存储的路线，视野两端都能发生转化才能构成平衡，否则就成为单一的形态了，而且就在能量消耗的路线里，以此藏象平衡三阶四象结构记录着非常重要的一个哲学原理，那就是藏象平衡能量体方式下的能量位域升降。

何为藏象平衡能量体方式下的能量位域升降呢？从藏象平衡视野两端的不同形态，就有两种不同的能量体方式，为消耗能量体和生化供给能量体，在生化供给能量体中又有先天源总能量体方式与人体运化精气能量体方式，产生能量位域升降就是当有先天源能量体因消耗被提取，当先天源能量体形态的介入使藏象平衡在非平衡阶段向再平衡阶段的过程，就构成了位域升降联系下的平衡动态。在这个动态过程里，首先就会发生消耗能量体和人体运化精气能量体的平衡状态，当这个平衡被总消耗打破，就会发生先天源总能量体的介入，这种介入就是提取，为由总能量体被提取去供给总消耗能量体。此时又有一个视野转换，为总消耗能量体中包括已经被消耗的人体运化精气能量体，因为正是人体运化精气能量体的消耗平衡被打破，才有先天源总能量体的提取供给，人体运化精气能量体从常规平衡到亚平衡态再到被消耗成非平衡态，总消耗能量体对比之前常规平衡态的人体运化精气能量体来说，位域就产生了下降，位域下降就标志着人体运化精气能量体无法供给消耗，而先天源总能量体的提取供给介入就是位域下降状态下的再平衡。这就是为何我们赋予了先天源总能量体的调节功能。这个调节功能的介入，就是能量位域下降的体现，同时也是藏象再平衡的出现，而且这个再平衡的能量状态已经是低能量位域状态，非之前常规平衡的状态了。

能量位域升降下的藏象平衡既然是从生理外在消耗参与并作为内容，那么出现什么样的生理体征就能让人觉察和觉知产生了总能量体的提取消耗而导致能量位域下降呢？那就是位域下降后的再平衡过程，一定会有生理体征健康状况的反应，一般为感冒，感冒就肩负着位域升降调节生理再平衡的转换枢纽。为何会发生病症式的生理体征反应呢？那是因为藏象平衡动态下的能量位域下降是能量体方式之间的动态，在藏象常规平衡态时生理体征是与常规平衡保持位域平衡的健康状态，当在藏象平衡动态中发生了能量位域下降，生理体征就要进行反射性调节和生理体征再平衡性调节，也就是说要把生理体征调节到下降后新的位域再平衡的状态。由于是位域下降和因消耗而导致的能量体强度降低，故呈现了感冒调整，实际上从严格意义上来说普通感冒不能称为病变，它是生理体征健康调整的状态。

根据生理体征代谢周期来说，普通的感冒七天就会自愈，因为全身七天会完整更新一次。同时也说明物质形态的身体在因缘和因果生灭形态上也是七天的周期。由于藏象平衡下的消耗总格局是不可逆转的，故感冒调节的状态会经常发生，既然说常规感冒为生理体征健康自然调整和调节，为何我们常常把感冒列为病变呢？那是因为由常规感冒调节引发了诸多身体机能的连锁反应，比如说不明发热和感染等，那是因为身体其他机能出现了亚健康状态，并随感冒的调整调节而被凸显出来。哪里伴随感冒出问题就是哪里病变并薄弱，所以感冒就成为了一个极其复杂的问题，感冒调节的感冒现象再深入发展就是伤寒，当然感冒也是属于伤寒的一种类别，“伤寒”也只有在藏象平衡的状态才能目睹以伤寒来称谓的机理。伤者，消耗格局中能量体因消耗而又未得总能量体提取供给补充谓之伤；寒者，未消耗前生理系统充盈的能量体为满，消耗后以及未补充谓之缺，满阳缺阴，阴则为寒；寒者结合伤以及伤者结合寒，就是藏象平衡视野下的精气所在的能量体，以缺阴之寒描述的藏象平衡下的非平衡与再平衡之间临界状态所呈现的，精气虚缺与生理病变的状态，为伤寒论的真实义。

由于感冒（伤寒）是位域升降调节生理再平衡体现在生理体征上的转换枢纽，有了这个原理就不难理解往往经过感冒后会觉得焕然一新的感觉，虽然感冒前和感冒后身体健康状况都一样，实际上总能量体已经下降了，由于我们无法察觉故从整体感官上觉得一样，实际上差别甚大，而且感冒后焕然一新的状态为位域下降后新位域下的高点状态，故有焕然一新的原理。新位域下的消耗与人体运化精气能量体还在常规平衡状态，就在藏象平衡三阶四象结构发生新的动态平衡。

我们说总能量体被提取供给总消耗能量体，而且身体又产生了感冒调节，而新位域下的消耗与人体运化精气能量体又处于了常规平衡状态，所以就指向了总能量体被提取后发生了两种内容形态的供给，一种为被总消耗能量体给消耗了，另一种就是补充了人体内在藏象平衡动态过程中被消耗了的人体运化精气能量体。为何要补充呢？就是因为人体能够存储生理运化的精气能量，当伴随着位域下降的过程发生，人体存储的生理运化精气能量被透支，由于透支才有先天源的总能量体才给予调节，这个调节就出现了新位域下藏象再平衡，似乎人体运化精气能量体又充沛充盈了一样，而感冒症状下的种种身体不适只不过正在发生以新换旧的生理体征更新而已。

在这里就要解析一下藏象平衡的位域位域问题，藏象平衡的位域位域就为先天源总能量体位域→人体精气存储体位域→人体运化精气位域→生理体征常规消耗热量位域三阶四象结构。为何称为位域位域呢？就是它们之间联系一定是在藏象平衡中因消耗产生了亚平衡和非平衡过程后才发生的，才建立起联系的通道和供给的机制，也就是说只有到了亚平衡和非平衡的消耗状态，它们之间才构成能量体位域形态。而且位域内的消耗以及生化都和其他位域不产生直接联系，也就是说位域位域之间发生的因消耗产生的调节、供给、补充是有一定的状态条件的。怎样来理解这个状态条件呢？这就是任何位域间的空间体内容包括能量方式，都有“万物有数”的数理结构内涵，不发生到一定程度的变化，就不会产生关联性的联系。那么当发生了总能量体位域层面的先天源总能量体介入供给，这种“介入”的形态一旦发生，就标志着人体精气存储体位域层面就已经被消耗到了一定的程度了；反之，总能量体供给消耗形态就会补充人体精气存储体位域被消耗的部分。这就是藏象平衡动能态能量体的位域位域间的联系原理，其实这个联系原理延伸开来就是能量体与生理体征之间动态转换关系，或者说为何非要发生感冒，不是有总能量体的提取供给和补充么？就没有必要发生生理体征上的感冒调节，那是因为精气本根下时空体在“数”的联系上没有对位和产生必要的联系，这种时空体在“数”的联系上没有对位，就是微观数理逻辑关联中曲变动态产生的结果，由于微观数理下的曲变动态数理逻辑，就让万物在 “数”的逻辑上并不是直接关联，而是曲变思维，也就是说总能量体的提取供给和补充不是直线式，不是消耗多少就立即补充多少，而是曲变原理下非直接供给与补充。同时这也是万物的曲则全的曲全哲学范畴，所以感冒的“曲变”式调节本身就是能量体的语言方式。理解了感冒这种人人讳病的生理体征反映，就去慢慢体悟藏象平衡下通过感冒调节的能量体消耗而承载的因缘与因果的生灭，从中体悟曲全哲学观下的曲全智慧。

围绕藏象平衡下的位域升降的精气能量体方式动能变化和差异的实质，认识感冒（伤寒）实际上为精气能量体与生理体征发生关联的曲变语言方式，它遵循着藏象平衡三阶四象结构的常规平衡、亚平衡、非平衡、再平衡过程，以及动态平衡下的位域位域间的关联。在藏象平衡的过程里，感冒只不过是生理体征呈现的调节反映，是藏象平衡动态下的外在并呈现在身体上的环节，而藏象平衡的内容从先天源能量体到人体精气运化能量体，再到立足于身体的内、身、外各种视野，都是围绕精气能量体方式的实质发生变化的。由此视野和内容可知，以发生的感冒生理体征调节入手，从位域升降的动能变化，以及结合五运六气的外、身、内精气关联为构建，就形成了藏象平衡视野的能量体位域升降下的感冒论。这也是为什么《伤寒论》立足于六经辨证，就是从经络与精气能量体的本质，以五运六气的外、身、内精气关联为格局，以六经变化为载体，来联系脏腑以及生理的关系而述之于医学表达。

从感冒的生理体征调节可知，由藏象平衡下的消耗格局就会出现并非感冒那么简单的健康问题，而事实也是如此，人之所以会产生诸多生理健康状况并且生病，除了藏象平衡下的消耗主因外，在身体里还存在诸多病因病机原理，如果身体里没有诸多病因病机原理，在藏象平衡的动态平衡过程中通过感冒调节就能达到基本的生理健康。人体病理病机的哲学原理就分为三大体系因素，第一体系为主因，为藏象平衡下的消耗格局因发生能量体消耗，能量位域的降低出现精气动能不足；第二体系为结构因和诱发因，为身体在人体经络动能体系下无论是经络流转系统还是组织器官都产生了痰膜沉淀，此痰膜沉淀为结构因；在结构因的生理亚平衡状态产生了五运六气的诱发因。第三大体系因素为道德层面的善恶行因，从善恶行关乎福德相根本，包括生老病死。

在结构因和诱发因体系综述人体小命象与时空大运相之间的关联，为健康平衡状态下的五运六气统运十二官原理，非健康平衡状态为运气郁和组织滞产生的痰膜沉淀结构。何为非健康平衡状态为运气郁和组织滞产生的痰膜沉淀结构呢？运气郁，为时空大运相的五运六气与身体内的六气发生了运行上“郁”，郁为不畅快，不通畅，为“郁则结聚不行，乃致当升不升，当降不降，当化不化”，郁的不畅快不通畅但并非阻塞，原本五运六气统运十二官，人体小命象与时空大运相发生天人合一全息元象联系时，气机是通畅无碍的，内外是交融的一体，而人与时空只不过是界域不同而已实则圆融一体。当出现了“郁”的不畅快就可知，以前通畅无碍的精气运动就因郁而减缓了。发生运气郁的原因是什么呢？就是在身体中产生了组织滞，也就是说在原本精气的气机运转通道中产生了导致“滞”发生的组织器官变化，这个变化就是痰膜结构的组织滞。大运相的气机因痰膜结构的组织滞而产生了运气郁，所以就由运气郁与组织滞共同构成了命象与运象的气机郁滞，而造成了动能被减弱。

气机郁滞发生在组织器官和经络系统中就逐渐产生了因精气动能减弱而形成沉淀，沉淀的逐步累积就构成了瘀堵，就发生了局部病变，又由于人体经络系统所在的整体，局部病变直接关联到六经系统，出现六经病变。既然运气郁的原因为痰膜结构的组织滞，痰膜又是如何在身体里逐步生化形成的呢？在人体里有精气流布和气血水液流布两大主要形态的流布，气血水液通过十二正经、十二经别、 十二经筋、十二皮部以及各种络脉流布到人体所有的组织器官，气血水液的流布就会逐渐产生痰膜结构。为何一定会有痰膜结构的出现呢？以十二正经的流注为例，在十二正经的流注顺序里，我们根据道元论及藏相动能义的位域升降原理在经络系统中发生的位域关联以及动能源流，分为三组三界膜的三阶四象结构，也正是因为位域关联以及动能源流实质，才形成了在每一组的三界膜的三阶四象结构的循经流注顺序后，发生总源灌注、精源灌注、气源灌注所在的精气动能灌注的续动能结构。为何会发生续动能的灌注呢？就是因为每一组的三阶四象结构都有一个三界膜形态，三个界膜就是三个界域就产生了能量的消耗和减弱。并且从万物构成的内微→外宏→大彰的三阶结构程式来看，万物的每一个位域单位里都能细分出三界膜的三阶四象结构。故人体里精气流布和气血水液流布就会出现气机和动能减弱的形态发生，并逐渐形成了膜结构的沉淀，这种膜结构就是界膜形态，它只是时空体的界域，是万物的数理逻辑下的形态，它无形无相，由于人体里有气血水液流布发生，故逐渐产生了物质形态的膜结构，就变成了痰膜。为何界膜结构在人体内的沉淀称为痰膜呢？正是因为它“痰”的结构，痰结构在组织器官内逐渐生化形成，就形成了痰膜结构的组织滞。

从界膜结构向痰膜结构的转变，要明了界膜结构为万物生化的常态结构，是精气本根的数理逻辑赋予的，界膜理论下的界膜的三阶四象结构，为万物立于生化本质、生化原理、生化过程形成的基于数理逻辑关联的常态结构，从河图图式和洛书图式的数理逻辑和关联我们可知界膜理论既是道元位域的视野，也是动能三阶单元的藏相动能义视野。从内微的河图图式到外宏的洛书图式，从小而无内到大而无外均具备界膜理论下的常态结构，所以在身体里的组织器官的每一部分，也是界膜结构的形态。在人体经络和五藏气形成的最初始，有七液妙气（心液、肝液、脾液、肺液、肾液、气液、血液）伴随外四气与内四气融合，七液妙气在伴随肉体长成就形成了七液，就从先天的气生化转换成液，当然这个转换既有气向物质态液的转化，又有肉体生成的内容以及环境，可以说身体中七液无所不在，就连致密的骨骼里都有液的形态。当身体里的"液"与界膜的三阶四象结构结合，就需要动能的推动，由于在界膜的三阶四象结构里有位域升降和动能变化，故液就会在界膜处形成集聚，成为液膜。又由于界膜的三阶四象结构里都是液的形态，而作为位域转换的界膜的液膜会比其他液形态沉淀更甚，故形成了比液膜更具沉淀特性的痰膜。

从时空体界域的界膜生化转换，经过液膜形成的痰膜，为五运六气统运十二官原理下的痰膜结构。痰膜结构就导致了从时空大运相到人体小命象共同结合的运气郁，痰膜结构的组织滞和运气郁会根据五行之藏的属性，在身体形成独特的五行属性的痰膜，尤其是什么样的五行属性的脏腑系统就生什么样属性的痰膜组织滞，这些具备五行属性的痰膜组织滞，再遇风寒暑火湿燥六气就会生病痰。病痰就是痰膜结构发生六气所在的再沉淀，根据风寒暑火湿燥六气不同，就会形成风痰、寒痰、热痰、火痰、湿痰、燥痰不同的病痰，病痰一旦生化形成，就成为身体内产生病变的结构因。痰膜沉淀的病痰结构因，在风寒暑火湿燥六气诱发下，就会以五行属性的生克关系，产生"相克"的压制和瘀租，长时间"相克"的压制和瘀租，就成为诱发因，就会产生器官或系统的病变。那么什么样的情况会产生风寒暑火湿燥六气诱发呢？就是促进病痰结构形成以及产生六气诱发，凡是能归入五行之藏的五行属性的不良习气、不良生活习惯、性格情志、外在环境等诸多方面的作用，都会产生五行属性的六气诱发。

以五运六气影响五行之藏，并通过经络系统形成痰膜结构和病痰过程，我们以人吸一口气为例。人吸一口气，经过肺官功能而运化呼吸精气，肺又与大肠相表里，那么经过肺运化的精气就会传导大肠经络，大肠为传道（导）之官，其运化的环境必定会有液湿，其呼吸精气在大肠经络遇液湿就会沉淀变重，那么肺运化的呼吸精气就会因经络表里行而发生精气形态的变化。如果肺的呼吸气形态里，本来就有暑气、寒气、燥气、风气等复杂情况，经过经络表里行就会发生更大的变化。而手太阴肺经为十二正经的流注起点，从手太阴肺经与手阳明大肠经就发生了精气所在的五运六气的变化，再到经络系统的循环流注以及脏腑五行之藏的属性联系，以此类型的精气流注全身并与脏腑五行属性相结合，以此五行属性的“相生”关系，就会产生风痰、寒痰、热痰、火痰、湿痰、燥痰不同的病痰。所以人体本身与无论是外在还是内在的五运六气就产生了非常复杂的诱发关联。

从运气郁到痰膜结构以及病痰产生的病因病机原理，都从三界膜的三阶四象结构指向了位域升降，又从位域升降关联到精气动能源流，两者相结合就形成了位域升降下的动能源流变化。如果说到身体里的藏象平衡病变过程，就直接以精气动能指向了心脏动能形态，而且人体病理病机的哲学原理三大体系因素里的第一体系主因就是能量位域的降低出现精气动能不足。那么在从藏象平衡到发生病理病机过程中，起着极其重要的精气动能调节的就是心脏，它是人体中进行藏象平衡调节和病理病机调节最主要动能源。那么心脏究竟是如何进行藏象平衡调节和病理病机调节，并发挥精气动能的作用呢？为心脏依赖生理反射机理。何为生理反射机理呢？常规的通畅气机和精气运动在身体产生不畅、郁滞、瘀租后产生的压力反射回应，由于气机和精气具动能态，属于能量的运动形式，常规平衡下心脏为正常工作，当身体组织器官或经络产生了不畅、郁滞、瘀租的情况，就会产生压力反射回应，心脏根据此反射回应察觉常规平衡的通畅发生了变化，就会以调节动能的方式来增加动能压，比如增加精气的流转、血液的循环以及身体机能的诸多反应，以心的君主之官来调配和指挥，以达到重启平衡的作用。如果不畅、郁滞、瘀租的情况无法得到改善，且随着痰膜结构沉淀现象加重，病痰的结构因和诱发因也发生了更严重的情况，心脏就会增加大负荷来工作，久而久之就出现了围绕心系统和心脏的诸多疾病。比如高血压情况的出现就标志着心脏基于运气郁、痰膜结构以及病痰产生了增加精气动能的调节性负荷工作，或者说心脏的动能没有调节增强反而身体环境减弱，以此凸显了心脏动能形态而身体无制约调节能力，也是高血压之视野。如果出现心血管疾病、脑血管疾病乃至发生心梗、脑梗现象，就不再是运气郁、痰膜结构以及病痰层面，而是由着三者不断积累产生了重物质沉淀（重痰沉淀）造成了严重阻塞。

从精气动能运转在全身形成的气机，以气数哲学下的精气本根论来说，人与自然时空圆融畅通，当精气动能因被消耗出现能量体强度减弱时，就会形成由动能减弱气机不畅引发的病理病机。从运气郁→痰膜结构→病痰→重痰沉淀为病理病机变化原理，在这个变化过程中，其痰膜结构和病痰的发生一定出现在有位域源流变转换的"膜"结构中，然后逐渐形成了病理病机变化，而产生病理病机变化不再是藏象平衡的精气动能方面的调节，因为它是在藏象平衡动态过程中在身体里的变化。或者说藏象平衡的动能调节就因身体变"重"而产生负荷调节，而变重的原理为动能不足气机不畅形成重沉淀的形态。负荷调节就是要消耗更多的先天源总能量体，而且并不是用更多的先天源总能量体就能把身体变重的负荷调节好，因为前面已经说过它不是直线和直接的调节，它为曲变运动下位域位域的调节，也就是说当下一个调节周期还未到，身体就已经因沉淀变重的负荷而产生了病变，并且在生理体征呈现病症和病态，就必须给予治疗，就诞生了医学。

医学是哲学和应用学两大体系的结合，哲学为体，应用学为用，体用关系一定要明确，一定是围绕哲学观的应用，而不是只以运用的局部取代了医学哲学的视野，更不能以药来代替医，药只是工具。在中医体系的辨证论治里，就连在治疗上也是先于具体运用形成治疗原理，然后再在治疗原理指导下做治疗手段的选择。中医就是生命哲学为体与辨证论治为用的体用兼具的学科，有了生命哲学的认识论，才能在哲学观的指导下，根据认识问题的不同角度，而有诸多养生治疗上的用法，如基于配伍原理下的方剂治法，基于精气经络原理下的针灸与推拿治法，基于精气升阳原理的站桩与打坐养生法、基于移精变气实质的符咒祝由之法、基于人与自然合一的自然属性疗法等门类极其之多。以配伍原理下的方剂治法为例，方剂的配伍，为以生命哲学的认识论为辨证基础，从精气动能与经络位域视野出发，通过君臣佐使的五行生克制衡原理，来对病症有作用的药加以分析并进行配伍，从而达到治病养生的作用。配伍的学问里有君臣佐使的道元位域，以及五行生克的制衡法则，就能形成基本的配伍方法或计算公式，如张仲景《伤寒论》所借鉴以及所呈现的《汤液经法图》就可以形成配伍的计算公式。关于中药的动植物经络精气原理以及形成的治病的药性，配伍的中药如何搭配并在人体里转换成药气，药气如何运转以及与身体病灶形成什么样的生克机理达到养生治病的目的，这不仅是解读并弘扬中医哲学无比精髓的内容，而且还是透彻洞悉生命奥秘的生命哲学。

从运气郁→痰膜结构→病痰→重痰沉淀的病理病机变化原理来说，《黄帝内经》就从“郁”的角度视野来阐述五行之藏的养生哲学，《素问·六元正纪大论》云：“木郁达之，火郁发之，土郁夺之，金郁泄之，水郁折之。”。为何是五行之藏而不是直接针对脏腑呢？那是因为脏腑只是五行之藏的内容和环节，世间万物包括身体里的一切形态都是统一在五行之藏里来生克运转，这是大道法则。张介宾曰："天地有五运之郁，人身有五脏之应，郁则结聚不行，乃致当升不升，当降不降，当化不化，而郁病作矣。故或郁于气，或郁于血，或郁于表，或郁于里，或因郁而生病，或因病而生郁。郁而太过者，宜裁之抑之；郁而不及者，宜培之助之。"

围绕五行之藏的"郁"，以木郁达、火郁发、土郁夺、金郁泄、水郁折形成了治疗原理。其中，木郁达之为五行之藏的"木"性走梳理畅达之原理，张介宾注曰："达，畅达也。凡木郁之病，风之属也，其脏应肝胆，其经在胁肋，其主在筋爪，其伤在脾胃、血分。然木喜条畅，故在表者当疏其经，在里者当疏其脏，但使气得通行，皆谓之达。"火郁发之为五行之藏的"火"性走发越发散之原理，张介宾注曰："发，发越也。凡火郁之病，为阳为热之属也，其脏应心主、小肠、三焦，其主在脉络，其伤在阴分。凡火所居，其有结聚敛伏，不宜蔽遏，故当因其势而解之、散之、升之、扬之，如开其窗，如揭其被，皆谓之发。"土郁夺之为五行之藏的"土"性走消滞直取之原理，张介宾注曰："夺，直取之也。凡土郁之病，湿滞之属也。其脏应脾胃，其主在肌肉四肢，其伤在胸腹。土畏壅滞，凡滞在上者夺其上，吐之可也；滞在中者夺其中，伐之可也；滞在下者夺其下，泻之可也。"金郁泄之为五行之藏的"金"性走宣泄疏利之原理，张介宾注曰："泄，疏利也。凡金郁之病，为敛为闭，为燥为塞之属也。其脏应肺与大肠，其主在皮毛声息，其伤在气分。故或解其表，或破其气，或通其便，凡在表在里、在上在下皆可谓之泄也。"水郁折之为五行之藏的"水"性走调制分利之原理，张介宾注曰："折，调制也。凡水郁之病，为寒为水之属也。水之本在肾，水之标在肺，其伤在阳分，其反克在脾胃。水性善流，宜防泛溢。凡折之之法，如养气可以化水，治在肺也；实土可以制水，治在脾也；壮火可以胜水，治在命门也；自强可以帅水，治在肾也；分利可以泄水，治在膀胱也。"

我们说藏象平衡把人体内藏象生命系统与生理生命系统交融配合运转着生命形态，从藏象平衡动态所连接起的藏象生命系统与生理生命系统，有一大独特的体系，为以五行之藏的五行属性通过人体经络系统的载体串联的六经藏象系统。我们以太阳藏象为例，在太阳经中有手太阳小肠经和足太阳膀胱经构成主要的太阳经系统，而手太阳小肠经又与手少阴心经相表里，足太阳膀胱经又与手太阴肺经相表里，而太阳经系统的表里关系的运转又从手少阴心经开始关联，就构成了独特的心太阳藏象，为心→小肠→膀胱成关联构成心太阳藏象过程。六经藏象系统在十二正经表里流注关系的五行之藏关联上，又多了一类五行之藏的相互联系的内容。

藏象平衡围绕精气的生化与消耗动态，建立起藏象内在与生理外在的桥梁，而从因缘和因果生灭的实质来说，消耗总格局下的精气生化似乎只是维持现量生命时间的一种短暂形式，因为无论人体精气运化如何生化，在总格局上都是消耗的态势，且是无可逆转的，而且会逐渐地动态消耗先天源总能量体，直到现量生命的因缘全部生灭完结。既然视野落在此处，把消耗从生理外在上升到因缘与因果生灭的层面，那么就一定存在围绕两种消耗而有两种存储补充的藏象平衡形态。基于生理外在消耗而发生精气生化的存储为精气升阳，以及基于先天源总能量体提取消耗而有打破现量的秉受赋予的精气神三态总升阳。对比先天源总能量体的提取来说精气神三态总升阳为升阳总存储。无论是精气升阳还是精气神三态总升阳，都要通过内证养生。

如何通过内证养生达到精气升阳和精气神三态总升阳呢？其实就是基于内丹学的三关程式，从精气神在气数哲学的精气本根的根本入手。精气神三大界域的流变以及人体精气神能量体的形成原理和过程，就是内证养生的指导哲学。从藏象平衡来说消耗大于生化，就算常规消耗与人体运化精气有短暂的平衡，但从大彰程式右旋堕落的总格局、人体物质域范畴的物质形态转换动能消耗以及因缘与因果微观生灭的消耗来说，人体运化精气就不足于提供平衡，就必然会出现总能量体的提取状态而产生实质性的消耗，出现生老病死生命状态。那么升阳存储的原理就是首先把常态的消耗节约或者叫积累起来，常态的消耗是因为动，那么升阳存储就需要静。从站桩打坐来说，不仅以身静和意静来达到减少常态消耗的目的，还能从独特的功法中做到积累以及存储，久而久之，就能改善藏象平衡中的非平衡和亚平衡，把常规平衡的状态持续久一点，就能把位域升降下总能量体的消耗周期时间变长一点。从站桩来说，一般的站桩功法姿势通常是把走路动态静止化，双腿微曲就如走路时膝盖的弯曲，把走路要消耗的身体能量静止化，就逐渐节约了消耗。在把身体调静的同时，虽然减少了外动态动能的消耗，但生理还在代谢运化，生命的因缘还在秉受赋予，若在站桩的基础上再以凝神入静，调节呼吸方式和节奏，并以呼吸来调节并控制意念飞驰，较少内运化消耗，久之就能从节约消耗变成精气积累，长时间的积累就会有精气积畜，精气的积畜就会发生升阳转化。

消耗的根本为消耗精气动能，那么升阳存储的根本就是提高精气位域以增强精气动能，为围绕“气”来养，气升阳则为精动能升高，从而发生实质的精气关联并且影响到“神”形态，进入“神”形态所在的因缘与因果生灭层面，去降伏先天秉受的六识，并把诸因缘的现行与现量转识成智。精气关联的养生，一定是养生的基础也是一切的根本，在《素问·五常政大论》说:“夫经络以通，血气以从，复其不足，与众齐同，养之和之，静以待时，谨守其气，无使倾移，其形乃彰，生气以长，命曰圣王。故大要曰：无代化，无违时，必养必和，待其来复。此之谓也。”升阳存储的精髓莫过于内丹学的内证三关平衡，为炼精化炁、炼炁化神、炼神还虚的精气神三态关联，而内证三关的精气神三态关联就是以人身为用，以精气神为相，以大道真如为体。

内证三关的精气神三态关联的以人身为用的内证视野里，要利用人体独特的能量体结构，来分层次和位域去解读炼精化炁、炼炁化神、炼神还虚的含义。第一个位域层面为外丹田精气能量体层面，从精气神三界域流变过程的外丹田为视野，从外丹田的精气形态与人体对应部位来说，外丹田的精丹田在人体的下部，外丹田的气丹田在人体的中部，而神在上部，此时的“神”指六识所在的识神。以此外丹田精气能量体层面，便可赋予内容精髓，为转换外丹田的精丹田来化炁，很多人会认为外丹田的精丹田在人体的下部就是转换生殖浊精，前面已经讲了生殖浊精有个根本，从阴阳跷脉及太冲脉的元阴入手，就可从浊精的生化源处来转换，切记这个要诀。既然不是转换浊精而是从浊精的生化源处入手，就是让阴阳跷脉及太冲脉所在的肾官空间体，通过肾与上下二眼以及降华池于舌内的关联，让肾气升阳上注处玉泉，以玉泉所在的金津玉液来炼精化炁，这就是饮刀圭之所在。饮刀圭功法中有个神意升降导引法，神意升降需呼吸升降来依赖身体转换，那么呼吸升降中就对应了外丹田的气丹田关联，就能通过呼吸升降再次关联外丹田的气丹田，让炼精化炁与调精化炁同步进行。为何叫调精化炁呢？那是因为外丹田的气丹田在人体的中部，也就是心肺部，实际上是通过呼吸转换光子素，同时肺关联魄，从光子素到魄都是需要用呼吸升降来“调”的，它们都是“精”形态的主要内容，所以叫调精化炁。“精”的素材都有了也明晰了真相，可是在哪里化呢？就在玄牝关窍，玄牝关窍一开就有了安炉立鼎之所，这个时候无论是外丹田还是身体运化所在的“精”形态和“气”形态就都能转化成真阳，真炁源源不断地生发灌溉，就可补充生理外在的一切消耗，同时还以此真阳之炁开脉，痰膜结构和痰病所在的病灶都会被真阳之炁所化，就会从根本上达到祛病并养生的目的。

第二个位域层面为内丹田精气能量体层面，在外丹田精气能量体层面的基础上，其精气态已经升了一个位域，精气动能也在真阳的基础上。从内丹田的精气形态与人体对应部位来说，内丹田的气丹田在人体的下部，内丹田的精丹田在人体的中部，而神在上部，此时的“神”为入神与化神的“神”形态参与精气态。内丹田的气丹田下部为从真阳层面接入先天之炁，内丹田的精丹田在人体的中部，为接入先天之炁的同时联动身体内魄的高能精气形态。而无论是接入先天之炁还是联动魄形态，都需要破七门关窍和十二结节，把内外肉体的界打破，融入“神”形态唯识因缘所在的“虚”内景真境中，从而步入内景功态，以此入神而化神。在入神与化神的“神”形态参与精气态过程里，“神”形态传导的意识三脑，必然要通过精气升位域和动能，来把意识三脑中的心络脑和肺肠脑调到同一个位域，心络脑和肺肠脑所主的生理代谢在精气升位域和动能的状态下，就会出现生理代谢暂停或极缓，此时就能入大禅定，从而进入“神”形态入神与化神，解析“神”形态的种子和种子因缘，入先天内景并转识成智。

外丹田精气能量体层面和内丹田精气能量体层面的内证三关，就从精气升阳到精气神三态升阳，也以此做到了存储功能。生命的一切形态，无论是相虚义的精气态还是肉身的物质态，都是种子和种子因缘唯识变现所形成的现量。当从精气升位域和动能的状态进入“神”形态所在的入神与化神，藏象平衡的总消耗就停止了，而且精气神关联的三关内证功态会源源不断进行存储。那么也以此进入了第三个位域层面的炼神还虚的清净圆满之圆觉态。

从藏象平衡以藏象内在与生理外在的桥梁，所建立的常规平衡、亚平衡、非平衡、再平衡三阶四象结构，实际上为消耗形态下模型，那么升阳存储形态下也有常规非平衡、动静平衡、升平衡、存储平衡的三阶四象结构。在藏象平衡所在的消耗与存储视野下，就让我们根据原理形成了如何养生的视野与内容。说到藏象养生，从藏象平衡所在的消耗与存储原理入手，就能形成精气神养生与道德养生所在的藏相论养生观。

精气神养生观以天人合一全息元象为格局，在天地人三才的时空经络里，宏大视野地将时空体外历法与人体内经络精气内历法交融相互，从“藏”含义的视野出发，要无为清净而藏神，从“相”含义的视野出发，要恒顺因缘而不攀缘附会以妄逐妄，从“象”视野出发要立于人身，从经络的子午流注、从生活情志等遵循大道法则，以精气神内外历法关联为时间轴，以人体经络与脏腑机理的藏象系统为空间轴，从藏相系统中的能量流变，精神与物质转换关系，形成精气神的养生观。

道德养生观，为在精气神养生观的基础上，从精气神的身体健康转入道德健康。道德健康的养生，就要深入明晰道德层面的善恶行因，从善恶行关乎福德相根本来联系道德养生不仅关联生老病死，还是人间福祸的标尺，更重要的是人在现世的一切现量因缘和因果的生灭，皆由它来具体呈现。道德养生，分世间法积善厚德广善行和内证法证德性圆大道两个层面，前者为从世间俗谛道象的层面积德行，后者为从德性的层面证大道。无外乎全提道德。

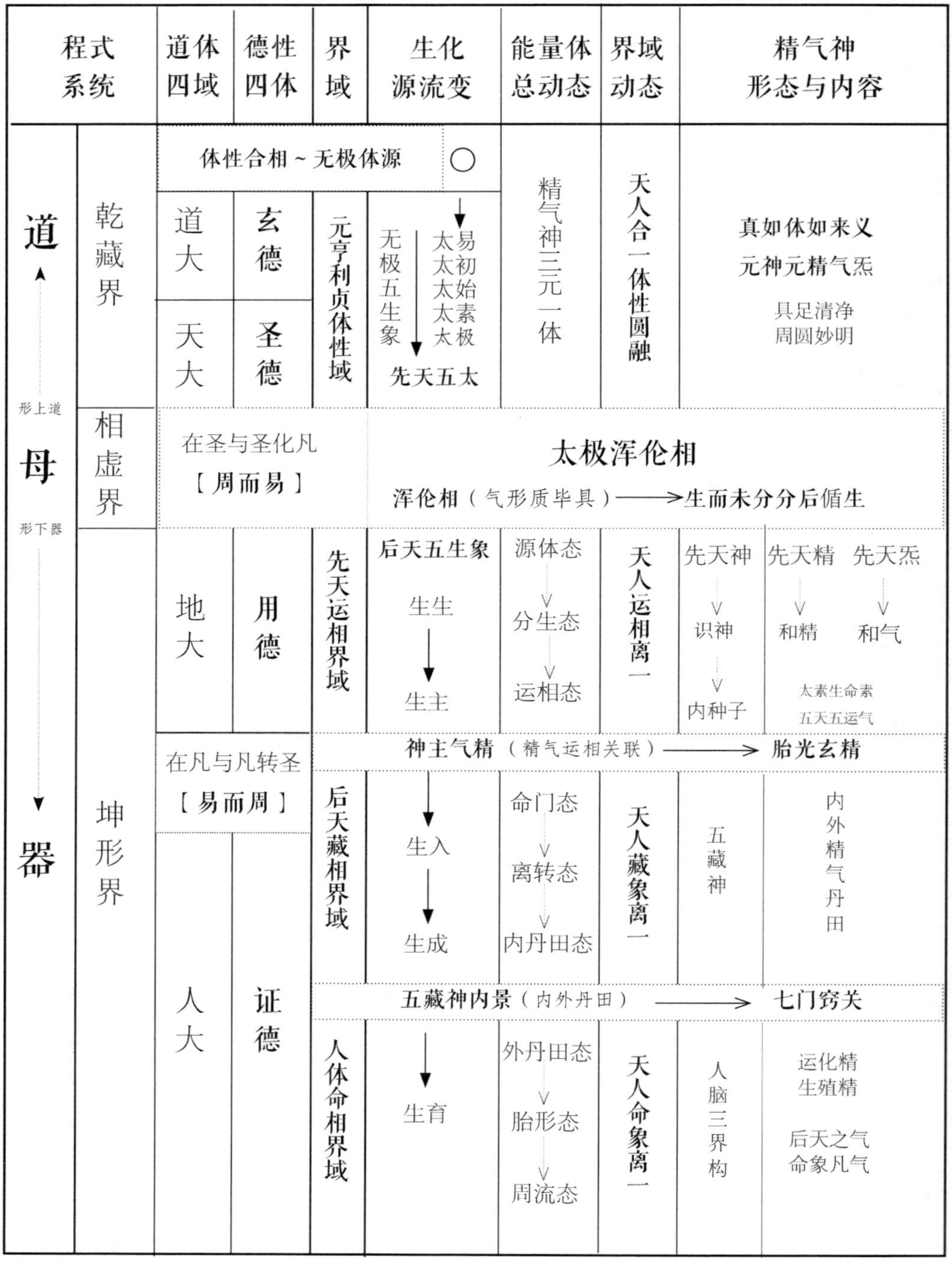

程式系统		道体四域	德性四体	界域	生化源流变	能量体总动态	界域动态	精气神形态与内容
道 ↑	乾藏界	体性合相～无极体源 ○				精气神三元一体	天人合一体性圆融	真如体如来义 元神元精气炁 具足清净 周圆妙明
		道大	玄德	元亨利贞体性域	无极五生象 ↓ 先天五太 ↓ 太易 太初 太始 太素 太极			
		天大	圣德					
形上道 母 形下器	相虚界	在圣与圣化凡 【周而易】		太极浑伦相 浑伦相（气形质毕具）——>生而未分分后偱生				
↓ 器	坤形界	地大	用德	先天运相界域	后天五生象 生生 ↓ 生主	源体态 ↓ 分生态 ↓ 运相态	天人运相离一	先天神 ↓ 识神 ↓ 内种子 | 先天精 ↓ 和精；先天炁 ↓ 和气 太素生命素 五天五运气
		在凡与凡转圣 【易而周】		神主气精（精气运相关联）——>胎光玄精				
		人大	证德	后天藏相界域	↓ 生入 ↓ 生成	命门态 ↓ 离转态 ↓ 内丹田态	天人藏象离一	五藏神 | 内外精气丹田
				五藏神内景（内外丹田）——>七门窍关				
				人体命相界域	↓ 生育	外丹田态 ↓ 胎形态 ↓ 周流态	天人命象离一	人脑三界构 | 运化精 生殖精 后天之气 命象凡气

大道体性生化源流图